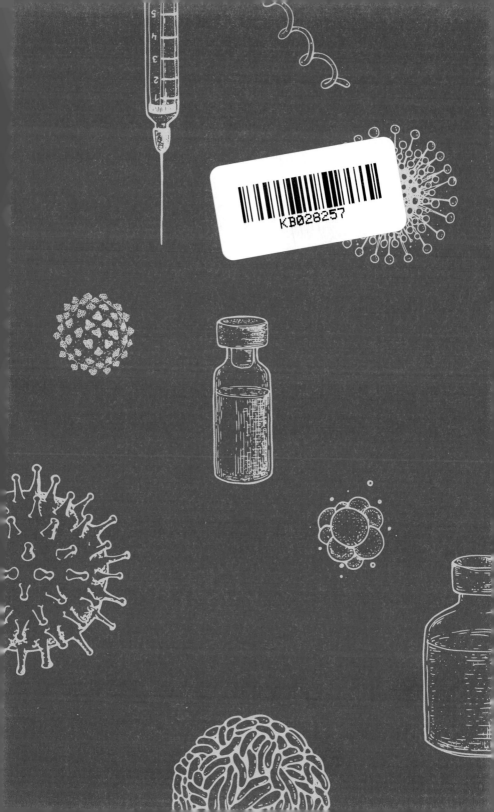

KB028257

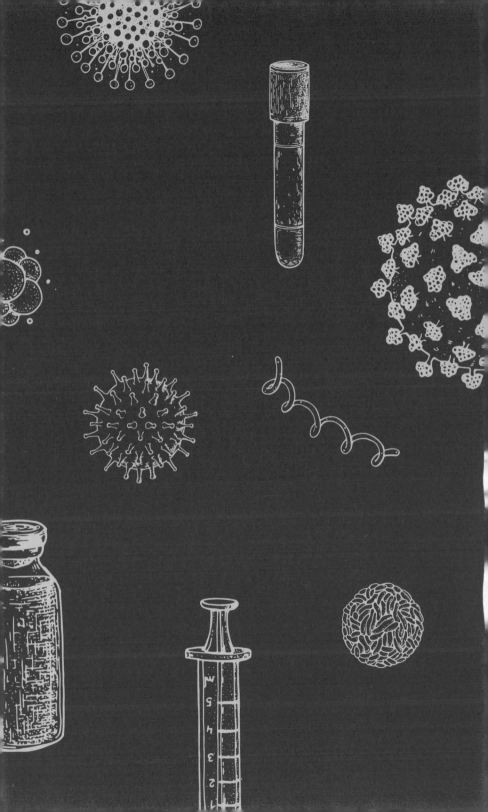

한 권으로 읽는 **미생물 세계사**

출판은 사람과 나무 사이에서 이루어지는 가치 있는 일입니다.
도서출판 사람과나무사이는 의미 있고 울림 있는 책으로 독자의 삶을
좀 더 풍요롭게 만들기 위해 최선을 다하겠습니다.

KANSENSHO NO SEKAISHI
©Hiroyuki Ishi, 2014, 2018
First published in Japan in 2018 by KADOKAWA CORPORATION, Tokyo.
Korean translation rights arranged with KADOKAWA CORPORATION, Tokyo
through D&P Co.,Ltd., Gyeonggi-do.

이 책은 (주)디앤피코퍼레이션(D&P Co.,Ltd.)을 통한 저작권자와의 독점계약으로
사람과나무사이에서 출간되었습니다.

the History of Microbial World

한 권으로 읽는
미생물
세계사

이시 히로유키 지음 | 서수지 옮김

사람과
나무사이

한 권으로 읽는 미생물 세계사

1판 1쇄 발행 2023년 3월 22일
1판 2쇄 발행 2023년 7월 7일

지은이 이시 히로유키
옮긴이 서수지
펴낸이 이재두
펴낸곳 사람과나무사이
등록번호 2014년 9월 23일(제2014-000177호)
주소 경기도 고양시 일산서구 강선로 142, 1701동 302호
전화 (031)815-7176 팩스 (031)601-6181
이메일 saram_namu@naver.com
디자인 박대성
인쇄·제작 도담프린팅
종이 아이피피(IPP)

ISBN 979-11-88635-76-4 03900

가장 진화한 인간과
가장 원시적인 미생물의
생존을 건 사투는 계속된다.

— 이시 히로유키

가장 진화한 인간과
가장 원시적인 미생물의
생존을 건 사투는 계속된다

코로나19(COVID-19) 바이러스의 폭발적
유행으로 세계 도시의 '풍경'이 하루아침에 달라졌다. 사람들은
마스크를 쓰고 사회적 거리를 유지하게 되었고, 가게 계산대 앞
에 투명한 가림막이 설치되었으며, 차례를 기다리며 줄 선 손님
들이 일정한 간격을 유지하도록 바닥에 스티커를 붙여 표시하게
되었다. 더욱이 내 몸이 다른 사람에게 병을 옮기는 흉기가 될 수
있다는 무서운 현실을 깨닫게 되었다.

나는 감염병과 환경 파괴의 역사를 전문으로 삼아왔다. 언젠
가 팬데믹(세계적 유행)이 일어나리라는 막연한 불안 속에서 코
로나19 발생 이전에 책을 썼다. 그러나 솔직히 이런 모습으로 전
세계가 공포의 도가니에 빠지게 되리라고는 예상하지 못했다.

감염병의 역사를 살펴보면 각 세기를 상징하는 대유행이 있었
다. 14세기의 페스트 대유행, 17~18세기의 천연두, 19세기의 콜

레라와 결핵, 20세기의 인플루엔자 등이다.

대부분은 도시화가 감염 폭발의 방아쇠를 당겼다. 콜레라 유행은 산업혁명 후 상하수도가 정비되지 않은 상태로 많은 사람이 도시에 모였고 마실 물이 오물에 오염되면서 대규모 감염을 일으켰다. 과밀해진 도시에서 천연두, 결핵, 인플루엔자 그리고 코로나19는 사람에서 사람으로 비말과 공기, 때로는 접촉을 통해 감염이 확대되었다. 우리가 사는 편리한 도시에 숨어 있는 리스크를 다시금 생각해볼 때가 왔다.

코로나바이러스는 1960년대에 감기를 일으키는 바이러스의 일종으로 알려졌다. 이번 세기에 들어서 독성을 키웠고 거의 10년 간격으로 유행이 일어나고 있다. 2002년 '중증급성호흡기증후군(SARS, 이하 '사스')', 2012년 '중동호흡기증후군(MERS, 이하 '메르스')', 그리고 이번 코로나19가 모두 코로나바이러스가 일으킨 질병이다.

이번 세기에 접어들며 다시금 전 세계적으로 급격한 도시화가 진행되었고 도시는 바이러스 배양기나 다름없는 상태로 집단 감염의 온상이 되었다. 도시의 팽창은 자연 파괴를 일으켰고 삼림에서 밀려난 야생동물들이 인간사회로 들어왔다. 그리고 야생동물들이 보유한 바이러스가 매개인 동물을 통해 사람에게 감염되었다.

코로나바이러스도 본래 중국 오지의 관박쥐(학명:Rhinolophus ferrumequinum)에 기생하던 바이러스가 천산갑이라는 동물(이 부분은 이설이 분분하다)을 매개로 삼아 사람에게 감염되었다고 추정하고 있다.

또 2014년에 서아프리카에서 감염 폭발을 일으키고 사망률이 최대 90퍼센트에 달했던 에볼라 출혈열의 원인은 큰박쥐였다. 매해 겨울마다 계절성 독감으로 나타나 우리를 괴롭히는 인플루엔자는 야생 오리가 보유한 바이러스가 원인이었다.

게다가 식육 소비량과 반려동물 수가 비약적으로 증가하며 사람과 동물이 접촉할 기회가 급증했다. 1만 년에 걸쳐 사람과 가축은 밀접한 관계를 맺어왔다. 그 과정에서 인간은 적어도 개 65종류, 소 55종류, 돼지 40종류와 질병을 공유하게 되었다.

감염병의 역사를 연구하며 이러한 유행에는 반드시 편견과 차별, 소수자에 대한 배척 등이 뒤따른다는 사실을 알게 되자 서글퍼졌다. 이번에도 세계 각지에서 아시아 사람이 표적이 되었다. 엎친 데 덮친 격으로 이번 세계적 대유행은 정치적으로 이용되었다. 정치인이 정권 유지와 선거전의 도구로써 국제적으로 특정 국가를 공격하는 데 활용했다.

세계 코로나 연구자 사이에서 이번 코로나19는 수수께끼 같은 바이러스로 여겨지고 있다. 아시아에서 유독 코로나19 바이러스 감염자가 적고 사망률이 낮기 때문이다.

실제로 인구 10만 명당 감염자 수는 미국이 약 1,000명, 스페인·러시아·이탈리아 등의 유럽 국가도 400명이 넘는다. 이와 대조적으로 아시아에서는 중국 6명, 한국과 일본은 26명에 불과하다. 사망률을 살펴보면 중국 0.3명, 한국 0.5명, 일본 0.8명(모두 2020년 7월 13일 기준)이다.

이 수수께끼를 두고 일본에서는 아시아 특유의 '팩터-X'가 있어서 코로나19 감염 확대를 저지한다는 논의가 활발히 이루어졌다. 그러나 아시아 각국의 정책이 제 기능을 했기 때문이라는 사실을 지적하지 않을 수 없다.

특히 한국의 코로나19 대응 정책이 주효했다. 이번 코로나19 대유행이 시작되고 나서 일본에서는 경외와 부러움의 시선으로 한국을 바라보았다. 특히 2020년 4월 15일 시행된 국회의원 총선거는 코로나19 유행의 국제적 위기 속에서도 예정대로 치러졌다. 투표소 대기 행렬의 간격, 체온 검사, 소독, 일회용 비닐장갑 의무 착용 등 세계 각국이 한국의 사례를 본보기로 삼았다.

그리고 병원 외부에 컨테이너 등으로 임시 '바이러스 검역소'를 설치하고 도보 이동으로 검체를 채취할 수 있는 '워킹 스루 방식' 검사를 도입하는 등 발 빠른 조치를 시행했다. 또 시내 곳곳에 자동차를 탄 채로 검사를 받을 수 있는 '드라이브 스루' 검사 시설도 설치했다. 덕분에 한국의 검사 수는 세계 최고 수준을 유지했다. 그런데 일본에서는 검사 수를 늘리면 감염자 수도 늘어나고, 늘어난 감염자가 병원으로 몰려들어 의료체계 붕괴가 일어난다며 검사를 억제해야 한다는 의견이 대세였다.

한국에서는 신용카드 사용 이력과 휴대전화 위치 추적을 기반으로 빅데이터를 활용한 감염자 이동 경로를 공개하는 방식도 도입되었다.

한국의 신속한 대응은 과거 감염병에서 배운 교훈을 기반으로 이루어졌다. 메르스 유행으로 186명의 감염자와 38명의 사망자를 낸 사건을 잊지 않았다. 유행이 종식되자마자 바로 한국 국회는 접촉자 추적을 포괄적으로 실행할 수 있는 법률을 상정하고 감염자와 접촉한 사람을 전원 추적해서 격리할 수 있는 태세를 확보했다. 또 연락처를 등록해두면 자신이 사는 지역에서 신규 감염자가 발견될 때마다 휴대전화에 자동으로 긴급 알림 메시지를 보내 주의를 촉구했다.

프랑스의 마크롱 대통령과 스웨덴의 스테판 뢰벤 총리가 한국의 선례를 배우고 싶다고 전화를 걸었다는 일화로도 이러한 정책이 어느 정도 효과를 발휘했는지 충분히 짐작할 수 있다. 미국 식품의약국(FDA) 전 국장인 스콧 고틀립은 트위터에서 한국의 모범적인 사례를 활용할 기회를 놓치고 있는 상황에 대해 안타까움을 표시하기도 했다.

현재 일본 국내에 팽배한 불만은 일상생활을 하는 시민이 안고 있는 공포와 어려움에 대한 정부의 공감 능력이 결여되어 있다는 부분에 집중되어 있다. 일본 국민 사이에서는 "왜 한국은 할 수 있고 일본은 할 수 없는가?"라며 일본 정부를 비판하는 목소리가 퍼져나가고 있다.

내 경험으로 보건대 코로나19는 대응이 만만치 않은 감염병이다. 앞으로도 10년에 한 번은 모습을 바꾸어 재유행하며 인류와 문명을 위협할 것으로 예상된다. 바이러스는 지구 생명 활동의 근원 부분에 존재해 지구가 멸망하지 않는 한 사라지지 않는다. 바이러스는 보이지 않는 곳에서 생물 진화와 생태계를 떠받치고 있기에 바이러스 없이는 우리 인류도, 다른 생물의 종 보존도 위태로워질 수밖에 없다.

한국은 수많은 교훈을 주었다. 감염병이 발생하면 최대한 빠른 단계에서 봉쇄하고 정보를 공개해 정치와 사회의 신뢰관계를 구축하는 게 얼마나 중요한지를 일깨워주었다. 일본처럼 눈 가리고 아웅하는 방식의 땜질식 대책으로는 사회적 비용만 늘어나 국민의 불안을 부추길 뿐이다. 근거 없는 정보와 헛소문을 앞다투어 보도하며 여론을 뒤흔드는 언론과 인터넷에도 적극적인 조치가 이루어져야 한다.

만약 코로나19가 종식되어 예전의 일상으로 돌아와도 세계는 정치와 경제뿐 아니라 일상생활과 사람들의 의식까지도 코로나19 이전과 완전히 달라질 것이다.

앞으로도 인류와 감염병의 대결 및 타협의 역사는 계속될 것이다. 아마 이 책을 읽는다면 우리는 공존의 길을 선택할 수밖에 없다는 것을 충분히 이해할 수 있으리라 믿는다.

"잊고 있던 것들이 돌아오고 있다"

"의학의 발달로 감염병은 언젠가 정복된다."

의학의 힘을 믿는 사람이 많다. 1980년 세계보건기구(WHO)가 인류를 끈덕지게 괴롭혀온 천연두 근절을 선언했을 때, 그리고 이듬해 일본에서 소아마비 종식을 발표했을 때 이 기대는 최고조에 달했다.

이런 기대를 비웃듯 홀연히 등장한 괴질이 있다. 천연두를 대신해 교체 선수로 등판한 에이즈가 상상을 초월하는 속도로 지구 구석구석까지 퍼져나갔다. 인플루엔자 바이러스도 백신 개발 속도를 따돌리듯 무섭게 치고 나가기 시작했고, 뒤를 이어 '신형 인플루엔자'가 줄줄이 등장하고 있다. 또 에볼라 출혈열, 뎅기열, 웨스트나일열(모기 등의 매개체를 통해 웨스트나일 바이러스에 감염되어 발생하는 급성 감염 질환 ─ 옮긴이) 등 예방법도 치료법도 없는 신구(新舊) 병원체가 유행하고, 한동안 잠잠하던 결핵까지 스멀스멀 되살아나고 있다.

미생물이 사람과 동물 등의 숙주에 기생해 증식하는 현상을 '감염'이라 부르고, 미생물 감염으로 생기는 질병을 '감염병'이라 일컫는다. '감염병', '역병', '돌림병' 등의 용어도 있지만, 현재 농업·가축 관련을 제외하고는 공적 문서와 기관에서 감염병으로 용어가 거의 통일됐다.

우리는 과거에 되풀이된 감염병 대유행에서 '운 좋게 살아남은 조상'의 자손이다. 인류는 상·하수도 정비, 의학의 발달, 의료시설과 제도 보급, 영양 상태 개선 등 다양한 대처 수단으로 감염병과 싸워왔다. 그러나 온갖 노력에도 감염병의 기세는 꺾일 줄 몰랐다. 우리는 감염병의 원인인 미생물의 존재를 잊고 산다. 또 40억 년 전부터 이어져 내려온 '운 좋은 조상'의 자손이라는 사실도 마찬가지로 잊고 산다. 인간이 면역력을 높이고 방역체계를 강화하면 미생물도 그에 대항하는 수단을 갖추어왔다.

인간이 잇따라 내놓는 비장의 패는 미생물에게는 종족의 생존을 위협받는 중대한 위기로 작용한다. 우리가 질병과 필사적으로 싸우듯 미생물들도 약제에 대한 내성을 획득하고 강력한 독성을 가진 계통으로 교체하며 판세를 뒤집기 위해 싸워왔다. 그야말로 인간과 미생물의 '군비 확장 경쟁'이다.

동물행동학자인 리처드 도킨스는 "인간을 포함한 모든 생명체는 DNA 또는 유전자에 의해 창조된 '생존 기계'이며, 자기의 유전자를 후세에 남기려는 '이기적인' 행동을 수행하는 존재"라고 주장했다. 그의 『이기적 유전자』가설에 따르면, 사람도 미생물도 자신의 유전자를 남기기 위해 생존과 번식에 임한다는 점에는 차이가 없다.

인류는 유전자라는 과거의 유전 정보가 담긴 '진화의 화석'을 밝혀낸 덕분에 이 군비 경쟁의 실태와 역사를 규명할 수 있게 되었다. 이 책에서는 관련 최신 연구 성과를 소개한다.

감염병은 농업과 목축의 발명으로 정착 생활을 시작하며 과밀 주거지가 발달하고, 사람과 사람이 혹은 사람과 가축이 밀접하게 생활하면서부터 인류를 위협했다. 인플루엔자, 사스, 결핵 등의 유행도 이 과밀사회를 빼놓고는 생각할 수 없다.

급증하는 육식 수요에 부응하기 위해 닭, 돼지, 소 등의 식육 가축을 대량 사육하기 시작했고, 가축의 질병이 종의 경계를 넘어 인간에게 닥쳐올 기회가 급격히 늘어났다. 반려동물을 키우는 사람이 늘어나며 반려동물의 병원체가 사람에게 넘어오기도 한다. 농지와 주거지를 조성하기 위해 열대림 개발이 급속히 진행되며 사람과 야생동물의 경계가 불분명해졌다. 원래 사람과 접촉하지 않던 감염력 강한 신종 감염병이 줄줄이 출현하고 있다.

대량·고속 이동을 실현한 교통기관의 발달로 병원체는 때를 가리지 않고 원거리를 넘나든다. 세계에서 연간 10억 명 이상이 해외로 건너가고, 1,000만 명 넘는 관광객이 일본을 찾는다. 에이즈, 자궁경부암, 성기 헤르페스 등 성 감염병이 증가하는 추세는 성행동 변화와 무관하지 않다. 요컨대 여기서도 '천재(天災)'에서 시작해 '인재(人災)'의 양상이 뚜렷해지고 있다.

감염병의 세계적 유행은 지금까지 30~40년 정도 주기로 발생했다. 그러나 1968년 '홍콩 독감' 이후 40년 넘게 대유행이 일어나지 않았다. 물리학자인 데라다 도라히코(寺田寅彦)의 명언을 빌리면 "잊고 있던 것들이 돌아오고 있다."

우리가 지구에 사는 한 지진과 감염병에서 완전히 벗어날 길이 없다. 지진은 지구 탄생부터 이어진 지각 변동이고, 감염병은 생명 탄생부터 이어진 생물 진화의 일환이다. 14세기의 페스트, 20세기 초의 스페인 독감 등 감염병은 인류의 역사와 밀접한 연관이 있다. 앞으로도 감염병의 영향력은 계속될 것이다.

미생물은 지상 최강의 지위에 오른 인류에게 거의 유일한 천적이다. 동시에 우리의 생존을 돕는 든든한 아군이다. 『한 권으로 읽는 미생물 세계사』는 인간의 역사에 큰 영향을 끼쳤던 주요 감염병을 골라 환경사의 입장에서 논한 책이다. 이 눈에 보이지 않는 광대한 미생물의 우주를 잠시나마 들여다볼 수 있기를 바란다.

이시 히로유키

 차례

강력한 감염력과 90퍼센트에 이르는 사망률 | 2014년 감염 폭발의 진원지는
기니의 한 장례식장 | 고작 3퍼센트의 감염자가 61퍼센트를 감염시키는
슈퍼 전파자 | 감염의 불씨는 유럽과 미국으로 번져가고 | WHO의
늑장 대처로 감염병 초기 대응 실패 | 각국의 봉쇄와 현지 의료진에 대한
불신으로 혼란이 확대되다 | 1970년 대에 시작된 유행, 오염된 주사기 돌려쓰다
감염자 속출 | 다섯 종류의 변이 바이러스 중 에볼라바이러스가 유행의
60퍼센트 차지 | 에볼라 출혈열의 숙주는 박쥐인가 | 삼림 파괴가 불러온
바이러스 확산, 서식지에서 내몰린 동물이 매개 | 돌연변이로 인한 공기 감염,
대참사 예고 | 에볼라 출혈열 종식 선언과 남아 있는 문제들

part **2** ─────────────────────────────

20만 년 지구 환경사와 감염병의 끈질긴 도전

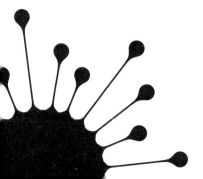

바이러스 감염 분포로 일본 민족의 이동 경로를 밝힌다 | 왜 안데스 선주민과 일본인이 같은 T세포 백혈병 바이러스를 갖고 있을까? | 유명인 발병 계기로 임신 검진에 HTLV 검사 추가

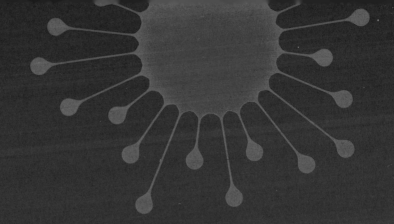

part

1

에볼라 출혈열과 뎅기열,

갑작스런 유행의 충격

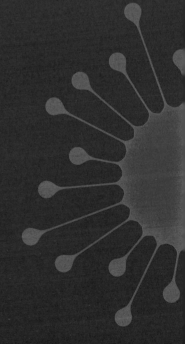

인간의 한계를 시험하는 흉악한 바이러스, 에볼라 출혈열과의 새로운 싸움

강력한 감염력과 90퍼센트에 이르는 사망률

2014년 서아프리카에서 시작된 에볼라 출혈열 대유행은 전 세계에 충격을 안겨 주었다. 2011년 동일본 대지진으로 일어난 원전 사고 당시 뉴스를 틀 때마다 등장한 방호복 차림의 의료진 모습에 가슴 졸여야 했던 기억이 새록새록 되살아났다. 자라 보고 놀란 가슴 솥뚜껑 보고 놀란다고 화면에 다시 등장한 방호복에 애써 놀란 가슴을 달래야 했다.

인간의 한계를 시험하는 흉악한 바이러스가 창궐하는 상황에 대해 전문가들은 다양한 경고의 목소리를 냈다. 그럼에도 원전 사고와 마찬가지로 '안전 불감증'에 걸려 대책 마련에 소홀하다

허를 찔렸다. 급기야 유행이 시작된 서아프리카 봉쇄에 실패하고 대륙을 넘어 뉴욕에까지 불똥이 튀었다. 에볼라 출혈열의 감염력은 강력했다. 장기가 녹아 온몸에서 피를 쏟아내며 사망할 정도로 비참한 증상을 보이는 이 감염병의 사망률은 무려 90퍼센트에 달했다

운 좋게 회복되어도 시력이나 청력을 상실하거나 뇌에 장애가 남는 등 후유증이 심각했다. 다양한 감염병과 싸워온 인류와 최강의 감염병이 새로운 싸움을 시작했다.

뾰족한 치료법이 없어 감염자와 발병 지역을 격리하고 잦아들기를 기다리는 수밖에 없었다. 2002년 말 중국 남부에서 난데없이 출현한 사스(SARS)가 삽시간에 세계 30개국과 지역으로 퍼져나갔을 때와 같은 길을 걷게 될까. 14세기에 유럽에서 인구를 격감시킨 페스트의 재림일까. 지난 세기 초에 제2차 세계대전마저 중단하게 만든 스페인 독감의 비극이 되풀이될까. 유행은 잦아들었으나 언제든 재발할 소지가 남아 있다.

전문가 사이에서는 개연성이 충분한 상황에서 발생한 감염 폭발이라는 목소리가 나왔다. 최근 갑자기 등장한 '신종 감염병(emerging infectious diseases)'은 동물이 보유한 바이러스와 세균에서 비롯된 '동물 유래 감염병'이 압도적으로 많다. 전문가들은 에볼라 출혈열 바이러스도 본래 열대림 깊은 곳에서 박쥐와 공생했다고 추정했다.

그러나 열대림의 대규모 파괴와 주거지의 급속한 팽창으로 보금자리를 잃은 야생동물이 사람의 생활권에 출몰하게 되었다.

처음에는 열대림 안의 마을과 개척지에서 시작되었다가 차츰 대도시에까지 바이러스가 마수를 뻗쳤다. 게다가 교통기관의 발달로 지구가 하나의 생활권으로 묶이며 바이러스는 단기간에 이동할 수 있게 되었다.

2014년 감염 폭발의 진원지는 기니의 한 장례식장

WHO는 2014년 3월 25일, 기니 공화국 정부에서 남동부 4개 지역에 에볼라 출혈열이 집단 발생했다는 보고를 받았다. 86명이 감염되어 59명이 사망했다. 미국 방역 대책 사령탑인 질병통제예방센터(CDC)는 급히 전문가를 파견했다. 그러나 유행은 멈출 기미를 보이지 않았고 수도 코나크리까지 감염 지역이 확대되었다. 첫 보고가 있은 지 한 달 뒤 감염자는 242명, 사망자는 142명까지 늘어났다.

전문가가 투입되어 이루어진 역학조사로 약 넉 달 전에 감염이 시작되어 유행으로 발전했다는 사실을 밝혀냈다. 2013년 12월 6일, 기니 남부 도시인 게케두에서 두 살 남아가 사망했다. 이 유아를 유행의 진원지(0호 환자)로 추정했으나 감염 경로는 확실히 밝혀내지 못했다. 아이들이 일상적으로 박쥐를 잡아 구워먹는 과정에서 바이러스에 노출되었다는 추정밖에 할 수 없었다. 다음 주에는 이 남아의 누이와 어머니, 할머니가 고열과 심각한 설사와 출혈로 사망했다.

이 마을은 라이베리아·시에라리온·기니 세 나라의 국경과 인접한 지역에 자리 잡고 있다. 아프리카 안에서도 가장 가난한 지역이다. 사람들은 국경을 넘어 세 나라를 자유롭게 오갔다. 할머니 장례식에는 멀리 사는 일가친척과 지인이 찾아와 조문했고, 이 지방 관습에 따라 시신을 염습하고 단장을 마쳐 조문객들과 마지막 인사를 나누었다. 이 장례식을 기점으로 질병은 주변 마을로 단숨에 퍼져나갔다.

5월에 들어서자 이웃 나라인 시에라리온에서도 에볼라 출혈열이 발생했고, 또 국경을 접한 라이베리아에서도, 6월에 수도 몬로비아에서도 감염자가 나타나 유행은 폭발적으로 증가하기 시작했다.

고작 3퍼센트의 감염자가
61퍼센트를 감염시키는 슈퍼 전파자

2014년 8월 WHO는 '국제적 공중보건 비상사태(Public Health Emergency of International Concern)'를 선언했다. 당시 마거릿 챈(Margaret Chan) WHO 사무총장은 "우리가 맞닥뜨린 감염병 중에서도 가장 강력하고 복잡해 대처하기 곤란한 질병이다"라고 경고하며 이 유행을 저지하기 위한 긴급 원조를 결정했다.

UN 안전보장 이사회는 9월, 긴급 공중보건회의를 소집해 '아프리카의 전례 없는 에볼라 발병 확산이 국제 평화와 안전에 대한 위협을 구성한다'고 선언했다. 이 안보리 결의안은 사상 최초로 감염병 발병을 '국제 평화와 안전에 대한 위협'으로 선언했다는 점에서 의의가 있다. 감염 국가의 고립을 막기 위해 여행자의 입국 제한을 철폐하고 긴급 물자 지원과 현지 의료진을 훈련할 전문 인력을 파견해줄 것을 가맹국에 요청하는 결의를 만장일치로 채택했다.

CDC는 경계 수준을 '3단계'로 격상했고 3개국에 불필요한 항공기 왕래를 삼가도록 경고했다. 각국도 검역과 격리 강화, 유행 지역 입국과 출국 제한, 정기편 운항 중지 등의 조치를 내놓았다. 일본도 검역 강화와 국내 환자 발생 대처 등의 대책을 내놓았고, 4,000만 달러 상당의 지원과 일본 기업이 개발한 약품 제공 등 지원책을 발표했다.[*]

WHO에 따르면 2015년 4월 19일 현재, 라이베리아가 감염자 1만 212명(사망자 4,573명)으로 가장 많은 사망자를 냈다. 뒤를 이어 시에라리온 1만 2,267명(사망자 3,877명), 기니 3,565명(사망자 2,358명), 나이지리아 20명(사망자 8명), 말리 8명(사망자 6명) 순이었다.

에볼라로 의심되는 사례를 포함해서 총 감염자 2만 7,079명,

_____

[*] 우리나라도 2014년 4월부터 질병관리본부에서 에볼라 대책반을 구성하여 국외 및 국내 발생 모니터링을 강화하고, 에볼라 대응 핫라인을 신설했다. 또한 전용 문진표와 체크리스트를 배부, 추적조사 및 역학조사에 대한 지침을 수립하여 국내 유입 상황에 철저히 대비했다. ─옮긴이

사망자는 1만 823명으로 사망률은 40퍼센트 수준이었다. 이중에는 유행 지역에서 치료하다 감염된 850명의 의료 종사자(그중 510명 사망)도 포함되어 있다. 치료 방법이 없다 보니 감염되어도 의료시설에 가지 않고 집에 머무는 사람이 많았다. 또 의료체계의 혼란으로 환자 수조차 파악하기 어려운 지역도 있어 실제 감염자와 사망자는 이 수치를 웃돈다고 짐작할 수 있다.

이후 영국 노팅엄대학교의 바이러스 학자인 조너선 볼(Jonathan Ball) 교수가 이끄는 연구팀의 조사로 전체 감염자 중 고작 3퍼센트의 감염자가 나머지 감염자 61퍼센트의 원인이 되었다는 사실이 밝혀졌다. 즉 아주 일부 사람이 독성이 강력한 바이러스에 감염되어 2차 감염 폭발을 일으킨 일종의 슈퍼전파자(super-spreader), 즉 바이러스 확산의 주범이었던 셈이다.

2014년 서아프리카 에볼라 유행 국가는 세네갈을 포함한 서아프리카 국가 6개국과 미국, 스페인을 더해 총 8개국으로 집계되었다.

2015년 CDC는 라이베리아와 시에라리온에서는 줄어드는 추세에 들어섰으나, 기니에서는 증감을 반복해 아직 예단은 이르다고 발표했다.

감염의 불씨는 유럽과 미국으로 번져가고

라이베리아에서는 지원 단체에서 현지로 파견한 미국인 의사와 선교사가 감염되었고, 그들은 미국으로 돌아와 치료받았다. 영국인 간호사도 발병했다. 의료진들에게 기온이 30℃를 넘고 습도가 90퍼센트에 달하는 열대림 기후에서 장시간의 방호복 착용은 고문에 가까웠다. 방호복 안은 말 그대로 걸어다니는 사우나와 다름없다.

또 라이베리아에서 출발해 나이지리아로 가는 항공기 안에서 미국 국적의 나이지리아인 남성이 발병해 나이지리아의 라고스 공항에 착륙 후 즉시 입원했으나 격리 병동에서 사망했다. 이 남성의 치료를 맡았던 나이지리아인 간호사 한 명이 사망했고, 의사를 비롯해 환자와 접촉한 다섯 명의 감염이 확인되었다.

미국 내에서 발병한 최초의 사례는 잠복기에 공항 검역을 빠져나가 입국한 라이베리아인 남성이었다. 최초로 진료한 의사가 증상이 가볍다고 판단해 집으로 돌려보냈는데, 상태가 악화해 발병 나흘 후에 텍사스주 댈러스의 병원에 격리되었다. 이후 남성은 사망했고, 격리 병상에서 접촉한 간호사 두 명이 발병했다.

또 서아프리카 기니에서 귀국해 발열 등의 증상을 호소하며 뉴욕 병원에 입원한 미국인 남성 의사가 에볼라 출혈열 진단을 받았다. 의사는 '국경 없는 의사회' 소속으로 현장에 파견되어 기니 환자의 치료를 담당했었다.

유럽에서는 스페인에서 네 명이 감염 의심으로 격리되었다. 그중 두 명은 현지에서 감염되어 치료를 위해 귀국한 스페인 국적 선교사로 두 사람 모두 귀국 후 마드리드 병원에서 사망했다. 또 두 사람의 간호를 맡았던 스페인 여성 간호사 두 명도 감염되었다.

독일에서도 세 명의 감염자가 나왔다. 그중 한 사람은 라이베리아에서 활동하던 UN 직원 남성으로 라이프치히 병원에 격리되어 사망했다.

WHO의 늑장 대처로 감염병 초기 대응 실패

2014년 8월 WHO는 에볼라 출혈열 유행 단계(6단계로 분류)를 '5단계'로 지정했다. 그러나 대책 마련이 늦어진 WHO에 비판이 쏟아졌다. 직원이 정리한 WHO 내부 문서가 공개되며 불에 기름을 부은 듯 전 세계에서 WHO를 향해 집중 포화를 퍼부었다. 감염병 확대 초기 대응 실패 원인으로 '관료주의' '직원의 태만' '정보 부족' 등을 지적하는 목소리가 터져나왔다.

한발 앞서 지원에 나선 '국경 없는 의사회'가 3월 말에 전 세계를 향해 경고의 목소리를 냈으나 WHO는 뒷북 치듯 8월에 들어서서야 비상사태 선언을 발표했다. 2009년 신종 인플루엔자 유행 당시 WHO가 경고 수위를 최고 단계인 '6단계'라고 선언했을

---

* 2009년 6월 11일 WHO는 신종 인플루엔자 대유행(Pandemic)을 선언하며 경보 수준을 최고 단계인 '6단계'로 격상했다. 우리나라는 총 56명의 환자가 발생했는데, 대부분 해외 유입 및 제한된 범위의 밀접 접촉자로 지역사회 전파가 일어나지 않은 상황으로 판단됐다. 정부는 '위기평가회의'에서 위기 경보 수준은 '주의' 단계를 유지하되, 향후 상황을 예의주시하며 추가 조치 취하기로 결정, '중앙인플루엔자대책본부'를 설치하고 질병관리본부 및 국립검역소가 24시간 비상 방역체제를 가동했다. — 옮긴이

때의 트라우마 때문이라고 의심되는 늑장 대처였다.* 당시 신종 인플루엔자는 독성이 약해 대유행으로 발전하지 않았고 WHO의

WHO 감염병 경보 6단계와 그 이후

1단계	• 동물 감염이 일어나고 인간 감염 사례는 없는 상태
2단계	• 해외에서 신종 감염병의 발생 및 유행 • 국내 원인 불명·재출현 감염병의 발생
3단계	• 해외에서 신종 감염병의 국내 유입 • 국내 원인 불명·재출현 감염병의 제한적 전파
4단계	• 국내 유입된 해외 신종 감염병의 제한적 전파 • 국내 원인 불명·재출현 감염병의 지역사회 전파
5단계 (에피데믹)	• 국내 유입된 해외 신종 감염병의 지역사회 전파 또는 전국적 확산 • 국내 원인 불명·재출현 감염병의 전국적 확산
6단계 (팬데믹)	• 대륙을 넘어 2개 이상의 국가에서 감염병이 돌고 세계적 대유행이 진행된 상태
정점 이후 (포스트 피크)	• 대유행이 감소하고 있지만, 재발 가능성이 있는 상태
대유행 이후 (포스트 팬데믹)	• 계절성 질병 수준으로 돌아온 상태

대한민국 질병관리청에서 제시하는 감염병 위기경보 수준

위기 경보 수준	위기 유형	주요 대응 활동
관심 (Blue)	• 해외에서 신종 감염병의 발생 및 유행 • 국내 원인 불명·재출현 감염병의 발생	• 감염병별 대책반 운영(질본) • 위기징후 모니터링 및 감시 대응 역량 정비 • 필요 시 현장 방역 조치 및 방역 인프라 가동
주의 (Yellow)	• 해외에서 신종 감염병의 국내 유입 • 국내 원인 불명·재출현 감염병의 제한적 전파	• 중앙방역대책본부 설치·운영 • 유관기관 협조체계 가동 • 현장 방역 조치 및 방역 인프라 가동 • 모니터링 및 감시 강화
경계 (Orange)	• 국내 유입된 해외 신종 감염병의 제한적 전파 • 국내 원인 불명·재출현 감염병의 지역사회 전파	• 중앙방역대책본부 운영 지속 • 중앙사고수습본부 설치·운영 • 필요 시 총리주재 범정부 회의 개최 • 범정부 지원본부 운영 검토 • 유관 기관 협조체계 강화/방역 및 감시 강화 등
심각 (Red)	• 국내 유입된 해외 신종 감염병의 지역사회 전파 또는 전국적 확산 • 국내 원인불명·재출현 감염병의 전국적 확산	• 범정부적 총력 대응 • 필요시 중앙재난안전대책본부 운영

(http://www.cdc.go.kr/contents.es?mid=a20301020300 참조)

판단 실수가 도마 위에 올랐었다.

사실 이때 WHO의 비상사태 선언을 받아들인 세계 여러 나라가 대형 제약회사의 백신을 경쟁적으로 수입했다가 창고에 대량의 재고가 쌓였다. 일본은 2,500만 번 접종할 수 있는 분량의 백신을 320억 엔의 위약금을 내고 해약했다. 제약회사는 막대한 이익을 챙겼고 유럽평의회에서는 특별위원회를 조직해 WHO와 제약회사의 유착을 추궁했다.

각국의 봉쇄와 현지 의료진에 대한 불신으로 혼란이 확대되다

감염 확대가 두려워 빗장을 걸어 잠그기 시작하는 나라들이 속출했다. 유행 지역으로의 이동을 제한하는 국가가 차츰 늘어났다. 미국에서는 서아프리카를 오가는 항공기 이착륙을 금지하자는 야당인 공화당과 사람과 물자의 왕래를 봉쇄하면 경기 침체와 감염이 확대될 우려가 있다며 반대하는 민주당의 오바마 정권이 팽팽하게 대립했다.

의회에서는 최대 4,000명 규모의 미군을 현지로 파견하는 계획을 놓고 '미 장병이 감염 위험에 노출되어 귀국 함선이 바다 위의 병동이 될 수 있다'며 반대하는 목소리가 커졌다.

현지에서는 의료진에 대한 불신이 끊이지 않았다. 또한 라이베리아에서는 무장 집단이 감염자 격리 시설을 습격해 입원 환자 17명을 쫓아내고 비품을 탈취하는 사건이 발생했다.

시에라리온에서는 바이러스 검사를 위해 채혈하려고 하자 폭동이 발생했고 의료진이 습격당해 2명이 사망하고 10명의 부상자가 나왔다.

기니에서는 의료진이 시장에서 소독제를 살포할 때 에볼라바이러스를 뿌린다는 헛소문이 돌며 주민과 치안부대가 충돌해 적어도 55명이 다치는 유혈 사태가 발생하자 야간 통행 금지령이 내려졌다.

1970년대에 시작된 유행,
오염된 주사기 돌려쓰다 감염자 속출

1976년 6월 27일, 동아프리카 수단(현재 남수단)의 은자라에서 공장 창고지기로 일하던 남성이 39℃ 고열로 쓰러져 열흘 후에 온몸에서 피를 내뿜으며 사망했다. 시장에서 식용 고기로 팔리던 박쥐를 사다 먹은 게 원인으로 추정되었다.

이 남성은 나중에 에볼라 출혈열 진단을 받았다. 이 남성이 에볼라 출혈열 '0호 환자'였다. 얼마 후 그의 가족과 동료에게도 같은 증상이 나타났다. 인근 마리디 진료소로 환자가 몰려들었다. 불과 석 달 사이에 284명이 발병했고 151명이 사망했다. 치명률이 53퍼센트에 달해 사람들은 공포에 떨었다.

9월 1일에 에볼라강을 끼고 마주하고 있는 콩고민주공화국(당시 국명은 1971~1997년 존재했던 자이르)으로 역병이 건너갔다. 최초 환자는 마흔네 살 학교 교사였다. 환자는 벨기에계 기독교 단체가 운영하는 얌부쿠 지역 진료소로 이송되었고, 말라리아로 진단받아 항말라리아 약물 주사를 처방했다. 그러나 주사기를 제대로 소독하지 않고 여러 환자에게 돌려쓰다 보니 오염된 주사기를 통해 감염 환자가 속출했다.

최종적으로 318명이 발병해 280명이 사망했다. 4주 후에는 17명의 진료소 의료진 중 11명이 사망했고, 진료소는 폐쇄 위기에 내몰렸다. 사망률이 상승해 무려 88퍼센트에 달하며 무시무시한 감염병이라는 사실이 밝혀졌다.

반짝 맹위를 떨치고 사라지는 듯하던 에볼라바이러스는 1994년에 서아프리카의 가봉과 중앙아프리카에서 다시 유행하며 발병 환자 451명, 사망자 351명을 기록했다. 1995년에는 콩고의 수도 킨샤사에서 300킬로미터가량 떨어진 지방에서 315명이 사망했다. 2000~2001년에는 우간다에서 425명이 발병해 224명이 사망했다. 2001년부터 2013년까지 콩고민주공화국, 콩고공화국, 우간다, 나이지리아 등지에서 산발적인 유행이 나타났다. 과거 38년 동안 아프리카에서는 열아홉 차례 집단 감염이 발생했다.

이 병은 유행 지역을 흐르는 에볼라강 이름에서 따와 '에볼라 출혈열'이라 이름 붙었다. 치명률은 50~90퍼센트로 인류가 경험한 적 없는 살벌한 질병이었다.

2004년에는 러시아의 시베리아에 있는 구 소련의 생물병기 연구소에서 여성 과학자가 실수로 에볼라 출혈열 바이러스가 든

주사기로 자신의 손가락을 찔러 사망했다. 이 사고로 구 소련이 에볼라바이러스를 생물 병기로 연구하고 있다는 사실이 세상에 공개되었다.

다섯 종류의 변이 바이러스 중
에볼라바이러스가 유행의 60퍼센트 차지

에볼라 출혈열은 발병하면 갑작스러운 발열, 오한, 두통, 근육통, 식욕부진 등의 인플루엔자와 유사한 증상이 나타났다. 또 구토, 설사, 복통 등의 증상을 보이는 환자도 있었다. 병이 진행되면 구강, 잇몸, 결막, 비강, 피부, 소화기 등 전신에서 출혈과 토혈, 하혈 증상을 보였다. 타인에게 감염시킬 수 있는 감염력은 증상이 나타난 후에 발현되었다.

바이러스는 주로 혈액과 배설물을 통해 감염을 일으킨다. 가족과 의료기관 관계자의 감염률이 특히 높았다. 또 땀과 타액에서도 바이러스가 검출되었다.

에볼라 출혈열 바이러스는 가늘고 긴 모양의 RNA 바이러스로 필로바이러스(Filoviridae)과에 속하며 마르부르크 출혈열(Marburg hemorrhagic fever)과 유사하다. 실 모양, U자 모양, 양치식물 모양 등 다양한 형태의 바이러스가 발견되었다.

지금까지 다섯 종류의 주(株, 계통) 바이러스가 확인되었으며 각각 발견된 장소명을 따서 이름이 붙여졌다.

① 타이 삼림 바이러스(Taï Forest virus, 코트디부아르)

② 수단 바이러스(Sudan virus)

③ 자이르 바이러스(Zaire virus = 일반적으로 에볼라바이러스)

④ 분디부교 바이러스(Bundibugyo virus, 우간다)

⑤ 레스턴 바이러스(Reston virus, 미국 버지니아주)

필로바이러스 친척은 유전자로 보면 약 1만 년 전에 나타났다고 추정된다. 700~850년 전에 에볼라 출혈열과 마르부르크 출혈열(⑯장 참조)로 분기되었고, 약 50년 전에 아프리카에서 네 종류의 바이러스로 나뉘었다. 레스턴 바이러스만 아시아에서 기원했다.

자이르 바이러스가 특히 독성이 강해 사망률이 90퍼센트에 이르러, 일반적으로 에볼라바이러스라 부른다. 과거에 10만 명이 넘는 사망자를 냈고 유행의 60퍼센트를 차지한다. 이어서 수단 바이러스의 사망률이 50퍼센트 수준이고, 타이 삼림 바이러스 발생은 드물게 나타난다. 분디부교 바이러스는 2007년 12월 우간다 서남부의 분디부교 지역에서 유행해 149명이 감염되어 37명이 사망했다(사망률은 25퍼센트).

레스턴 바이러스는 1989년에 실험동물로 필리핀에서 미국과 이탈리아로 수출된 필리핀 원숭이(Crab-eating macaques)가 대량 사망한 사건을 계기로 발견되었다. 미국 버지니아주 레스턴에 있는 실험동물 검역 시설인 헤이즐턴연구소에서 6명의 직원에게서 감염 흔적이 발견되었는데 발병은 없었다. 후속 조사로 사람에게는 해를 끼치지 않는다는 사실이 밝혀졌다.

연구소는 수도 워싱턴에서 가까운 지역에 위치해 한때 '에볼라 출혈열 미국 본토 상륙'이라며 언론에 대서특필되어 한바탕 소동이 벌어졌다. 논픽션 작가인 리처드 프레스턴(Richard Preston)의 소설 『핫존: 에볼라바이러스 전쟁의 시작(The Hot Zone)』은 이 사건을 모티브로 삼아 세계적인 베스트셀러로 떠올랐고, 1995년에 영화 〈아웃브레이크〉로 만들어져 대중에게 에볼라바이러스를 널리 알리는 계기가 되었다.

에볼라 출혈열의 숙주는 박쥐인가

에볼라 출혈열 바이러스의 자연 숙주는 열대림에 서식하며 과일을 먹고 사는 큰박쥐(megabat)가 유력한 후보다. 가봉의 프랑스빌국제의학연구센터는 자연 숙주로 야생동물 수만 종을 후보에 놓고 조사해, 큰박쥣과 박쥐에서 바이러스 유전자와 항체를 발견했다. 박쥐는 100종 이상의 바이러스를 매개해 '확산 주범'으로 알려졌다.

유행 지역에서는 박쥐를 먹는 식습관이 있어 박쥐 고기 섭취로 직접 감염되었을 가능성이 제기되었다. 그러나 박쥐에서 고릴라 등의 영장류로 옮겨가 다시 인간에게 감염되었다는 주장이 설득력을 얻었다. 영장류는 박쥐가 갉아먹고 땅에 떨어진 과일을 먹을 때 과일에 묻은 타액으로 감염되었을 가능성이 크다.

에볼라바이러스의 자연 숙주로 추정되는 큰박쥐

에볼라 출혈열이 유행하는 지역에서는 영장류 등의 야생동물을 부시미트(bushmeat)라 부르며 식용육으로 섭취한다(⑪장 참조). 전문가들은 사냥과 해체 과정에서 감염된 고기를 먹은 현지 주민이 바이러스에 걸렸을 가능성이 높다고 추정했다.

2001년에 콩고공화국(콩고민주공화국의 이웃 나라)에서 65명이 에볼라 출혈열에 걸려 53명이 사망했다. 같은 시기에 콩고공화국 북동부의 오잘라국립공원(Odzala National Park) 안의 고릴라 보호구역에서 여덟 가족 139마리의 롤런드고릴라(lowland gorilla)가 모습을 감추었다. 그때까지 이 국립공원은 롤런드고릴라 개체 수가 특히 많은 지역으로 알려져 있었다. CIRMF는 이듬해 고릴라 네 마리와 침팬지 두 마리 사체에서 에볼라 출혈열 바이러스를 분리했다.

독일 막스플랑크연구소 조사에서는 2002~2005년에 약 5,500마리의 고릴라가 폐사했다고 추정되었다. 고릴라와 침팬지는 바이러스의 자연 숙주가 아니라 인간과 마찬가지로 바이러스에 감염되었다는 가설이 유력해졌다.

또 2007~2008년에는 필리핀 마닐라의 양돈장 등에서 돼지가 줄줄이 폐사하는 참사가 일어났다. CDC의 조사로 레스턴 바이러스에 감염되었다는 사실이 확인되었다. 가축 감염이 최초로 확인된 순간이다. 양돈장에서 일하는 인부 중 한 사람이 감염되었으나 다행히 발병은 일어나지 않았다. 이후 조사로 영장류와 돼지 이외에도 영양, 호저, 개 등의 동물에게도 감염된다는 사실이 밝혀졌다.

삼림 파괴가 불러온
바이러스 확산, 서식지에서 내몰린 동물이 매개

왜 아프리카 오지에서 이렇게 무서운 바이러스가 나타났을까. 아프리카, 중남미 등 20개국 이상에서 활동하는 생물 다양성 보호 과학 단체인 '에코헬스연맹(EcoHealth Alliance)'의 조너선 엡스타인(Jonathan Epstein) 부회장은 "신종 감염병의 75퍼센트는 동물에서 기원한다. 삼림 파괴로 본래의 서식지에서 내몰린 동물들이 인가로 몰려와 병원체를 확산시키게 되었다"고 경고했다.

과거에 발생했던 에볼라 출혈열 유행 대부분은 열대림 안의 마을에서 발생했다. 기니 오지에서도 인구 급증으로 삼림을 벌채해 마을과 농지가 확대되었다. 깊은 숲속에서 조용히 살던 박쥐가 서식지 파괴로 보금자리에서 쫓겨나 에볼라 출혈열 바이러스를 확산시켰을 수도 있다.

영화 〈아웃브레이크〉에 등장한 주술사는 이렇게 말했다.

"본래 사람이 다가가서는 안 되는 장소에 사람이 들어가 나무들을 베어내고 발을 들여놓자 잠에서 깨어난 신들이 분노해서 역병을 천벌로 내렸다."

에볼라 출혈열 유행은 대규모 자연 파괴 직후에 발생하는 경우가 많다. 예를 들어 가봉은 망간과 우라늄 등의 지하자원이 풍부한 나라다. 1994년 가봉에서 일어난 유행은 금 광산 개발로 광대한 삼림이 파괴된 직후에 발생했다.

과거 국토 대부분이 열대림으로 뒤덮여 있던 시에라리온에서는 국토의 고작 4퍼센트 면적에만 삼림이 남아 있다. 그나마 남아 있는 삼림이 사라지는 것도 시간문제다. 라이베리아에 남은 열대림은 20퍼센트 이하로, 그 삼림 벌채권 대부분이 해외 기업에 매각되었다.

예전에 코트디부아르의 타이 국립공원을 조사한 적이 있다. 사람의 손을 타지 않은 원시림이 남아 있어 애기하마(pygmy hippopotamus = 피그미하마, 라이베리아하마), 보노보(Bonobo = 피그미침팬지) 등 멸종위기종으로 지정된 희귀한 동식물의 보고로 세계 자연 유산으로도 등재되어 있다. 그런데 화전이 개간되어 헐벗은 맨땅이 펼쳐진 모습을 목격하고 할 말을 잃었다.

인접 국가인 말리, 니제르 등 사하라 사막 남쪽의 사헬 지대에서는 과거 40년 동안 심각한 가뭄이 되풀이됐다. 가뭄을 피해 도망친 기아 난민이 국립공원 안으로 들어와 불법으로 농사를 지으며 생활했다. 그 과정에서 '타이 삼림 바이러스'가 일으킨 에볼라 출혈열이 발생했음을 어렵지 않게 추측할 수 있다.

특히 최근에는 중국이 서아프리카 지하자원 개발에 거액을 투자해 채굴과 운송 도로, 노동자 숙소 등을 건설하기 위해 삼림 파괴 속도가 한층 빨라지고 있다. 에볼라 출혈열이 유행하는 서아프리카에서만 2만 명이 넘는 중국인이 일하고 있다.

중국은 2009년에 미국을 제치고 아프리카 최대 무역국으로 올라섰다. 아프리카 수출의 90퍼센트가 원유와 목재 등 천연자원이다. 에볼라바이러스의 첫 발견자 중 한 사람인 런던대학교의 피터 피오트(Peter Piot) 교수는 아프리카와 밀접한 관계를 고려하면 에볼라바이러스가 언제 중국에 들어와도 이상하지 않다고 단언한다. 에볼라바이러스가 만리장성을 넘어 인구 대국 중국에서 대유행이 일어난다면 상상만으로도 간담이 서늘해진다.

개발은 야생동물이 남아 있는 삼림지대에 집중되고 있다. 자연에서 서식하는 고릴라와 침팬지의 개체 수는 줄어드는데 서식 밀도는 높아졌다. 일대에서는 농촌 지역에서 도시 지역으로 인구 이동이 급격히 일어났고 바이러스는 숲 밖으로 나와 도시에서 활개를 치게 되었다.

돌연변이로 인한 공기 감염, 대참사 예고

2014년에 일어난 대유행은 자이르 바이러스가 원인으로, 1970년대에 유행한 바이러스가 변이를 일으켰다. 예전에는 잠복 기간이 7일가량이었는데 지금(2014년)은 최장 21일로 길어졌고, 사망률은 90퍼센트에서 60퍼센트 전후로 내려갔다.

에볼라바이러스는 쉽게 변이를 일으킨다. 미국 텍사스대학교 연구팀은 이번 바이러스는 10년 전에 시에라리온에서 채취한 바이러스와 비교하면 이미 유전자의 395개 지점에서 변이가 발생했다고 발표했다. 변이 속도는 조류 인플루엔자 바이러스보다 100배나 빠르다.

에볼라바이러스는 인체에 침입하면 교묘하게 변이를 일으켜 몸속에 자리 잡는다는 사실이 에볼라 출혈열 환자를 치료한 미국 에모리대학병원 등의 유전자 해석으로 밝혀졌다.

에볼라바이러스는 '당단백질'을 열쇠로 삼아, 인체 세포 표면에 있는 열쇠 구멍의 수용체에 달라붙어 세포 안으로 침입한다. 외부 침입을 받은 세포도 가만있지는 않는다. 면역 시스템을 총동원해 침입자 방어에 나선다. 일반적으로는 이 단계에서 병원체를 격퇴한다.

그런데 에볼라바이러스는 '미끼'가 되는 당단백질을 혈액 속으로 내보내 면역세포를 유도하는 연막작전을 펼치고 그 틈에 바이러스를 세포 안으로 침투시키는 수법을 쓴다. 이 수법이 바이러스 유행이 급격히 확대된 이유라고 연구자들은 보고 있다.

기존의 바이러스는 잠복 기간이 짧고 증상이 급격하게 나타나 사망률이 높았다. 그런 이유로 감염이 확대될 시간적 여유가 없어 국지적 유행에 그쳤다. 그러나 바이러스가 변이를 일으켜 잠복 기간이 길어지고 사망률이 낮아지며 감염자의 체내에서 오랫동안 살아남은 탓에 장거리를 이동해 대도시로도 감염이 확대되었다고 볼 수 있다.

에볼라 출혈열은 감염된 사람과 동물의 혈액과 체액 등에 직접 접촉하지 않는 한 감염되지 않는다. 서아프리카에서 일어난 유행도 사망자를 매장하기 전에 조문객들이 망자와 인사를 나누는 관습에서 시신과 접촉하며 유행을 부추겼다고 보고 있다.

그러나 일부 전문가는 돌연변이로 공기 감염이 일어날 위험성도 배제할 수 없다고 경고한다. 미국 댈러스의 한 병원에서 라이베리아인 남성을 치료한 간호사 두 명이 환자와 직접 접촉을 막기 위해 엄중하게 방호복을 갖춰입었는데도 발병했다. 그밖에도 방호복으로 전신을 감싼 의료 종사자가 감염된 사례가 적지 않다.

감염병 권위자인 미국 미네소타대학교의 감염병정책연구소의 마이클 T. 오스터홈(Michael T. Osterholm) 소장은 "40년의 연구 인생에서 처음 만난 강력한 바이러스"로 공기 감염이 가능하도록 변이할 가능성이 있다는 주장을 내놓았다. 1989년에 미국에서 발생한 에볼라바이러스는 돼지에서 원숭이에게로 공기 감염된 선례가 있기 때문이다.

14세기에 창궐한 페스트(⑤장 참조)는 그때까지 벼룩의 흡혈로만 일어나는 '선페스트(腺페스트)'였는데 변이를 거듭하는 과정에서 공기로 감염되는 '폐페스트(肺페스트)'가 출현했다. 인플루엔자와 홍역 등 공기로 감염되는 병원체는 매우 효율적으로 감염이 확대되어 팬데믹을 일으킬 가능성이 크다. 특히 아프리카에서는 과거 40년 동안 인구가 세 배나 늘었고 인구 이동도 급격하게 일어나 만약 공기 감염이 시작된다면 상상을 초월하는 대참사로 발전할 수 있다.

에볼라 출혈열 종식 선언과 남아 있는 문제들

2014년 10월 17일, WHO는 세네갈에 이어서 나이지리아에도 에볼라 출혈열 종식을 선언했다. 나이지리아에서는 20명이 감염되고 8명이 사망했는데, 최장 잠복 기간의 두 배에 해당하는

42일 동안 새로운 감염자가 나오지 않았다.

프랑스 보건부는 라이베리아에서 에볼라 출혈열에 걸린 여성이 치료를 받고 완치되어 퇴원했다고 발표했다. 이 여성의 치료 과정에서 치료 효과를 인정받은 약물 중 하나로 일본 기업인 후지필름 홀딩스 산하의 도야마 화학공업이 개발한 항인플루엔자 약물인 '아비간(Avigan)'이 포함되어 있었다.

또 라이베리아에서 의료 지원을 하던 미국인 의사 두 사람이 감염되었을 때 미국 제약회사가 개발한 시험 단계 치료제인 '지맵(ZMapp)'을 WHO가 조건부 승인해 투여했다. 라이베리아에서 감염된 스페인 국적 선교사에게도 이 약물을 투여했으나 사망했다.

약이 효과를 나타냈는지는 확실히 알 수 없으나 중증으로 집중 치료를 받던 미국인 의사는 상태가 상당히 호전되었다. 다만 이 약들은 모두 대량 생산이 이루어지지 않아 한정된 재고를 누구에게 우선 투여할지, 부작용이 나타났을 때 책임 문제를 어떻게 처리할지가 명확하지 않다.

이처럼 해결되지 않은 문제가 남았음에도 '최후의 수단'으로 이 약들을 쓸 수밖에 없는 상황에 내몰리고 있다.

70년 만에 도심에서
유행하기 시작한 뎅기열

원인은 모기 속에 숨은 진짜 악당 뎅기바이러스

미국 수의학회 조사에 따르면 사람을 가장 많이 죽이는 야생동물은 '모기'라고 한다. 독사, 상어, 곰 등을 제치고 모기는 '10대 위험 동물' 1위 자리를 굳건히 지키고 있다. 매년 100만 명이 말라리아, 뎅기열, 황열병 등 모기가 옮기는 미생물로 목숨을 잃는다. 영웅 알렉산드로스 대왕도 한 마리 모기를 이기지 못하고 말라리아로 세상을 떠났다. 모기에 대해 잘 알고 있던 일본의 세균학자 노구치 히데요(野口英世)도 황열병으로 쓰러졌다.

2014년 여름, 뎅기열이 도쿄 도심 한복판에 있는 요요기공원에서 발생하는가 싶더니 삽시간에 일본 전국으로 퍼져나갔다.

풍자와 해학을 특징으로 시대상을 잘 반영하는 일본 정형시 센류(川柳)에도 모기가 등장했다.

"매일 산책을 주저하게 만드는 모기의 공포."

― 저자 미이코(みぃこ)

"모기에 물리면 가려움보다 불안이 커."

― 우미(海)

뎅기열의 원인은 숲모기 종류인 흰줄숲모기(학명 : Aedes [Stegomyia] albopictus)와 이집트숲모기(학명 : Aedes[Stegomyia] aegypti)다. 뎅기열 바이러스를 가지고 있는 모기에게 물리면 모기의 타액과 함께 바이러스가 사람 몸속으로 침입해 뎅기열에 걸린다. 그 사람의 피를 빤 모기가 다른 사람을 물면 '모기 → 사람 → 모기' 순서로 꼬리에 꼬리를 물고 연쇄적으로 이어져 감염이 퍼져나간다.

일본 국립감염병연구소 조사에서 2014년 8월에 요요기공원에서 춤 연습을 하던 젊은이들에게 발병했다는 사실이 밝혀졌다. 모 방송국에서 촬영한 곤충 채집 프로그램에 출연한 탤런트도 고열이 나서 병원에 갔다가 뎅기열로 진단받았다. 국립감염병연구소는 공원 안에서 채집한 모기에서 뎅기열 바이러스를 검출했다. 일본 국내의 감염 사례는 1945년 이후 약 70년 동안 기록이 없었다.

지금까지 환자에게서 검출된 바이러스 유전자를 분석한 결과 모두 요요기공원 주변과 신주쿠 주오공원 방문 이력이 있는 환자에게서 검출된 바이러스와 일치했다. 감염원은 한 곳으로 추정되었다. 감염자 중에 해외 방문 이력이 있는 사람은 없었다.

한편 해외여행 중 감염된 사람은 연간 100~200명 정도다. 인도네시아 발리섬에서 감염된 사람이 많았다. 뎅기열은 사람에게서 사람으로 감염이 일어나지 않기에 해외에서 감염된 사람이 요요기공원 주변에서 흰줄숲모기에 물렸고, 그 사람의 피를 빤 모기에게 물린 사람들이 감염되었다는 가설이 제기되었다.

이후 감염자는 서서히 증가해 2개월 후인 10월 15일까지 북쪽으로는 아오모리현, 서쪽으로는 고치현까지 19개 지방으로 확대되었고 감염자는 총 159명에 달했다. 다행히 중증에 이를 정도로 상태가 심각해진 환자는 없었다. 각 지방자치단체에서 공원 등 사람이 몰리는 야외 시설을 폐쇄하고 살충제를 살포하는 등 긴급 방역에 나섰고, 각종 행사와 헌혈 자제 등 긴급 조치를 취했다. 약국에서는 해충 방지 스프레이가 동이 났다.

안구 통증은 뎅기열의 특징적 증상,
심하면 출혈열 발생

일본에서는 예전에 제2차 세계대전 중인 1942년부터 1945년에 걸쳐 고베, 오사카, 히로시마, 나가사키 등에서 뎅기열이 유행해 20만 명에 달하는 환자가 나왔다. 동남아시아 전선에 파병되었다가 돌아온 부상병들이 바이러스를 들여왔다.

당시 교토대학교 의학부에서 뎅기열 바이러스 연구에 착수한 홋타 스스무(堀田進)가 1943년에 나가사키에서 유행한 뎅기열 환자에게서 세계 최초로 바이러스를 분리하는 데 성공했다.

뎅기열은 주로 이집트숲모기와 흰줄숲모기 두 종류의 모기를 매개로 삼는다. 이집트숲모기는 과거에 구마모토현 아마쿠사 지역과 류큐열도처럼 연평균 기온이 높은 지역에서 서식이 확인되었는데, 1970년대 이후로는 채집에 성공했다는 기록이 없고, 현재는 일본 국내에는 분포하지 않는 것으로 추정하고 있다.

뎅기열은 다양한 증상으로 나타난다. 나는 태국에서 뎅기열에 걸린 적이 있는데 갑자기 고열이 나고 관절이 쑤시고 지끈지끈한 두통이 생기더니 특히 눈 안쪽에 시큰시큰한 느낌이 들며 눈알이 빠지는 듯한 통증이 나타났다. 안구 통증은 뎅기열의 특징적인 증상이다. 초기 증상이 나타난 후에는 상반신에 발진이 생겼는데 일주일 정도 지나자 사라졌다.

그런데 뎅기열 바이러스에 감염된 후에 급격히 중증인 '뎅기출혈열(dengue hemorrhagic fever)'이 나타날 때가 있다. 발열 증상이 사라지고 정상 체온으로 돌아간 순간 발생한다는 특징이 있다. 출혈열이라는 이름 그대로 10~20퍼센트의 사례에서 주삿바늘을 찌른 자리에서 피가 나거나 코피, 혈변, 토혈, 하혈 등의 증상을 보인다.

1950년대에 필리핀과 태국에서 최초로 발생했는데 이후 동남아시아와 중남미에서 꾸준히 증가하기 시작했다. 중증으로 발전하면 사망률이 5퍼센트로 높아지고 매년 약 2만 명 이상이 사망한다. 특히 영유아 사망의 주요 원인으로 지적되고 있다.

1970년대 중고 수입 타이어가 미국에 뎅기열을 퍼뜨리다

일본 국내에서 뎅기열은 외국에서 들어온 '수입병'이지만 세계적으로 보면 일본은 뎅기열 '수출국'이기도 하다. 독일 보건부 산하 로베르트코흐연구소(Robert Koch Institute)에서 2014년 1월에 "작년 8월 하순에 일본 각지를 여행한 51세의 독일인 여성이 귀국 후 뎅기열 진단을 받았다"고 일본 후생노동성에 통고했다. 다행히 이 여성은 일주일가량 치료를 받고 무사히 퇴원했다는 소식이 전해졌다.

독일인 여성은 야마나시현 후에후키시에서 모기에 물렸다고 주장했기에 일본 전문가가 사실관계 확인에 나섰다. 감염 장소는 확실히 기억하지 못했다. 그러나 잠복 기간으로 보아 일본에 머무는 동안 감염되었을 가능성을 부정할 수 없다고 결론지었다. 다만 뎅기열 진단을 내릴 수 있는 의사가 드물어 증상이 가벼우면 감기로 오진하는 경우가 많았다. 이미 바이러스가 국내에 자리를 잡았는데도 알아차리지 못했을 가능성이 있다는 의견도 나왔다.

미국에서는 1970년대 후반에 뎅기열이 유행했다. 중고 수입 타이어가 뎅기열을 퍼뜨린 의외의 복병이었다. 미국에서는 일본 등지에서 대량의 중고 타이어를 수입했다. 일본의 중고 타이어 수출량은 세계 최고 수준으로 매년 1,000만 개 이상이 수출길에 오른다. 각국 공장에서는 폐타이어에 노면 접촉 부분인 트레드 (tread)만 새로 교체해 재생 타이어로 판매했다.

특히 텍사스주 휴스턴은 세계 최대 재생 타이어 생산지로 화물선이 줄줄이 중고 타이어를 싣고 들어온다. 1980년대 초에 재생업자에게 배달된 타이어를 야적장에 쌓아두었다. 이때 타이어 안에 고인 물에 모기 유충인 장구벌레가 대량 발생했고, 내벽에 알을 깔 때까지 알아챈 사람은 없었다.

미국 CDC가 철저한 역학조사에 나서 일본에서 수입한 중고 타이어에 숨어 밀입국한 모기가 뎅기열 바이러스를 가져와 미국 남부 일대에 산발적으로 뎅기열이 발생하게 되었다는 결론에 도달했다.

독성 강한 2형 바이러스 출현으로 세계적 대유행

1970년대 이전까지 뎅기열 유행 국가는 9개국 수준에 머물렀다. 현재는 10개국 이상에 달한다. 뎅기열은 열대, 아열대 지역, 특히 동남아시아와 남아시아, 중남미, 카리브해 국가들에서 만성적으로 유행하는데, 최근 몇 년 사이에 전 세계로 확대되었다.

WHO는 가맹국 보고를 기준으로 2008년에는 환자 수가 120만 명이라고 발표했다. 그러다 2010년에는 230만 명으로 늘어났고, 2013년에는 남북미 대륙에서만 235만 명에 달했다. 이후 약 3만

8,000명이 중증 뎅기 출혈열로 증상이 악화했다.

이 보고는 빙산의 일각으로 WHO는 세계에서 매년 약 5,000만 명에서 1억 명이 감염된다고 보고 있다. 증상이 심각해져 입원하는 환자는 매년 50만 명에 이른다. 세계적으로 보면 뎅기열 위험 지역에 25억~30억 명이 살고 있다. 일본도 위험 지대에 추가되었다.

뎅기열의 90퍼센트가 필리핀, 베트남, 라오스, 말레이시아 등의 아시아에서 발생한다. 말레이시아에서도 인구 밀도가 높은 슬랑오르주를 중심으로 뎅기열 발생 건수가 급증했다. 2014년 8월 말 기준으로 감염자는 6만 8,000명, 사망자는 130명을 넘었고 감염자 수는 전 년 동기 대비 여섯 배가 되었다.

전문가들은 독성이 강한 뎅기바이러스 '2형'이 유행했고 예년보다 집중적인 폭우가 쏟아지는 날이 늘어나 모기가 번식하기 좋은 기상 조건이 갖추어졌기 때문에 감염과 사망이 확대되었다고 결론 내렸다.

중국 광둥성 위생 당국은 지역 내 2014년 8월 말까지 전년 1년 동안의 환자 수를 웃도는 1,145명의 뎅기열 환자가 확인되었다고 발표했다. 31명이 중증으로 발전했고 사망자는 다행히 나오지 않았다는 소식이다. 대만에서도 2014년 1~10월에 약 4,000명의 환자가 나왔다.

유럽에서도 지역적으로 뎅기열이 발생해 2010년에는 프랑스와 크로아티아에서 환자가 나왔다. 2012년에는 포르투갈령 마데이라 제도에서 2,000명이 넘는 대유행이 발생했다. 하필 마데이라 제도가 인기 관광지였기에 각국에서 온 관광객이 본국으로 돌아가 10개국에서 연쇄적인 감염이 일어났다.

뎅기바이러스는 기원이 불분명한 수수께끼의 병원체

'뎅기(Dengue)'라는 단어의 기원에는 다양한 설이 있다. 동아프리카에서 주로 사용하는 스와힐리어의 'Ka Dinga Pepo'에서 비롯되었다는 설에 따르면 악령의 소행으로 추정되는 경련성 발작을 뜻한다. 서인도 제도로 끌려온 아프리카인 노예들이 이 병을 뎅기열이라 불렀다는 설도 있다. 이 병에 걸리면 손발 움직임이 부자연스러워지며 거들먹거리는(dandy) 걸음걸이처럼 특이한 방식으로 보행해서 붙여진 이름이라는 주장도 있다.

1980년대 아시아, 아프리카, 북미에서 거의 같은 시기에 폭발적으로 유행한 뎅기열은 영어로 'break-bone fever(골절열)'라고 불렀다. 환자가 뼈가 부서지는 듯한 극심한 관절통을 호소했기 때문이다. 이 병에 이름을 붙인 사람은 미국 건국의 아버지 중 한 사람으로 독립선언시에 시명힌 벤지민 러시(Benjamin Rush, 1746~1813년)였다. 의사이자 작가이며 교육자였던 그는 1780년 필라델피아에서 돌기 시작한 '황열병(뎅기열과 마찬가지로 모기가 옮기는 바이러스에 의해 발생하는 출혈열)'에 대해 이 병명을 붙였다. 보고서에는 이런 기록이 남아 있다.

"발열을 동반하며 환자는 극심한 통증을 호소한다. 주로 머리, 등, 팔다리와 특히 안구에 심각한 통증이 나타난다."

뎅기바이러스는 일본 뇌염 바이러스와 마찬가지로 플라비바이러스과 플라비바이러스속(Flaviviridae Flavivirus)의 바이러스로 네 가지 혈청형(1형·2형·3형·4형)으로 분류된다.

1형에 걸리면 1형에 대해서는 평생 면역이 생기는데 다른 혈청형에 대한 면역은 몇 개월이면 소멸하고 이후에는 다른 형에 감염될 수 있다. 유전자 변이로 보면 약 1,000년 전에 네 가지 혈청형으로 분화되었다.

1970년대 뎅기바이러스가 네 종류 모두 존재한 지역은 동남아시아뿐이었다. 그런데 지금은 뎅기열이 발생하는 지역에서는 모든 형을 다 발견할 수 있다. 2013년에 접어들어 독성이 더 강한 2형이 늘어났다. 이 2형이 퍼지며 세계적 유행에 박차를 가했다.

중국 진나라 시대(265~420년)에 집필된 의학서에는 뎅기열로 추정되는 기록이 있다. 그만큼 오래전부터 알려진 질병이었음에도 희한하게 정체를 제대로 밝혀내지 못한 수수께끼 같은 질병이다. 아직도 바이러스의 기원이 불분명하고 사람 이외에 감염된 동물도 알려지지 않았다.

바이러스의 기원을 추적하는 미국 펜실베이니아대학교의 에드워드 C. 홈스(Edward C. Holmes) 교수는 본래 아프리카에서 모기에 기생하던 바이러스가 돌연변이를 일으켜 사람에게 감염을 일으키게 되었다는 가설을 내놓았다.

플라비바이러스과에는 황열병, 웨스트나일열, 일본 뇌염, 리프트밸리열, 진드기 매개 뇌염 바이러스 등 감염력이 높은 바이

러스가 속한다. 이 바이러스 대부분은 모기와 참진드기 등 절지
동물을 매개체로 삼아 아르보 바이러스(arbovirus, 절지동물 매개성
바이러스)라 부르기도 한다. 사람에게 병을 옮기는 바이러스만
해도 100종이 넘는다.

프랑스의 제약회사가 개발한 뎅기열 백신이 빠르면 2015년에
현장에 투입될 가능성이 있다.* 아시아 실험에서 뎅기열에 대한
백신 예방 효과는 아직 57퍼센트 수준. 특히 악성인 2형은 35퍼
센트로 낮아 당분간 숲모기가 나올 법한 장소는 피하는 게 안전
하다. 백신이 나올 때까지는 주변 지역 청결과 살충제 살포로 모
기를 박멸하며 최대한 조심하는 수밖에 없다.

다른 종을 압도하는 흰줄숲모기의 번식력

흰줄숲모기(영어로는 Oriental Tiger mosquito) 수컷은 정력이 뛰어
나기로 소문났다. 이 모기에게는 육안으로도 또렷하게 식별할
수 있는 검은색과 흰색 줄무늬가 있어 호랑이를 연상시킨다. 새
로운 고장에 진출한 흰줄숲모기는 동종 모기뿐 아니라 다른 종

---

* 2016년 프랑스 제약회사인 사노피 파스퇴르가 '뎅그박시아'라는 이름으로 네 가지 혈청형
을 모두 예방할 수 있는 CYD-TDV 백신을 내놓았다. 이 백신은 뎅기열에 걸렸던 경험이 있는
사람에게만 접종을 권고한다. 감염력이 없는 사람에게 접종했다가 심각한 뎅기열에 걸린 사례
가 대량 접종을 시행한 필리핀에서 보고되었기 때문이다. 그 밖에도 태국, 미국, 브라질, 인도,
베트남 등이 백신을 내놓았거나 앞으로 출시할 예정이다. ─ 옮긴이

암컷과도 쉴 새 없이 교미한다. 물론 서로 종이 달라 알을 낳을 수는 없다.

그런데 모기의 습성상 한 번 교미한 암컷과는 두 번 다시 교미하지 않는다. 즉 흰줄숲모기가 침입하면 이 모기와 교미한 토박이 모기는 번식하지 않게 되며 순식간에 굴러온 돌이 박힌 돌을 빼내는 사태가 발생한다.

바이러스의 매개가 되어 마찬가지로 기피 대상인 이집트숲모기는 예전에 서일본에서 서식하다 전쟁 중인 1944년에 아마쿠사 제도에서 이상 발생했으나, 흰줄숲모기에게 제압당해 자취를 감추었다. 세계 각지에서도 1970년대 이후 흰줄숲모기가 이집트숲모기를 압도하고 있다.

독한 모기라고 해도 태생이 곤충인지라 나비처럼 꽃에서 나는 꿀과 썩은 과일의 당분 등을 주식으로 삼아 살아간다. 산란 전인 암컷만 피를 빤다. 영양이 풍부한 피를 빨아 산란에 대비하는 셈이다. 이 시기에 피를 빨고 바이러스를 남기고 떠난다.

바이러스에 감염된 사람을 암컷 모기가 물었을 때 바이러스는 모기 소화관을 통해 중장(中腸, midgut)으로 이동하고 여기서 번식한다. 이후 다른 사람을 물 때 모기의 타액과 함께 바이러스가 옮겨간다. 모기가 바이러스를 옮기는 전달자 역할을 하지만, 모기의 본래 목적은 질병 확산이 아니다.

일본에서의 흰줄숲모기 활동기는 10월 중순 무렵이라 겨울을 날 수 없다는 주장이 유력했지만, 1940년대에 3년 연속 유행하며 토착화 가설을 부인할 수 없게 되었다.

뎅기열의 원인인 흰줄숲모기
뎅기열 바이러스를 가지고 있는 모기에게 물리면 모기 타액과 함께
바이러스가 사람 몸속으로 침입해 뎅기열에 걸린다.

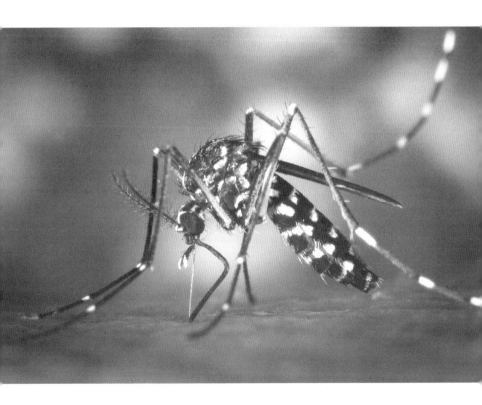

지구 온난화와 원거리 이동 증가가 유행에 한몫하다

뎅기열의 세계적 유행이 시작된 지 아직 반세기도 지나지 않았다. 이 급격한 유행의 원인 중 하나로 사람이 흰줄숲모기가 발생하기 좋은 환경을 만들어준다는 주장이 제기되었다. 지난 반세기는 세계 인구 폭발기였다.

인구 밀도가 높아짐에 따라 '모기 → 사람 → 모기'로 바이러스가 이동하는 주기가 눈에 띄게 빨라지기 시작했다.

또 지구 온난화의 영향도 고려할 필요가 있다. 환경부에 따르면 뎅기열 매개체인 흰줄숲모기의 분포는 연평균 기온이 11℃ 이상인 지역과 거의 일치한다. 1950년 당시는 후쿠시마현·도치기현·이바라키현이 북방 한계선이었다. 그러다 2000년 이후에는 아키타현 북부에서 이와테현까지 범위가 확대되었고, 2010년에는 혼슈 북쪽 끝인 아오모리현에서 최초로 확인되었다.

온난화의 영향을 정리한 환경부 보고서에서는 "2100년에 이르면 홋카이도까지 확대된다"는 예측을 소개했다. 흰줄숲모기 분포가 확대된다고 해서 당장 뎅기열이 기승을 부린다고 주장할 수는 없지만, 위험 지역은 꾸준히 확대되고 있다.

또 모기가 터를 잡고 번식하기 좋은 환경도 증가하고 있다. 도로에 생긴 구멍, 화분 물받이, 막힌 빗물관, 수채가 들어찬 하수구 등 우리 주변에 물이 고인 곳은 많다. 흰줄숲모기는 대략 한 잔 분량의 물에서도 알을 낳을 수 있다. 일본에서는 예전에 성묘하러 가면 꽃병에 10엔짜리 동전을 넣어두고 돌아왔다. 물속에 동전의 구리 이온이 녹아 모기 발생을 억제하기 때문이다. 이처럼 선인의 지혜도 사라진 구시대의 유물이 되어가고 있다.

골프와 등산 등 야외 활동이 활발해지며 사람과 흰줄숲모기의 거리가 좁아지고 있다. 또 세계화로 사람과 물자의 이동이 왕성해지며 모기는 손쉽게 원거리를 이동할 수 있게 되었다. 호주의 다윈 국제공항에서 인도네시아에서 들어온 정기편 기내를 샅샅이 뒤졌더니 1년 동안 5,517마리의 곤충이 발견되었고 그중 686마리가 모기였다는 보고도 있다.*

---

* 우리나라 질병관리청 조사(2018.04.12.)에 따르면 지카 바이러스와 뎅기바이러스 매개인 흰줄숲모기는 우리나라 전역에서 서식하고 있으며, 3월부터 발생하기 시작해 8월에 가장 높은 밀도를 보였다고 한다. 자세한 분포 지역은 질병관리청 홈페이지 「국내 도심환경 내 흰줄숲모기 지리적 분포 조사」 [http://www.cdc.go.kr/board/board.es?mid=a20602010000&bid=0034&act=view&list_no=79428]에서 확인할 수 있다. — 옮긴이

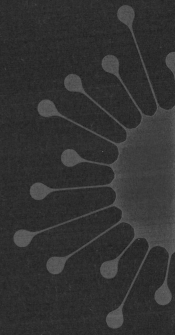

part

2

> 20만 년
지구 환경사와 감염병의
끈질긴 도전

인류와 질병의
끝없는 군비 경쟁사

인류 진화에 맞춰 변화를 거듭한 병원성 미생물

약 20만 년 전에 아프리카에서 탄생한 현생 인류의 조상은 아라비아반도에서 근래 출토된 최신 유골 연구를 통해 기존의 추정보다 수만 년 이른 12만 5,000년 전 무렵 아프리카 대륙을 떠나 아라비아반도로 건너갔다는 설이 유력해졌다. 이후 5만~6만 년 전에 아라비아반도에서 유라시아 대륙, 다시 호주 대륙과 북미·남미 대륙으로 세력을 확장했다.

인류는 험난한 이동 여정을 거쳤을 것이다. 작열하는 사막과 극한의 설원을 가로지르고 육지가 보이지 않는 바다에서 노를 젓고 험난한 산악지대를 넘어 깊은 숲으로 들어가기도 했다. 이

고생스러운 여정을 시작하게 된 동기는 무엇일까?

야생동물처럼 가까이에서 구할 수 있는 식량이 떨어졌기 때문일까? 기후와 환경 변화로 새로운 삶의 터전을 찾아 떠날 수밖에 없었기 때문일까? 다른 영장류와의 세력 다툼에서 패해 밀려났기 때문일까? 아프리카에는 유전학적으로 가까운 영장류가 많아 그들에게서 옮는 '동물 유래 감염병(④장 참조)'을 피하기 위해서라고 추정하는 연구자도 있다.

약간의 도구와 무기, 생활용품을 이고 짊어진 채 언어, 기술, 신화, 음악, 신앙 모든 것이 새로운 고장으로 이동했으리라. 의도하지 않은 길동무도 있었다. 쥐, 바퀴벌레, 진드기, 이, 벼룩, 기생충 등의 작은 동물. 또 눈에 보이지 않는 어마어마한 수의 세균, 바이러스, 원충, 곰팡이 등의 미생물도 사람과 동물에 기생해 함께 이동했다.

미생물 대부분은 해를 끼치지 않았으나 병을 옮기는 '병원성'을 지닌 종류도 있었다. 예를 들어 바이러스는 생물과 무생물 양쪽의 성질을 아울러 가지고 있어 인플루엔자와 풍진과 헤르페스 등 수많은 질병을 유발한다.

세균은 박테리아라고도 부르는데 세포 분열로 증식하는 단세포 생물이다. 헬리코박터 파일로리균(Helicobacter pylori)이나 결핵균 등 다채로운 얼굴을 가지고 있다. 또 말라리아와 아메바성 이질 등을 일으키는 원충, 그 밖에도 무좀의 원인이 되는 진균, 폐렴과 쓰쓰가무시병을 일으키는 리케차(Rickettsia) 등의 병원성 미생물이 알려져 있다.

이러한 미생물 중에는 수렵 시대에는 야생동물에서 사람으로, 정착 농경 생활을 시작하고 나서는 가축에서 사람으로 숙주를 넓힌 종도 많다. 새로운 지역으로 진출한 인류는 기후와 풍토와 새로 일군 문화에 적응하기 위해 육체를 진화시켰다. 야생동물과 가축에게서 사람의 몸으로 보금자리를 이동한 미생물도 마찬가지로 숙주의 진화에 맞추어 변화했다.

사람의 유전자로 둔갑한 바이러스, 생물 진화의 원동력이 되다

아프리카의 공통 선조에서 인류는 여러 갈래로 뻗어나와 다양한 형태로 진화했다. 그 과정을 복잡하게 가지를 뻗은 한 그루의 나무에 비유하는 계통수(系統樹)라는 용어가 있다. 미생물 대부분도 우리 선조와 마찬가지로 진화와 변이 과정을 거치며 계통수의 밑그림을 완성했다.

이 책에 등장하는 '헬리코박터 파일로리균'·'에이즈'·'사람 유두종바이러스'·'홍역'·'수두'·'성인 티(T) 세포 백혈병'·'결핵' 등의 원인이 되는 병원성 미생물은 모두 아프리카에서 기원을 찾을 수 있다. 숙주인 사람과 함께 진화하며 전 세계로 확산한 개체가 자손을 남겼다.

지금까지 바이러스는 질병을 일으키는 천덕꾸러기 취급을 받았다. 그러나 RNA 바이러스의 일종인 레트로바이러스는 자신의 유전자를 다른 생물의 유전자로 바꾸어 생물 진화의 원동력이 되었다. 일반적으로 유전자는 부모에게서 자식으로 '수직' 이동 하는데 바이러스는 생물 개체 사이에서 '수평적으로' 유전자를 이동시킬 수 있다.

사람의 유전 정보(게놈)가 2003년에 모두 해독되고 나서 단백질을 만드는 기능이 있는 유전자는 불과 1.5퍼센트밖에 없고, 전체의 약 절반은 바이러스에게서 비롯되었다는 사실이 밝혀졌다. 대부분 '트랜스포존(transposon, 이동 유전인자)'이라 부르는 유전자로, 염색체 내에서 자유롭게 위치를 이동할 수 있는 유전자의 단편을 말한다. 진화 과정에서 사람의 유전자로 둔갑한 셈이다. 과거에 창궐한 바이러스의 잔해일 수도 있다.

모체의 거부 반응에도 태아가 살 수 있는 건 바이러스 덕분

생물은 감염된 바이러스 유전자를 자신의 유전자에 받아들임으로써 돌연변이를 일으켜 유전 정보를 다양하게 만들고 진화를 촉진했다고 추정할 수 있다. 사람을 포함해 어떤 생물에게나 바이러스에서 비롯된 유전자가 들어 있다. 이 유전자는 단순히 더부살이하는 군식구가 아니라 다양한 역할을 맡아 부지런히 제 본분을 다하고 있다. 의료 현장에서 실용화가 추진되고 있는 유전자 조작이나 유전자 치료도 바이러스를 매개체(vector)로 삼아 유전자를 다른 개체로 옮기는 기술이다.

바이러스가 포유동물의 태아를 지켜준다는 사실도 연구로 새롭게 밝혀졌다. 태아의 유전형질 절반은 아버지에게서 비롯된 것으로 이식된 장기처럼 어머니의 면역계에 이질적인 존재다. 일반적으로 태아는 모체가 일으키는 면역 반응으로 인해 살아갈 수 없다. 따라서 태아의 생존은 오랫동안 풀리지 않는 수수께끼로 남아 있었다.

거부 반응을 일으키는 모체의 림프구는 한 장의 세포막으로 방어되어 태아의 혈관으로 들어가지 못하게 저지당한다. 1970년대에 들어와 포유동물의 태반에서 대량의 바이러스가 발견되었다. 1988년에 스웨덴 웁살라대학교의 에리크 라슨(Erik Larsson) 박사가 이 세포막은 체내에 사는 바이러스가 만든다는 사실을 규명했다. 즉 바이러스는 생명의 본질로 들어가는 비밀의 문을 여는 열쇠를 쥐고 있는 셈이다.

바다에서 방대한 수의 바이러스가 발견되었는데, 이들은 공기 중 이산화탄소 축적, 눈[雪]의 형성과 밀접한 관련이 있을 가능성도 제기되었다. 바이러스의 존재를 빼고는 생물 진화도 지구 환경도 이야기할 수 없을 정도로 지구 생명체에 매우 깊이 관여하고 있다.

세균은 유기물을 분해해 무기물로 바꾸는 물질 환경의 중요한 역할을 담당하고 있다. 세균 없이 생태계는 존속할 수 없다. 먹다 남은 음식을 내버려두면 '부패'하는데, 이는 물질 분해의 과정이다. 부패의 결과 유용한 물질이 만들어지면 '발효'가 일어나 된장, 간장, 요구르트, 치즈 등의 발효식품부터 빵과 술에 이르기까지 우리 식생활에 빼놓을 수 없는 중요한 먹을거리를 만드는 데 이바지한다. 세균이 우리 몸에서 없어서는 안 되는 존재라는 이야기는 제4장의 '헬리코박터 파일로리균' 부분에서 다시 살펴보기로 하자.

미생물의 거대 패밀리,
지구상에서 가장 성공을 거둔 생명체

지금까지 약 5,400종의 바이러스와 약 6,800종의 세균이 발견되었다. 우리가 아는 바이러스와 세균은 극히 일부에 지나지 않는다. 미국 컬럼비아대학교 보건위생학부 스티븐 S. 모르스 (Stephen S. Morse) 교수는 다양한 바이러스 질환을 옮긴다고 알려진 날여우박쥐(학명 : Pteropus giganteus)에게서 58종의 바이러스를 발견했다고 발표했다. 기존에 알려진 약 5,900종의 포유동물이 각각 58종의 고유 바이러스를 보유하고 있다고 가정하면 바이러스는 적어도 34만 종이 존재하는 셈이다. 만약 기존에 알려진 약 6만 2,000종의 척추동물까지 범위를 확대하면 360만 종에 이른다는 계산이 나온다.

---

* 피부, 점막, 구강, 비강, 소화관 등 정상적으로 우리 몸 특정 부위에 항상 존재하는 세균. 외부에서 침입한 미생물을 방어하고 감염을 예방하는 역할을 한다. — 옮긴이

그중에는 우리 몸에 교묘하게 숨어들어 상재균resident flora*으로 공존하는 종류도 있다. 하지만 대부분은 우리 인간에게 무해하다.(⑥장 참조) 물론 기회주의자처럼 작용하는 말썽꾸러기 균도 있다. 평소에는 해코지하지 않다가 이따금 병을 일으키거나 갑자기 병원성을 띠는 종류다.

식물에서도 모든 종에 바이러스가 기생한다. 예를 들어 매실나무 등에 '자두곰보병바이러스(Plum pox virus)'가 맹위를 떨친다. 이 바이러스에 감염되면 과일에 반점이 퍼져 상품 가치가 떨어진다.

매실 명산지인 도쿄 오메시 '우메노공원'에서는 자두곰보병바이러스 감염이 확대되어 약 1,700그루의 매실나무를 벌채하는 대대적인 방역을 벌였다.**

바이러스는 작물 농사를 망치는 주범이기도 하다. 텃밭에서 애지중지 가꾼 오이 잎에 얼룩덜룩하고 울퉁불퉁한 무늬를 만들

** 자두곰보병은 우리나라에서도 식물방역법상 금지병으로 지정돼 있다. 매실에 발생한 자두곰보병은 현재까지 뚜렷한 치료방법이 없어, 조기에 발견해 제거하고 매개충인 진딧물을 철저히 방제하거나 출처 불명의 접수·묘목의 유입을 금지하는 것이 최선의 예방법이다. 국내에 보고된 자두곰보바이러스는 진딧물에 의한 확산이 더딘 계통으로 알려져 있으나 바이러스의 특성상 변이 발생 가능성이 많고, 특히 2016년 일본에서 병원성이 강하고 확산 속도가 빠른 계통의 자두곰보바이러스가 발생한 바 있어 주의가 필요하다. 농촌진흥청은 2016년부터 2017년까지 국내 핵과류 과원 1,985곳의 3만 333그루를 대상으로 자두곰보바이러스 감염 조사를 시행한 결과, 과원 10곳의 21그루에서 바이러스를 확인했으며, 감염된 나무는 폐기·매몰 처리했다. ─ 옮긴이

어 농부들의 속을 태우는 못된 농사 방해꾼의 정체가 바로 '모자이크 바이러스'다.

또 파나마에서 시작되어 세계적으로 창궐해 '파나마병(Panama disease)'이라는 이름이 붙은 바나나 감염병은 'BBTV(Banana bunchy top virus)'라는 바이러스가 일으켜 세계적으로 바나나 농사에 피해를 주고 있다.

어느 세균에게나 '박테리오파지(bacteriophage)'라는 고유의 바이러스가 기생한다. 쉽게 말해, 세균을 먹는 바이러스인 셈이다. 2008년에는 파리에 있는 건물의 냉각탑에서 바이러스에 감염된 바이러스가 발견되었다. '바이러스에 감염되지 않는 것은 바이러스뿐'이라는 학계 정설이 뒤집히는 순간이었다.

온갖 생물을 포함하면 바이러스의 수는 1억 종을 넘을 수도 있다. 바이러스는 땅속 깊은 동굴, 사막 한복판, 높은 산, 해저 바닥 등 어느 곳에서나 발견되기 때문이다.

세균이 몇 종이나 있는지는 더더욱 알 수 없다. 2008년에 열린 미국 세균학회에 출석한 24명의 세계 최고 수준의 세균학자들이 각각 추정한 바에 따르면 1만~10만 종류라고 대답한 사람이 2명, 10만~100만 종이 5명, 1,000만 종 이하가 9명, 나머지 8명이 1,000만 종 이상이라고 대답했다.

인체에는 길이 10미터에 달하는 흔히 촌충이라고 부르는 조충부터 1억 분의 1미터 크기의 바이러스까지 존재한다. 그들은 먹이를 구하는 노동에서 해방된 지구상에서 가장 성공을 거둔 생물일 수 있다.

미생물과 숙주의 영원한 공방전, 그 결말에 대한 네 가지 시나리오

미생물에게 포유동물의 체내는 온도가 일정하고 영양분이 풍부한 천혜의 환경이다. 그래서 기를 쓰고 파고들어 번식을 시도한다. 그런데 숙주에게 병원성을 지닌 미생물은 반갑지 않은 손님이다. 감염되면 세포가 손상되거나 미생물이 영양분을 가로채 쇠약해지거나 유전자를 탈취해 멀쩡한 세포가 암세포로 둔갑할 수 있다.

그래서 숙주는 면역이라는 방어 시스템을 발달시켜 미생물을 제거하거나 회유하는 작전을 구사한다.

한편 미생물은 숙주의 공격을 교묘하게 피해가며 쾌적한 보금자리에서 밀려나지 않으려고 끈질기게 들러붙는다. 어찌 보면 미생물과 숙주 사이의 공방전은 우리 인간이 벌이는 전쟁과 다를 바 없다. 그래서 둘의 관계는 다음 네 가지 결말 중 한 가지로 귀결된다.

첫째, 숙주가 미생물의 공격에 패배해 사멸한다. 이 경우 다른 숙주로 옮겨가지 못하면 미생물은 숙주와 운명을 함께하며 저승길 동무가 될 수밖에 없다. 그래서 치사율이 높은 아프리카에서 발원한 라사열(Lassa fever, 바이러스성 급성 출혈열, 제16장 참조)이나 에볼라 출혈열이 전 세계적인 대유행으로 발전하지 않고 국지적인 유행에 그친다. 과거에 병원체의 정체도 밝히지 못한 돌림병이 창궐해 수많은 사람이 사망했다는 기록이 남아 있는데, 학자

〈죽음의 무도〉
미하엘 볼게무트(Michael Wolgemut), 동판화, 1493년
중세 유럽에서 창궐했던 원인 불명의 '전염성 발열 발한 질환'으로
수많은 사람이 고열에 시달리다 사망했다.

들은 병원체가 사람과 함께 사라진 사례라고 추측했다.

15세기 말부터 16세기 중반에 유럽 각지에서 몇 차례 유행했던 '전염성 발열 발한 질환'이 대표적인 사례. 환자는 고열에 시달리며 많은 양의 땀을 흘려 단시간에 쇠약해지고 사망에 이르는 질병이다. 런던에서 이 병이 돌아 수천 명이 사망했다고 전해진다. 이 병의 기원은 원인 불명으로 미지의 바이러스가 일으킨 폐렴이라는 설도 있다.

둘째, 숙주 측의 공격이 먹혀들어 미생물이 패배해 사멸하는 경우다. 백신 효과로 이미 천연두가 근절되었고, 한센병과 소아마비, 황열병 등도 언젠가 같은 길을 걷게 되리라고 기대할 수 있다.

셋째, 숙주와 미생물이 평화 관계를 구축한 경우다. 숙주의 체내에는 막대한 수의 미생물이 존재한다(⑥장 참조). 미생물은 숙주의 눈치를 살피면서 공생하는데 흔히 박쥐처럼 양쪽을 오간다 해서 '기회주의균(opportunistic pathogen)'이라 부른다. 정부와 국회의 권력 양상을 살피며 양쪽을 오가는 노회한 정치가와 같다. 평소에는 얌전히 지내다가 숙주의 면역이 저하되면 본색을 드러낸다. 이를 '기회균 감염(opportunistic infection)'이라 부른다. 한편 사람에게 필수적인 동반자가 된 균도 적지 않다.

넷째, 숙주와 미생물이 각자 철통 방어에 나서 끝없는 싸움을 되풀이하는 경우다. 수두 바이러스가 사람에게 감염되면 숙주의 신경 세포에 영구적으로 잠복한다. 평화 공존처럼 보여도 잊을 만하면 부활해 대상포진 등의 질환을 일으킨다.

아무리 방어 수단을 세워도 병원체로부터
벗어날 수 없다는 '붉은 여왕 가설'

숙주와 미생물의 힘겨루기는 군비 경쟁에 자주 비유되는데, 군비 경쟁보다 테러와의 전쟁에 가까울 수 있다. 인류는 질병을 제압하기 위해 잇달아 새로운 수단을 개발했다. 백신과 항생제 등의 약제를 개발해 수많은 감염병을 다스릴 수 있게 되었다. 특히 영유아의 감염병이 줄어들어 사망률이 급감하며 세계 인구가 급증했고 평균수명이 연장되었다.

그런데도 일상적으로 감기와 설사에 시달리고 신종 인플루엔자와 풍진이 돌발적으로 유행해 방어의 빗장을 늦출 수 없다. 미생물은 내성을 획득해 사람이 내놓는 새로운 무기를 교묘하게 공략한다. 숙주는 다시 대항 수단을 강화해야 한다.

도돌이표처럼 반복되는 미생물과 인간의 끊임없는 싸움을 '붉은 여왕 가설(Red Queen's Hypothesis)'이라 부른다. 루이스 캐럴의 소설 『거울 나라의 앨리스』에 등장하는 붉은 여왕이 앨리스에게 충고한다.

"같은 자리를 지키고 있으려면 계속 달릴 수밖에 없단다."(It takes all the running you can do, to keep in the same place.)

주위의 풍경도 같은 속도로 움직이기에 끊임없이 발을 놀려야 겨우 제자리를 유지할 수 있다.

숙주가 아무리 뛰어난 방어 태세를 구축해도 감염병의 마수에서 완전히 벗어날 수 없는 상황이 '붉은 여왕' 이야기를 연상시

달리고 있는 붉은 여왕과 앨리스
『겨울 나라의 앨리스』, 존 테니얼(John Tenniel)의 오리지널 삽화, 1872

킨다. 병원체로부터 몸을 지키기 위해 숙주가 되는 생물은 방어 수단을 진화시킨다. 그러면 병원체는 방어 수단을 무너뜨리고 감염시킬 방법을 찾는 방향으로 진화한다.

숙주는 한층 새로운 방어 수단을 진화시키고, 생명이 존속되는 한 이 술래잡기는 끝나지 않는다. 야구에서 투수와 타자의 관계와 비슷하다. 투수(병원체)는 타자(숙주)의 약점을 찾아내 다양한 방법으로 공을 던져 타자가 공을 치지 못하게 하는 것이 목표다. 한편 타자는 약점을 극복해 새로운 투구법에 대응함으로써 투수가 던지는 공을 치려고 노력한다.

인간의 50만~100만 배 진화 속도 가진 바이러스, 40억 년을 살아남은 지구 최강자

항생물질을 투여하면 대다수 세균은 사멸하나 내성을 획득한 세균이 살아남아 번식을 개시한다. 세균은 항생물질을 무력화하는 효소를 만들어내 자신의 유전자 구조를 바꿈으로써 공격에 대비할 수 있도록 변신하기 때문이다.

특히 사람과 미생물의 세대교체 시간과 변이 속도를 고려하면 항생물질과 내성 획득이 벌이는 술래잡기는 압도적으로 미생물 측에 유리하다는 사실을 알 수 있다. 사람의 세대교체에는 약 30년이 걸리는 데 비해 대장균은 조건만 맞으면 20분에 한 번 분열할 수 있다. 바이러스의 진화 속도는 사람의 50만~100만 배에 달한다. 현생 인류의 역사는 기껏해야 20만 년인데 미생물은 40억 년을 살아남은 지구의 강자다.

이 내성 획득은 '부모에게서 자식으로' 이어지는 '수직 유전'이다. 비내성균이 다른 균에게서 유전자를 수용하는 '수평 유전'도 내성균 세력 확대의 강력한 무기가 된다. 푸른곰팡이에서 발견된 대표적 항생물질인 페니실린은 1940년대에 의료 현장에서 사용되기 시작했을 때 그 극적인 약효로 인해 '마법의 탄환'이라는 별명으로 알려졌고, 20세기 최대의 발명 중 하나로 칭송받았다.

1949년 칸영화제 대상을 받은 캐럴 리드(Carol Reed) 감독의 영화 〈제3의 사나이(The Third Man)〉는 전쟁 직후 사람들이 이 특효약을 찾아 동분서주하는 시대를 배경으로 한다. 함량을 줄인 가짜 페니실린으로 거액을 벌어들인 밀매상 해리 역을 명배우 오슨 웰스(Orson Welles)가 맡아 연기했다.

페니실린 발견을 계기로 다양한 항생물질이 발견되었다. 그런데 몇 년 후에는 페니실린이 효과를 발휘하지 못하는 내성균이 출현했다. 내성균은 허무할 정도로 빠르고 쉽게 '방탄조끼'를 걸치고 나타났다. 이 정도로 단기간에 내성균이 퍼진 데는 수평 유전이 큰 역할을 했다. 술래잡기는 지금도 계속 벌어지고 있다. 새로운 특효약을 내놓자마자 이에 질세라 내성균이 출현한다. 아이를 키워본 사람이라면 급성 중이염이 좀처럼 낫지 않아 괴로워하는 아이를 어르고 달랬던 경험이 있으리라. 최근 영유아 사이에 급성 중이염이 번지는 것도 항생물질에 대한 내성균이 증가했기 때문이다.

내성균 급증 현상, 항생물질 남용에 대한 경고

미국 CDC는 2013년 항생제 내성균에 관한 충격적인 보고서를 발표했다.

"보수적으로 잡아도 미국 국내에서 매년 200만 명 이상이 복수의 항생물질에 내성을 지닌 세균에 감염되고, 적어도 2만 3,000명이 사망하고 있다."

미국 내 에이즈 관련 사망이 약 1만 5,000명 정도임을 감안하면, 에이즈를 웃도는 사망자가 나오고 있는 셈이다.

이에 따른 미국 사회의 경제적 손실은 연간 약 550억 달러. 내성균으로 증가하는 의료비는 200억 달러, 경제적 손실이 350억 달러로 추산된다. 토머스 R. 프리든(Thomas R. Frieden) CDC 소장은 "이대로 간다면 항생물질은 과거의 유산이 될 수 있다"는 우려 섞인 말로 보고서를 마무리했다.

WHO는 2014년 항생물질 남용으로 내성균이 급증하는 현상에 대한 경고를 표명했다. 14개국의 자료를 분석한 결과, 폐렴과 임질, 요로 감염증, 패혈증 등의 원인이 되는 일곱 종류의 주요 세균이 항생물질에 내성을 보였고 항생제가 듣지 않았다.

감당하기 벅찬 내성균 상당수는 의료시설에서 발견되고 있다. 그중에서도 '메티실린 내성 황색 포도상구균(Methicillin-resistant Staphylococcus aureus, MRSA)'이 심각하다. 병원과 고령자 시설에서 집단 감염이 일어났다는 소식이 이따금 뉴스에서 보도된다. 이 균의 정체는 상재균인 '황색 포도상구균'이다. 항생물질에 대한 내성을 획득해 고령자와 질환으로 면역력이 저하된 사람에게 감염을 일으킨다.

메티실린(meticillin)은 페니실린 내성균의 출현으로 페니실린을 대신하기 위해 개발된 항생제다. 그런데 실용화되고 몇 년이 지난 후에 내성균이 나타났다.

중증 감염병 치료에서 '최후의 보루'로 여겨졌던 카바페넴(Carbapenem)계 항생제가 듣지 않는 장내 세균(CRE)도 등장했다. CDC에 따르면 과거 10년 동안 카바페넴계 항생제에 내성을 획득한 장내 세균 종류는 1.2퍼센트에서 4.2퍼센트로 늘었고, 특히 폐렴간균은 1.6퍼센트에서 10.4퍼센트로 급증했다. 사망률은 껑충 뛰어올라 40~50퍼센트에 달한다.

국립병원기구 오사카 의료센터는 2014년 2월 CRE로 원내 감염이 발생했다고 보건소에 신고했다. 여러 환자에게서 폐렴간균과 대장균 등 네 종류가 넘는 내성균이 검출되어 역학조사를 벌였더니 과거 3년 동안 입원한 약 110명의 환자가 감염되었고 두 명이 사망했다.

CRE는 세계 각지로 퍼져나가 "설령 내가 병에 걸려도 입원은 하고 싶지 않다"고 고백하는 전문의가 있을 정도로 원내 감염이 진행되고 있다. 거액의 연구비를 투자해 새로운 항생물질을 만들어도 금세 내성균이 출현해 제약회사는 1980년대 이후 새로운 항생물질 개발에 대한 열의를 잃어가고 있다.

WHO의 보고서는 "여러 개발도상국가 지역에서는 항생물질을 콜라와 마찬가지로 손쉽게 구할 수 있다"고 전한다. 내가 아프리카 오지에서 일할 때도 외딴 마을 진료소에 항생제 상자가 가득 쌓여 있었다. 주민들이 의사의 처방 없이 임의로 항생제를 사용하는 현장을 몇 번이고 목격했다. 서구 제약회사가 '원조 물자'로 유통기한이 임박한 항생제를 보내고 생색을 내느라 이런 일이 벌어지고 있다. 저개발국가 중에는 처방전 없이도 항생제를 살 수 있는 나라가 적지 않다. 선진국에서는 항생제가 듣지 않는 감기 환자에게까지 '만약을 위해서'라며 항생제를 처방해 남용하는 사례가 문제가 되고 있다.

항생제·성장촉진제 사료 첨가 금지 법안, 미국 축산업계 반대로 부결되다

축산과 양식 현장에서도 항생물질을 다양하게 사용해 다제내성균(multidrug-resistant bacteria, 4종 이상의 약제에 대하여 동시에 내성을 가지는 병균)을 만들어내고 있다. 닭과 돼지와 물고기는 생산효율을 높이기 위해 과밀한 상태에서 사육된다(⑩장 참조). 대규모 사육 환경에서는 질병이 발생하면 피해가 막심하다. 그래서 예방을 위해 사료에 미리 항생물질과 항바이러스제 등의 약물을 섞어서 먹인다. 또 성장을 촉진해 출하를 앞당기기 위해 성장촉진용 약제도 사용되고 있다.

사람에게 사용하는 약품과 성분이 같은 제제도 많아 식육과 어육, 축산 폐수와 양식장이 약물로 오염된다. 미국에서 여러 주로 퍼진 다제내성 살모넬라균은 닭고기에서 퍼졌다고 판명되었다. 2013년 10월 기준으로 미국 국내 20개 주와 푸에르토리코에서 317명이 감염, 그중 133명이 중증으로 입원했다.

1996년에 오사카에서 항생물질 내성 병원성 대장균인 'O-157'이 발생해 사회적 문제로 발전했다. 젖소의 유방염 예방을 위해 먹이에 첨가한 항생물질이 원인으로 추정되었다.

WHO는 1997년 사료에 항생물질 첨가 금지를 권고하고, 2000년에는 가축용 항생물질 전부를 사용 금지하도록 권고했다. 유럽연합(EU)은 이를 수용해 금지했으나 일본과 미국, 중국 등 국가는 여전히 사료에 항생물질을 첨가하고 있다.

일본에서는 허가받은 23종의 항생물질과 6종의 합성 항생제 사료 첨가물이 가축에게 투여되고 있다. 항생물질과 항생제로 24종이 지정되었는데, 사료에 사용하는 이들 항생물질의 양은 175톤으로 사람에게 의료용으로 사용하는 517톤의 약 30퍼센트에 해당한다(일본 농림수산성 2010년 보고서).

미국에서는 국내에서 사용되는 모든 항생물질의 약 70퍼센트는 사료 첨가용이라고 할 정도로 일반적으로 사용된다. 질병 치료를 제외하고 사료에 항생물질 첨가를 금지하는 법률이 몇 번인가 미국 의회에 제안되었는데, 축산업계의 강력한 반대로 부결되었다.

균이 내성을 획득하면 항생물질에서 살아남은 내성균이 큰 폭으로 증식해 맹위를 떨칠 뿐 아니라, 내성이 없는 균까지 '내성 유전자'를 획득해 내성균으로 변신할 확률이 높아질 수 있다.

수많은 의약품이 섞인 하수에서
내성을 획득한 세균들

항생물질이 일으키는 수질 오염은 물을 통해 감염되는 세균이 환경에서 내성을 획득하는 상황으로 이어진다. 미국 미시간대학교 연구팀이 하수에서 분리한 366종의 아시네토박터(Acinetobacter)속 세균에 대해 클로람페니콜(chloramphenicol) 등 대중적으로 사용되는 6종의 항생물질 내성을 조사했다. 그 결과 검사 장소에 따라 28~72퍼센트 종류의 세균이 복수의 항생물질에 내성을 나타냈다.

사실 우리도 내성균 양산에 알게 모르게 이바지하고 있다. 우리가 복용한 약은 체내에서 모두 대사되지 않고 효과를 유지한 채 배설되어 화장실을 통해 하수로 흘러나가는 성분도 많다. 이 하수가 강과 바다를 오염시킨다.

요코하마국립대학교, 도쿄 건축안전연구센터 등의 기관이 주관한 조사에서는 장기간 사용된 수많은 의약품이 하수에서 검출되는 빈도가 높아졌다. 해열·진통제, 심장 강화 약물인 강심제, 소화성궤양 약물, 고지혈증 제제, 항염제, 위산 억제제 등의 성분과 대사물 등이다.

일본은 전 세계에서 사용되는 타미플루의 70퍼센트를 차지할 정도로 약물 소비 대국이다. 내성 바이러스를 만든다는 이유로 서구 연구자들 사이에서는 일본의 약물 오남용을 비판하는 목소리가 높아지고 있다. 2009년 인플루엔자가 유행했을 때 교토대학교의 유역권종합환경질연구센터 소속 다나카 히로아키(田中宏明) 교수가 이끄는 연구팀이 교토 지역 내 세 곳의 하수 처리장을 분석한 결과 처리 후의 하수와 강물에서 타미플루 대사물이 검출되었다.

이 분석으로 기존의 오염수 처리 기술로는 타미플루를 완전히 제거할 수 없다는 사실이 밝혀졌다. 타미플루는 화장실에서 흘러나와 하수 처리장을 유유히 빠져나가 강으로 흘러나간다.

조류 인플루엔자는 원래 오리 등의 물새가 가지고 있는 바이러스였다(⑩장 참조). 물에서 서식하는 새가 물속의 타미플루에 접촉해 체내에서 타미플루에 대한 저항력을 가진 바이러스가 등장할 가능성이 지적되고 있다. 물새는 일반적으로 하수 처리장에서 나온 폐수가 유입되는, 수온이 높은 수역을 선호하는 경향이 있다.

그러나 이러한 의약품이 하수 처리시설을 통해 어느 정도 제거되어 자연계에서 얼마나 분해되는지 또 먹이사슬을 타고 생물에게 얼마나 농축되는지에 대한 연구는 거의 이루어지지 않고 있다.

말라리아와 장티푸스에 강한 유전성 질병이 있다?

병원체와 싸우며 진화한 인류도 미생물과의 전쟁에서 군비를 강화했다. 가령 말라리아는 가장 오래된 병원체 중 하나로 지금도 수많은 사람을 괴롭히는 지긋지긋하게 악질적인 질병이다 (④장 참조). 사람들은 말라리아에 대항하는 다양한 수단을 찾아 내 무장하고 대(對) 말라리아 방어 전선을 구축했다.

적혈구가 파괴되어 낫 모양(초승달)으로 변형하는 유전성 질병이 아프리카, 지중해 지역, 인도 등지의 말라리아 유행 지역에서 대규모로 발견되었다. 낫 모양을 뜻하는 한자어인 겸상(鎌狀)을 붙여 겸상 적혈구병 또는 낫형 적혈구병(Sickle-cell disorder)이라 부르는 이 병의 기원은 약 5만 년 전으로 추정된다. 고대 이집트 미라의 몸 안에서도 이 병을 앓은 흔적이 발견되었다.

정상적이라면 원반 모양이어야 할 적혈구가 찌그러져 낫 모양으로 변형되고 심각한 빈혈을 일으켜 사망하는 사례도 적지 않다. 아프리카에서는 겸상 적혈구병 환자가 30퍼센트를 넘는 지역이 있는가 하면, 미국의 아프리카계 흑인 중에는 12퍼센트가 감염된 것으로 조사되었다.

이 병에 걸리면 적혈구가 변형되고 적혈구에 구멍이 생겨 내부의 칼륨 이온이 외부로 빠져나간다. 칼륨 이온은 말라리아 원충의 생존에 꼭 필요한 물질로 원충은 겸상 적혈구에서는 살 수 없다. 따라서 이 병에 걸린 사람들은 심각한 빈혈을 일으키는 대신 말라리아에 잘 걸리지 않는다.

'말라리아로 죽느냐' 아니면 '빈혈로 죽느냐'를 저울질한 결과 빈혈이 인체에 유리하게 작용해 이 이상 유전자가 집단에서 증가했다는 가설이 유력하다.

백인에게서 볼 수 있는 '낭포성 섬유증(Cystic Fibrosis)'은 동양인에게는 희귀한 유전성 질환이다. 미국에서는 약 3만 명의 환자가 있다. 일부 유전자 결손으로 발병한다. 이 병에 걸리면 끈적끈적한 분비물이 내장기관의 관을 막아 기능 부전을 일으킨다. 이는 20대까지 살기 어려운 난치성 질환이다. 하버드대학교 소속 연구팀은 이 유전자 결손으로 장티푸스에 잘 걸리지 않는다는 사실을 발견했다.

매독 말기 환자를 말라리아에 감염시켜
독을 독으로 다스리는 치료법

철분이 부족하면 빈혈이 생길 수 있다는 정도는 누구나 알고 있다. 그런데 감염병에 걸리면 혈청 속의 철 성분이 감소한다. 사람에게 철이 필수 영양소이듯 세균의 증식에도 철이 꼭 필요하다. 우리 몸이 빈혈을 각오하고 혈청 속의 철분 줄이기에 나서는 현상은 세균이 양식을 얻는 보급로를 차단하는 방어책으로 볼 수 있다.

미국 미네소타대학교의 연구팀이 시행한 30년도 넘은 오래된 연구가 있다. 연구팀은 철분 결핍 상태에 있는 소말리아 유목민 138명을 대상으로 조사했다. 67명에게는 플라시보(가짜 약)를, 71명에게는 철분제를 주고 감염병과의 관계를 알아보는 실험이었다. 플라시보 그룹에서는 7명만 감염병에 걸렸는데, 철분제를 투여한 그룹에서는 무려 36명이 말라리아와 결핵 등에 걸렸다.

"감염병에 자주 노출되는 환경에서 생활하기 위해 유목민이 병원체와 타협했다"는 것이 연구진이 내린 결론이다.

미국 미시간대학교의 랜돌프 M. 네스(Randolph M. Nesse) 진화생물학과 교수(현재 애리조나주립대학 생명과학 대학원 교수)는 "우리가 병에 걸려 생기는 불쾌한 증상"으로 꺼림칙하게 여기는 증상 대다수가 알고 보면 진화 과정에서 얻은 우리 몸의 방어반응이며 경계 신호라는 이색적인 주장으로 관심을 모았다.

'발열'·'기침'·'구역감'·'설사'·'통증'·'불안' 등의 증상 중에서 발열은 미생물을 '열로 사멸'시키느냐 환자가 '쇠약사'하느냐를 두고 벌이는 '치킨 게임'이다. 기침, 구역감, 설사는 병원체를 몸 밖으로 배출하는 생리적 반응이고 통증과 불안은 병을 알리는 위험 신호다.

페니실린이 등장할 때까지 매독 말기 환자를 말라리아에 감염시켜 발생하는 고열로 병원체를 죽이는 치료법이 성행했다. 독으로 독을 다스리는 일종의 이이제독(以毒制毒) 치료법인 셈이다. 이 치료법을 발명한 율리우스 바그너 야우레크(Julius Wagner-Jauregg)는 1927년에 노벨 생리학·의학상을 받았다.

또 병원성 대장균인 'O-157'에 감염되어 설사 증상을 보이는 환자에게 설사를 멈추게 하려고 지사제를 복용하면 독소가 배출되지 않고 오히려 증상이 더 심각해져 사망률이 높아진다는 사례가 알려져 있다.

미국 캘리포니아주의 내과 전문의인 캐런 M. 스타코(Karen M. Starko) 박사는 스페인 독감(⑩장 참조) 급증이 아스피린의 해열

작용과 관련 있다는 논문을 2009년에 발표했다. 당시 고열이 나는 환자에게 줄 수 있는 해열제는 아스피린밖에 없었기에 스페인 독감 환자들에게 대개 아스피린을 처방했다. 그런데 약이 되라고 주었는데 독이 되는 역설적인 상황이 벌어졌다.

본래 고열은 인플루엔자 바이러스에 저항하기 위한 인체의 방어 작용인데 아스피린이 그 효과를 반감시켰다는 게 스타코 박사의 주장이다. 실제로 일본에서 뎅기열이 유행했을 때도 해열제를 복용한 환자가 중증으로 발전하는 사례가 보고되었다.

자연재해로서의 감염병 유행은
언제 일어날지 알 수 없는 대지진과 닮은꼴

감염병 유행도 '자연재해'다. 가장 광범위하게 사용되는 재해 통계인 재난통계자료(EM-DAT)는 1988년에 재난역학연구센터(CRED)가 UN과 벨기에 정부의 지원을 받아 창설했다. CRED에 따르면 재해를 '기상 재해'·'지질 재해'·'생물 재해'라는 세 가지로 분류했는데 감염병은 병충해 등과 함께 생물 재해에 포함된다.

EM-DAT는 'Emergency Events Database'의 줄임말로 데이터는 UN과 산하 국제기관, 비정부 조직, 보험회사, 연구기관, 보도기관 등에서 수집되며 이 자료를 바탕으로 지역, 국내, 국제 수준의 재해 지원, 방재 정책 기반 수립을 목적으로 한다.

자연재해로 취급하는 재해는 각각의 재해 규모가 다음의 네 가지 조건 중 한 가지 이상을 충족할 때로 규정되어 있다. 조건을 충족해야 비로소 재해로 데이터베이스에 등록될 자격을 얻는 셈이다.

① 사망자가 10만 명 이상
② 이재민(발병자)이 100만 명 이상
③ 피해국이 국가 비상사태 선언을 발령한 경우
④ 피해국이 국제 지원을 요청한 경우

　즉, 이들 조건을 충족하지 못하면 자연재해로 데이터베이스에 등록되지 않는다. 국제 데이터베이스의 자연재해 발생 건수는 1900년부터 2005년까지 10년 단위(2005년부터는 5년간)로 정리되어 있다. 이 자료에 따르면 이 기간에 기상 재해(홍수, 가뭄, 폭풍우 등)는 약 76배, 지질 재해(지진, 산사태 등)는 약 6배, 생물 재해(질병, 병충해)는 84배나 증가했다.

　감염병 유행과 대지진은 닮은꼴이다. 주기적으로 발생한다는 사실을 알아도 언제 닥칠지 알 수 없다. 대지진에 호되게 당하고 나면 한동안은 조심하다가 차츰 공포가 옅어지고 지진과 쓰나미에 대한 방비에 소홀해진다. 그동안에도 땅속에서는 암반(플레이트)끼리 힘겨루기를 계속해 각지에서 지각에 스트레스가 쌓인다. 더는 견딜 수 없게 된 암반이 어느 날 튕겨오르면 지진이 발생한다.

병원체는 바로 이 순간에도 우리 몸속으로 침입하려고 유전자를 변이시키고 있다. 만약 성공하면 자손을 폭발적으로 늘릴 수 있다. 때로는 몇 천만 명의 인명을 앗아갈 때도 있다.

대지진 발생 건수 증가에 비해 한 건당 피해 규모와 빈도는 점점 늘어나고 있다. 사람이 환경을 바꾸며 피해가 확대되고 있다. 인구 급증과 도시 집중이 맞물리며 쓰나미에 노출되는 해안 저지대, 산사태가 일어나기 쉬운 급경사 지대와 매립지 등에 거주하는 사람이 늘어나고 있다.

인류와 감염병의 관계도 사람이 환경을 조작하며 크게 변화했다. 인구 급증과 과밀화도 감염증 증가에 박차를 가하고 있다. 인플루엔자, 홍역, 수두, 결핵 등의 병원체처럼 기침과 재채기로 비말 감염을 일으키는 질병은 과밀한 도시가 최적의 번식 환경이다. 콩나물시루처럼 발 디딜 틈도 없이 복작이는 출퇴근 전철 안에서 마스크도 쓰지 않은 인플루엔자 환자가 재채기하는 상황을 상상하면 온몸에 소름이 돋고 등줄기가 식은땀으로 축축하게 젖는다.

인류가 초래한 환경 파괴의 역습,
신종 감염병의 확산

정착 생활로 감염병도 함께 정착하다

인류는 아프리카에서 탄생한 이후 언제나 질병에 시달려왔다. 수렵 채집민 연구에 따르면 초기 수렵 채집 시대부터 갖가지 질병에 시달렸다고 상상할 수 있다. 침팬지에게서 말라리아가, 긴 꼬리원숭이에게서 황열병이, 갯과 동물에게서 광견병이 전염되었을 가능성이 있다. 그러나 그들은 소규모 집단으로 인구 밀도가 낮았고, 감염 집단이 전멸하거나 감염원에서 도망치면 돌림병도 자연스럽게 잦아들었다.

일본 조몬 시대(繩文時代, 일본 신석기 시대에서 중석기 시대, 기원전 1만 4,000~기원전 300년) 유적에서 발굴되는 분석(糞石), 즉 배설물 화석에서 다양한 기생충 알이 발견되었다. 당시 기생충 질환이 상당히 퍼져 있었음을 알 수 있다. 예를 들어 후쿠이현(福井県) 와카사초(若狭町)의 조몬 시대 전기 '도리하마(鳥浜) 조개무지'에서는 2,000점이 넘는 분석이 출토되었는데, 편충, 이형 흡충류, 모두충류 등의 알이 포함되어 있었다.

1991년에 오스트리아 국경에 가까운 이탈리아 북부 빙하에서 5,300년 전의 남성 냉동 미라가 발견되었다. 보존 상태가 좋고 소지품도 많아, 신석기 시대 인류에 관한 다양한 정보를 얻을 수 있는 귀중한 사료로 주목받았다. 아이스맨이라는 별명이 붙은 이 미라가 참진드기에게서 전염되는 라임병과 편충에 감염되어 있다는 사실이 연구로 밝혀졌다.

농경의 시작으로 인류가 정착 생활을 시작하고 마을이 발달함에 따라 사람과 사람 사이 또는 사람과 가축 사이에 밀접한 접촉이 이루어지게 되었다. 그러자 사람과 질병의 관계에 극적인 변화가 나타났다.

이 변화는 옛 기록으로도 유추할 수 있다. 『신약성서』 및 『구약성서』, 중국과 그리스의 고전, 인도의 경전인 『베다』 등에는 다양한 질병이 등장한다. 예를 들면 결핵·한센병·콜레라·천연두·광견병·말라리아·폐렴·트라코마[*]·인플루엔자·홍역·페스트라고 추정할 수 있는 질병이다.

---

[*] Trachoma, 클라미디아 트라코마티스라는 박테리아에 오염된 파리나 오염된 물질을 접촉해 발생하는 눈병으로 주로 결막염 증상으로 나타난다. ─ 옮긴이

희대의 영웅 알렉산드로스도
말라리아모기 한 마리를 당해내지 못하다

사람은 물 없이는 생활도 생존도 식량 생산도 할 수 없기에 초기 정착 장소는 물가를 벗어나지 못했다. 그래서 집단 발생은 물을 매개로 감염되는 수인성 질병이 제일 먼저 나타났다. 특히 농업의 필수요소인 관개시설을 만들면서 물이 얕게 고여 있는 수로를 팠다. 이런 수로는 곤충과 고둥류 등 병원체의 숙주가 되는 생물들의 보금자리가 되었고, 감염병이 활개를 칠 환경이 만들어졌다.

가장 대표적인 질병이 모기가 매개체인 말라리아다. 사람이 감염되는 말라리아 원충에는 여섯 종류가 있고, 그중 다섯 종류는 고릴라와 침팬지 등의 아프리카산 영장류에서 기원을 찾을 수 있다. 2004년 인도네시아 보르네오섬에서 발견된 사람에게도 감염되는 원숭이 말라리아는 아시아산 필리핀원숭이가 자연숙주다. 말라리아는 다양한 진화를 거쳐 영장류 이외에도 설치류, 조류, 파충류 등 200종 이상의 동물에 확산되어 그들에게서 고유한 말라리아 원충이 발견되었다.

역사에 등장하는 말라리아는 기원전 1만 년에서 기원전 8,000년 무렵, 농경의 시작과 같은 시기에 사람들 사이에서 유행하기 시작해 농업의 보급과 더불어 세력을 확장했다. 약 4,800~5,500년 전의 고대 이집트 미라 여러 구에서 말라리아 원충 DNA가 발견되어 당시에도 말라리아가 유행했음을 알 수 있다.

고고학자들이 유물을 발굴해 고대 이집트 여왕 클레오파트라 (기원전 69~기원전 30년)가 모기장을 사용했다는 사실도 밝혀졌다. 또 열아홉 살에 사망한 소년왕 투탕카멘(기원전 1341~기원전 1323년) 미라에서도 말라리아 원충 일부가 나왔다.

알렉산드로스 대왕이 서른세 살의 젊은 나이로 갑자기 세상을 떠난 원인을 두고 티푸스, 웨스트나일열, 매독 등 여러 설이 제기됐다. 기원전 323년 6월 3일에 고열이 나서 열흘 후에 의식을 잃고 사망했다는 이야기로 미뤄볼 때 말라리아라고 추정하는 설이 학계에서 지지받고 있다. 희대의 영웅도 모기 한 마리를 당해내지 못했던 셈이다.

중국에서도 벼농사 보급으로 정착 생활이 확대됨에 따라 말라리아가 퍼져나갔다. 전설상의 삼황오제(三皇五帝) 시대에 3황 중 하나인 황제헌원(黃帝軒轅)이 편찬을 명했다고 전해지는 가장 오래된 의학 서적 『황제내경(黃帝內經)』에는 말라리아로 추정되는 질병 진단법과 치료법이 기록되어 있다.

인도에서는 최초의 농경지였던 인더스강 유역에서 고온다습한 갠지스강 유역으로 농업이 확대되며 주민이 말라리아 등의 신종 질병에 시달렸다.

유럽에서는 예부터 말라리아가 지중해 세계에서 유행했고 고대 로마는 말라리아로 인구가 급감하는 등의 심각한 타격을 입었다. 말라리아라는 병명은 이탈리아어 'mala(나쁜) aria(공기)'에서 비롯되었다. 17~18세기에는 유럽 각지에서 말라리아가 몇 차례씩 유행했고, 러시아에서는 혁명 후 혼란기였던 1923년에 우랄 서쪽 유럽에서 300만 명이 감염되어 새로운 국가 건설의 발목을 잡았다.

남북미 대륙에는 노예무역과 식민지 개발로 16세기 이후 말라리아가 유입되었다. 미국에서는 18세기부터 20세기에 걸쳐 많은 해에는 10만 명이 감염되었다. 특히 수도 워싱턴은 본래 늪지대였기에 말라리아모기가 기승을 부렸고, 초대 대통령인 조지 워싱턴을 비롯해 에이브러햄 링컨과 율리시스 그랜트 대통령도 말라리아에 걸렸다.

열대와 아열대 지대를 중심으로 오늘날에도 아프리카, 중동, 아시아, 중남미 100개국 이상에서 말라리아가 발생하고 있다. 연간 3억~5억 명의 사람이 감염되고 100만~150만 명이 말라리아로 사망한다. 그중 90퍼센트가 다섯 살 미만 아동이다.

말라리아의 다른 이름 '학질',
말라리아 퇴치로 고전중인 한국과 일본

일본 옛 문헌에는 종종 '학질'이라는 감염병이 등장하는데, 학자들은 이 병을 말라리아라 추정한다. 헤이안 시대(794~1185년) 소설인 『겐지모노가타리(源氏物語)』의 주인공인 히카루 겐지(光源氏)도 이 병에 걸렸고, 헤이안 말기 무장인 다이라노 기요모리(平淸盛, 1118~1181년)도 말라리아로 사망했다는 설이 있다. 헤이케 가문의 번영과 몰락 이야기를 담은 13세기 문학작품 『헤이케모노가타리(平家物語)』에는 고열로 신음하는 기요모리의 임종을 묘사하고 있다.

"기요모리 공은 병이 난 날부터 물 한 모금 넘기지 못했는데, 몸 안에서 군불을 때듯 온몸이 신열로 펄펄 끓었다. (중략) 입에서는 그저 '아, 뜨거워, 아 뜨거워' 하는 소리밖에 내지 못하는 괴이한 병이었다. (중략) 열에 들뜬 고통을 달래기 위해 물에 적신 널빤지 위에 뉘어보았지만 별 도움이 되지 않았다. 불덩이 같은 몸으로 신음하다 혼절해 숨이 끊어지고 말았으니 열병으로 사망한 셈이다."

근대 이전에는 서일본의 저지대 습지와 논 지대에서 단속적인 유행이 이어졌다.

메이지 시대(1868~1912년)와 쇼와 초기(1926~1989년)에도 일본 최대의 호수 비와호(琵琶湖)부터 동해 연안, 오키나와, 홋카이도 등 일본 전역에서 말라리아가 유행해 다수의 감염자가 나왔다.

태평양 전쟁 중에 오키나와에서는 말라리아가 창궐하며 비참한 사태로 발전했다. 전투가 치열해지며 야에야마 제도에서는 주민이 말라리아가 창궐하는 위험 지역으로 강제 소개되었다. 주민들은 풀을 엮어 급조한 엉성한 오두막에서 공동 생활하다 1만 7,000명이 감염되어 약 3,000명이 사망했다.

전쟁 직후 해외에서 부상자와 함께 들어온 말라리아가 유행해 정점을 찍은 1947년에는 2만 8,200명이 발병했다. 이후 DDT 등의 살충제 보급으로 감소해 1959년에 시가현 히코네시 발생을 마지막으로 이후 근절되었다. 그러나 지금도 해외에서 감염되어 귀국한 후에 발병하는 사람이 매년 수천 명에 달한다.

한국에서는 1970년대 후반에 말라리아 퇴치에 성공했다가 다시 유행하기 시작했다. 1993년에 재유행이 확인되어 감염자는 1988~2000년에 4,000명을 돌파했다. 정부가 부랴부랴 대책을 추진했으나 2011년에는 800명 이상의 환자가 보고되었다.*

북한과의 군사 접경지대인 비무장지대 경비를 맡았던 군인이 말라리아 원충에 감염되었다는 사실이 밝혀졌다. 북한에서는 2011년에 1만 6,000명 이상의 말라리아 환자가 발생해 한국 정부는 북한에서 넘어온 모기가 감염을 일으켰다며 북한에 항의했다.

사하라 이남 아프리카 이외에도 동남아시아, 아프가니스탄, 이란, 이라크, 파푸아뉴기니, 브라질 등지에서 유행이 이어지고 있다.

---

* 우리나라는 2024년 WHO 말라리아 퇴치인증을 목표로 '말라리아 재퇴치 5개년 실행계획 (2019-2023년)'을 마련했다. 특히, 휴전선 접경지역(경기·인천·강원)에서 말라리아 환자의 89 퍼센트가 발생하고 있어 WHO로부터 2020년까지 말라리아 퇴치를 위한 국가적 노력을 기울이도록 권고받았다. 그러나 2021년 말라리아 환자가 전국적으로 294명이나 발생하면서 계획에 차질이 생겼다. — 옮긴이

나폴레옹을 괴롭힌 요로 감염병의 원인은
하마 기생충이 일으키는 방광주혈흡충증

농업이 퍼뜨린 또 하나의 감염병은 강과 호수, 늪에 서식하는 주혈흡충증이다. 주혈흡충증은 사람과 고둥류를 숙주로 삼아 자신들의 역사를 만들어왔다. 주혈흡충증은 물을 통해 사람에게 옮겨온다. 특히 아프리카와 중동에 걸쳐 방광주혈흡충(Schistosoma haematobium)이 지금도 유행하고 있다. 원래 하마의 기생충으로 추정된다.

고도로 발전한 관개시설을 완성한 메소포타미아와 이집트 등의 초기 농경사회에는 이미 이 병이 만연했다. 4,000년 전 파피루스 문서에도 관련 기록이 있고, 투탕카멘의 미라 장기에도 미라로 변한 기생충 알이 발견되었다.

기생충에 감염된 사람은 만성적인 위통과 흉통, 설사, 피로감 등의 증상을 호소하며 기생충 알이 방광과 요관 점막에 모여 요로 장애가 나타난다.

우리가 잘 아는 인물 중에도 이 기생충에 시달린 것으로 추정되는 사람이 있다. 바로 나폴레옹이다. 나폴레옹은 요도 격통에 시달렸다고 한다. 지금까지 학자들은 요로 결석을 원인으로 추정했는데, 증상을 자세히 조사한 전문의의 최신 연구에 따르면 1791년에 이집트 원정 당시 방광주혈흡충에 감염되었을 확률이 높다는 주장을 내놓았다.

개발도상국 지역에서는 각지로 이 기생충이 퍼져나가 댐과 관개 수로 보급과 함께 점점 세력을 확장하고 있다. 이집트에서는 1970년대에 완성한 아스완-하이 댐에 물이 차자마자 무서운 속도로 감염이 확대되었다.

그때까지 나일강의 정기적 범람으로 고둥이 씻겨 내려갔지만, 댐 건설로 홍수가 사라지고 관개용 수로가 정비되어 점차 수역이 높아지면서 고둥이 왕성하게 번식했다. 나일강 유역의 80~100퍼센트 주민이 이 기생충에 감염되었다는 조사 결과도 있다(⑦장 참조).

특히 최근 개발도상국 지역에서 댐, 수로, 관개시설이 보급되며 고둥 서식지가 확대되어 유행에 박차를 가하고 있다. 이 감염병은 WHO가 정한 6대 열대병의 하나로 WHO 추정에 따르면 세계 74개국에서 약 2억 명이 감염되어 관련 합병증으로 매년 2만 명이 사망한다. 그만큼 말라리아 다음으로 국제적 공조와 관리가 중요한 질병이다. 댐과 관개 수로 보급과 더불어 유행이 확대되고 있다.

일본에는 일본주혈흡충(Schistosoma japonicum)이 논 경작과 함께 야요이 시대(弥生時代, 조몬 시대 이후 기원전 3세기~기원후 3세기 중반)에 들어와 고후 분지, 지쿠고가와강 유역 등 각지에서 농민 사이에 유행했다.

기생충이 내장 벽에 알을 낳아 복통과 설사 등 소화기에 증상이 나타난다. 기생충 알이 혈관을 타고 이동해 간과 뇌에 염증이 생기면 사망에 이를 수도 있다. 2000년까지 모든 유행 지역에서 박멸되었는데 중국 양쯔강 유역 등 아시아 각지에서 다시 발생하고 있다.*

상하수도 분리가 수인성 감염병 해결의 열쇠

정착 생활이 발달함에 따라 인간사회에 자리 잡은 감염병은
배설물을 매개로 전염하는 소화기계 질병이 많았다. 대부분 마
을은 마실 물과 폐수를 특정 하천에 의지했기에 상류에서 오수
를 흘러보내면 하류의 마실 물도 오염되었다.

상수와 하수의 두 가지 기능을 어떻게 분리할지가 기술적으
로 어려운 문제였다. 초기 사회에서 수질 오염을 해결할 수 있었
던 마을은 많지 않았다. 그래서 기생충 관련 질환과 콜레라, 이
질, 티푸스 등의 소화기 관련 감염병이 잊을 만하면 한 번씩 만
연했다.

이 문제를 계획적으로 대처한 최초의 지역은 인더스 문명이

---

* 우리나라에서는 1993년 설사로 내원한 환자의 대변에서 주혈흡충의 난포낭이 검출된 사례
가 질병관리본부에 보고되었다. 또 1995년 설사 소견을 보이는 소아 백혈병 환자의 장에서 주
혈흡충 원충 감염을 확인한 사례도 있다. 1996년에는 에이즈 환자 2명이 주혈흡충에 감염되
었고, 그중 한 명은 심한 설사와 탈수로 사망했다. 주혈흡충 감염을 예방하려면 동남아시아, 중
국, 일본, 중동 등 지역에서는 화장실 사용을 조심해야 한다. 또 해당 지역에서는 인분을 사용
해 기른 농작물이 유통될 수 있으므로 음식물 섭취에도 주의해야 한다. 정수된 깨끗한 물을 마
시고 안전하지 않은 곳에서는 물에 들어가거나 물로 손을 씻거나 발을 담그는 행위 등을 자제
해야 한다. — 옮긴이

번영한 고대 도시다. 물을 저장하는 저수시설을 만들었고 수도 관과 하수관과 수세식 변소까지 갖추었다.

상하수도 분리를 최종적으로 해결한 나라는 고대 로마였다. 베수비오 화산 폭발로 1세기에 매몰된 폼페이 유적에서는 가로 세로로 뻗어 있는 상하수도와 수세식 변소가 발굴되었다. 로마 는 기원전 3세기까지 총 길이가 350킬로미터에 달하는 11개 수 로망을 완성했다. 이중 47킬로미터는 수도교다. 생활용수와 약 1,000개의 공중목욕탕(Terme)에 매일 100만 톤 이상의 물을 공급 했다.

수도교는 기술적으로나 예술적으로나 로마 건축의 최고 걸작 으로 인정받는다. 프랑스 남부 수도교인 퐁뒤가르(Pont du Gard)교 는 3층 구조의 석조 아치교로 높이가 49미터에 이르는 웅장한 구 조물이다. 스페인 세고비아에 남아 있는 수도교와 함께 세계 문 화유산에 등재되었다. 수도교 대부분은 로마 제국 몰락 후에도 오랫동안 제 기능을 했고 2000년의 세월을 뛰어넘어 오늘날까 지 사용되는 곳도 있다.

로마의 활약으로 상하수도 분리에 성공한 유럽도 수원지 오염 은 막지 못했다. 템스강은 13세기에 오염이 진행되어 상류에서 취수한 수도관으로 런던 시내에 물을 공급했다. 또 수질 악화로 수원은 점점 더 상류로 올라가야 했다. 정화 시설은 1869년이 되 어서야 가까스로 갖추어졌다. 파리에서도 19세기 중반에는 오염 이 진행된 센강에서 취수를 포기했고 1852년부터 깊게 판 거대 한 우물로 수원을 변경했다.

연간 6억 마리의 야생동물이
식육용으로 도축되는 현실과 동물 유래 감염병

미국 조지워싱턴대학교 공중위생학부의 보고서에 따르면 사람에게 질병을 일으키는 병원체는 2001년 기준으로 1,415종이 알려져 있다. 세균이 538종, 바이러스가 217종, 균류가 307종, 원충이 66종, 기생충이 287종이다.

미국 야생동물보호학회는 그중 60퍼센트가 동물을 매개로 인간에게 감염되는 '동물 유래 감염병'이라고 발표했다. 이중 175종이 이번 반세기 동안에 출현한 '신종 감염병(Emerging infectious diseases)'과 '재출현 감염병(Re-Emerging Infectious Diseases)'이며, 그중 75퍼센트가 동물 유래 감염병이다.

우리 인간은 1만 년에 걸쳐 가축과 밀접한 관계를 맺어왔기에 적어도 사람은 개와 65종, 소와 55종, 양과 46종, 돼지와 42종의 질병을 공유하고 있다. 복수의 숙주에 감염을 일으키는 경우도 많다. 미국 캘리포니아대학교 지리학과 교수인 재레드 다이아몬드는 『총, 균, 쇠(Guns, Germs, and Steel)』에서 "가축은 질병의 온상이며 식량 생산이 감염병을 낳았다"고 주장했다.

소에게서 홍역·천연두·결핵·디프테리아·탄저병·소해면상뇌병증(광우병)이, 돼지에게서 백일해·E형 간염이, 오리류(거위)에서 인플루엔자 등이 왔다.

반려동물에게서 사람으로 전염되는 감염병도 있다. 인간의 친구인 개에게서 광견병·에키노코쿠스(Echinococcus)·개회충증·

살모넬라증 등이 왔고, 최근 반려동물로 사랑받고 있는 고양이에게서 톡소플라스마(⑦장 참조) · 고양이 긁힘병(Cat scratch disease = 묘소병) · 라임병 · 벼룩 물림증 등이 왔다. 또 소형 조류에게서 옮는 앵무병(parrot fever) 등도 있다. 도쿄도가 도내 초등학교에서 기르는 소동물 187마리를 대상으로 아홉 종류의 병원체를 조사했더니 병원체는 전혀 발견되지 않았다.

아프리카 등에서는 식육용 야생동물(부시미트)에서 사람으로 새로운 감염이 이어지고 있다. 도살되는 동물 규모는 정확하게 알려지지 않았으나 세계자연기금(WWF) 등 국제기구가 2000년에 발표한 보고서에 따르면 야생동물 고기가 케냐, 탄자니아 등 아프리카 7개국의 23개 지역에서 연간 8,500킬로그램, 가격으로 치면 770만 달러에 해당하는 거래가 이루어지고 있다.

가나의 여섯 개 자연보호구역에서는 식용의 대상이 되는 41종의 대형 동물이 1970~1998년 사이에 76퍼센트나 감소했다는 조사 결과가 있다. WWF는 아프리카 전역에서 연간 6억 마리 이상의 야생동물이 식용으로 도축되고 있다고 추정한다. 이러한 야생동물 사냥과 해체 작업 중에 동물의 혈액으로부터 감염된다.

과밀사회와 최악의 위생 상태, 도시는 감염병의 온상으로

여전히 우리를 괴롭히는 질병 대다수는 환경 변화가 초래했다

시장에서 거래되는 식육용 야생동물 고기

고 해도 지나친 말이 아니다. 홍역, 흔히 볼거리라 부르는 유행성 이하선염, 천연두 등 사람에서 사람으로 직접 전염되는 질병은 바이러스가 살아남기 위해 일정 수 이상의 집단이 필요하다(⑫ 장 참조). 도시화가 진행되며 정착해서 거주하는 지역이 일정 수 준에 도달하자 새로운 대유행이 출현했다.

역사를 돌아보면 각 세기에 그 시대를 배경으로 세계적으로 유행한 감염병이 있었다. 13세기 한센병, 14세기 페스트, 16세기 매독, 17~18세기 천연두, 19세기 콜레라와 결핵, 20~21세기 인플루엔자와 에이즈가 그것이다.

대유행을 일으키는 감염병은 과밀사회의 존재를 빼놓고는 거론할 수 없다. 18세기 후반부터 19세기에 걸쳐 영국에서 산업혁명이 시작되었다. 제철·탄광·기계 등이 발전을 이룬 반면, 도시 근로자의 생활과 사고방식은 중세 그대로였다. 이것이 최악의 위생 상태를 초래해 감염병이 맹위를 떨쳤다.

지방에서 유입된 인구로 공업 도시는 급격하게 팽창했다. 1760~1861년에 영국 맨체스터의 인구는 3만에서 46만 명으로, 리버풀은 4만에서 49만 4,000명으로 뻥튀기하듯 늘어났다. 19세기 말 런던의 인구는 420만 명이 넘어 세계 최대 도시로 성장했다.

인구 급증으로 주택과 상하수도, 쓰레기 처리 등의 도시 기능이 압박을 받으며 저임금과 실업 등으로 빈곤층이 집중되었고 슬럼가라 부르는 도시 빈민 밀집 구역이 사상 최초로 도시에 모습을 드러냈다. 동시에 범죄와 매춘도 늘어났다. 열 명이 넘는 가족이 한 집에 바글바글 모여 살았고 한 방에 네다섯 명이 사는 게

예사였다.

화장실은 한 집에 하나만 있어도 감지덕지한 수준. 2층 이상에 사는 주민은 요강에 용변을 해결하고 오물로 묵직해진 요강을 들고 낑낑대며 1층 화장실까지 버리러 가야 했다. 귀찮을 때는 창문을 열고 요강 안의 내용물을 밖으로 쏟아부었다.

19세기 초, 런던과 파리 등 유럽 대도시는 코를 찌르는 악취가 들끓어 쓰레기장을 방불케 했다. 거리 곳곳에 오물이 널려 있고 사람들은 길바닥에서 태연하게 볼일을 보며 노천 화장실처럼 사용했다.

도시는 감염병의 온상이 되었고 비위생과 과밀한 환경에서 발생하는 온갖 감염병이 만연했다. 목욕 습관이 있는 사람은 손에 꼽을 정도로 드물었고, 세탁은 거의 하지 않았기에 대부분 만성적인 피부병을 달고 살았다. 또한 이가 들끓어 발진 티푸스가 수시로 유행했다.

콜레라의 '공기 감염설'을 뒤집은
최초의 역학조사

산업혁명 시대를 이야기할 때 빼놓을 수 없는 질병이 콜레라다. 원래 콜레라는 인도 벵갈 지방의 풍토병이었다. 기원전 300년 무렵 기록에도 남아 있는 나름 유서 깊은 질병이다. 세계적 대유행은 1817년에 캘커타(오늘날의 콜카타)에서 시작되었다.

산업혁명 직후부터 19세기 초까지 악취와 오물로 뒤덮인 런던은
콜레라의 온상이었다.(19세기 동판화)

콜레라는 영국군의 침략과 함께 동남아시아로 옮겨갔고, 1821년에는 오만의 수도이자 항구 도시인 무스카트에서 동아프리카 각국으로 퍼져나갔다. 1826년에 러시아 군인 사이에 콜레라가 유행했고, 5년 후에는 발트해 연안에 상륙했다. 또 유럽으로 넘어가 1823년까지 유행이 이어졌다. 1830년대에는 미국에서 중남미까지 세력을 확장했다.

영국에서는 1831년에 최초의 콜레라 환자가 발생한 이후 전국으로 퍼져나갔고, 사망자는 14만 명에 달했다. 1848년에는 두 번째 유행이 시작되어 1만 4,000명이 사망했다. 파리에서도 2만명, 프랑스 전국에서는 10만 명이 사망했다고 추정된다. 콜레라는 환자의 배설물과 함께 배출되는 세균이 일으키는 질병으로 당시 감염자의 절반이 사망한 무시무시한 질병이었다.

그 시절 런던의 하수는 그대로 템스강으로 흘러들었고 여과도 소독도 거치지 않은 미처리 하수가 시민의 젖줄이 되었다. 런던의 병원 의사였던 존 스노(John Snow)는 당시 런던에서 콜레라가 집단 발생한 지역을 집중적으로 조사했다.

그리고 특정한 우물에서 유행이 시작되었고 템스강을 수원으로 이용하는 사람 중에 특히 환자가 많다는 사실을 밝혀냈다. 그때까지 '공기 감염설'이 유력했던 콜레라가 마실 물이 원인이라는 사실이 증명된 순간이었다. 이는 1883년에 로베르트 코흐(Robert Koch)가 콜레라균을 발견하기 30년 전의 일로 최초의 '역학 조사'로 평가받는다.

1817년 이후 총 일곱 번에 걸쳐 세계적인 대유행이 되풀이되었고 수천만 명이 사망했다. 19세기에 접어들어 방역 체계가 강화되며 다행히 세계적 유행은 일어나지 않게 되었다. 그러나 오늘날에도 사하라 이남 아프리카와 남아시아 등 개발도상국 지역의 빈민 지구에서 콜레라가 여전히 만연하고 있다. WHO는 매년 300만~500만 명의 콜레라 환자가 발생하고 10만~12만 명이 사망한다고 추정한다.

산업혁명이 촉발한 또 하나의 감염병은 결핵이다. 결핵에 대해서는 13장에서 다시 자세히 살펴보기로 하자.

일본의 '콜레라 민란'에서부터 대규모 늑대 사냥까지

18세기 인구가 100만 명을 넘었던 오늘날 일본의 수도인 도쿄를 당시에는 에도라 불렀다. 에도에서는 수거한 분뇨를 '거름'으로 가공해 농촌에 돈을 받고 팔았다. 메이지 시대 초기에 일본에 건너와 에도를 방문한 외국인들이 의외로 청결한 에도 거리를 보고 한 번 놀라고 설사 등의 소화기 감염증이 적다는 사실에 두 번 놀랐다는 기록이 남아 있다.

그러나 1822년에 발생한 세계적인 대유행을 비껴가지는 못했다. 콜레라는 대륙에서 일본으로 들어오는 관문인 규슈 지방에서 시작되어 수도가 있는 간토 지방과 상업 중심지인 간사이 지방을 잇는 도카이도(東海道)라는 도로를 타고 동쪽으로 퍼져나갔지만, 하코네(箱根)를 넘어 수도까지 밀고 들어오지는 못했다. 원인을 모른 채 괴질에 대한 소문만 무성했다. 네덜란드 상인을 중심으로 콜레라가 퍼졌다는 사실이 알려지며 '고레라(酷烈辣)', '고로리(孤狼狸)' 등의 이름으로 알려졌다.

1858년에는 미국 페리 함대의 군함 미시시피호에 콜레라에 걸린 선원이 있어 나가사키에 기항했을 때 콜레라가 발생했다. 8월에는 수도 에도로 불똥이 튀었다. 사망자 규모를 두고 의견이 엇갈리는데 3만 명 또는 26만 명의 대규모 사망자가 나왔다. 이후 3년에 걸쳐 유행했다. 사람들은 외국인들이 타고 들어온 타르로 검게 칠한 흑선(黑船)에서 병이 나왔다 하여 이방인들에게 원망의 화살을 돌렸고, 개국이 감염병을 불러들였다며 외세를 배척하자는 양이(攘夷) 사상이 지지를 얻는 계기가 되었다.

1911년 콜레라 사망자 수는 총 37만 명을 넘었고 청일 전쟁과 러일 전쟁 사망자 수를 훨씬 웃돌았다. 정부에 대한 민중의 불만이 고조되었고 각지에서 '콜레라 민란'이 발생했다.

한편 민간에서는 콜레라를 '천벌'이라 믿고 신의 사자인 늑대 가죽과 유해로 액운을 쫓는 의식이 간토와 주부 지방에 퍼지며 대규모 늑대 사냥이 벌어졌다. 일본늑대(학명 : Canis lupus hodophilax)는 1905년에 포획된 개체가 마지막으로 멸종되었다고 알려졌다. 일본늑대의 멸종을 둘러싸고 몇 가지 가설이 제기되었다. 개홍역이 퍼져 멸종했다는 설과 함께 늑대 신앙이 늑대 멸종을 앞당겼다는 설도 있다.

1868년 메이지 유신 이후 각지의 관문*이 폐지되자 사람들의 왕래가 활발해졌고 이후 2~3년 주기로 수만 명의 감염자가 나오는 유행이 이어졌다. 1879년과 1886년에는 사망자가 10만 명을 넘었다. 1895년에는 일본 군대 내에서 콜레라가 창궐해 사망자가 4만 명이 넘었다는 기록도 있다.

전쟁과 감염병의 역사에 등장한
티푸스 치료제 '정로환', 그 유래는?

전쟁이 터질 때마다 군인도 일반 시민도 식량 부족과 비위생적 환경 등으로 고생했다. 전쟁에서 비롯된 부실한 영양 상태와 비위생적 환경이 감염병 유행을 부추겼다. 특히 군대는 젊은 남성이 모여 장기간 공동생활을 하기에 감염병이 활개치기 최적의 환경이다. 따라서 천연두·말라리아·페스트·이질·콜레라·티푸스·결핵·인플루엔자·매독·임질·에이즈 등이 군대에서 반복적으로 유행했다.

역사를 거슬러 올라가면 펠로폰네소스 전쟁(기원전 431~기원전 404년)이 한창일 때 역병이 창궐했다. 이 전쟁은 아테네를 맹주로 하는 델로스 동맹과 스파르타를 중심으로 뭉친 펠로폰네소스 동맹 사이에 벌어진 싸움이었다. 펠로폰네소스 동맹의 공격에

---

* 가도의 요소나 국경에 설치해 전시 방위 또는 통행인이나 물품의 검사를 담당하던 관소關所를 말한다. 여기서 징수한 관전이 막부·호족·사사의 중요한 재원이 되었던 탓에 곳곳에 설치되어 교통·상업에 장애가 되었다. ― 옮긴이

아테네는 농성 작전으로 저항했다.

그런데 농성을 위해 인구 밀도가 높아진 성안에서 감염병이 발생했고 성안 인구의 3분의 1이 사망하는 최악의 결말을 초래했다. 학자들은 아테네를 덮친 병의 정체를 천연두와 발진 티푸스, 페스트로 추정했다. 아테네의 패배는 델로스 동맹의 해체를 가져왔다.

근대 이후 전쟁에서도 전쟁 중 나온 병사자가 전사자를 웃도는 경우가 있었다. 1812년, 60만 명의 대군을 이끌고 러시아로 쳐들어간 나폴레옹의 군대에 발진 티푸스가 돌았다. 러시아군과의 전투에서 나온 사망자가 약 10만 명이었던 데 비해 발진 티푸스로 인한 병사자는 약 22만 명에 달했다.

전쟁과 감염병의 역사에서 가장 비참한 이야기는 크림 전쟁(1853~1856년)에서 나왔다. 러시아의 남방 진출을 저지하려던 영국은 프랑스와 함께 터키 측에 가담해 참전했다. 2만 명이 넘는 사망자가 나왔는데, 그중 3분의 2는 병사자로 대부분 콜레라·성홍열·천연두·홍역 등의 감염병에 희생되었다.

크림 전쟁에서 간호 부대를 이끌고 부상자와 병자 간호에 힘쓴 인물이 백의의 천사로 알려진 영국의 플로렌스 나이팅게일이었다. 나이팅게일은 병원의 비위생적인 환경 때문에 사망자가 나온다는 사실을 규명해 국민적 영웅으로 추앙받았다.

미국의 남북 전쟁(1861~1865년) 당시 남군에서 약 49만 명의 병사자가 나왔는데 말라리아가 원인으로 추정된다. 미국과 스페인이 맞붙은 미국-스페인 전쟁(1898년)에서는 양군의 사망자 87

퍼센트가 티푸스 환자였다.

청일 전쟁(1894~1895년)에서는 일본군 진사자가 1,417명이었던 것에 비해 병사자는 그 여덟 배인 1만 1,894명에 달했다. 참모총장이었던 아리스가와노미야 다케히토 친왕이 장티푸스에 걸렸고 근위 단장이었던 기타시라카와노미야 요시히사 친왕과 야마네 노부나리 근위 제2여단장이 전장에서 병사할 정도였다.

러일 전쟁(1904~1905년)에서 전사한 5만 5,655명 중 약 절반인 2만 7,192명은 병으로 사망했다. 그중 약 5,700명은 비타민 B 부족으로 생기는 각기병으로 전사자 명단에 이름을 올렸다. 티푸스 등의 소화기 감염병도 많아 예방을 위해 육군은 '크레오소트환(creosote)'을 개발했다. 이 약에 로(러시아의 음역 '露西亞'의 첫 글자)를 정복하는 환약(알약)이라는 뜻으로 '정로환(征露丸)'이라는 이름을 붙였다. 이후 이 약은 한 글자만 바꾸어 '정로환(正露丸)'이라는 이름으로 지금까지 배탈용 가정 상비약으로 사랑받고 있다.

제1차 세계대전 총 전사자 972만 명 중 589만 명, 약 60퍼센트가 병사(아사를 포함)했다. 특히 전쟁 막바지에는 연합국 측과 동맹국 측 양쪽에 스페인 독감이 폭발적으로 발생했다(⑩장 참조). 병사자의 3분의 1은 스페인 독감으로 사망했고 전쟁을 지속하기가 곤란해졌다.

제2차 세계대전 중에는 동남아시아 전선에서 말라리아가, 유럽 전선에서는 발진 티푸스가 유행했다. 모기와 벼룩이 매개체가 되는 감염병으로 연합국 측은 살충제인 DDT로 대응했는데도,

50만 명의 미군이 감염되었다. 한편 일본군은 감염병 대책 없이 병사들을 전장에 투입했다. 필리핀 루손섬에서 5만 명 이상, 인도 임팔 전투(Battle of Imphal)에서 4만 명, 솔로몬 제도의 과달카날 전투(Guadalcanal Campaign)에서 1만 5,000명이 말라리아로 사망하는 등 수많은 일본군 희생자가 나왔다.

역사상 전쟁에서 사망한 장병 중 적어도 3분의 1에서 절반은 병사라고 추정할 수 있다.

아프리카 기원의 신종 감염병 증가는
인구 폭발과 열대림 파괴 탓

과거 반세기 동안 '신종 감염병'이 불시에 등장했다. 그중에는 에이즈, 조류 인플루엔자, 사스를 비롯해 라사열, 에볼라 출혈열, 마르부르크열 등 야생동물이 매개체가 되어 사망률이 가파르게 치솟은 신종 질병도 포함되어 있다.

신종 감염병이 줄줄이 등장한 시기는 환경 파괴가 세계적으로 급속하게 확대된 시기와 맞물린다. 인구 급증과 경제 확대로 삼림 벌채와 개간, 광공업 확대, 도시 팽창, 대규모 개발 등으로 본래 안정적인 자연 시스템이 곳곳에서 붕괴했다.

신종 감염병 중에 아프리카 기원(⑯장 참조)인 병이 적지 않다. 아프리카에서는 인구 폭발과 열대림 파괴가 가속화되고 있다. 라사열, 에볼라 출혈열 등 신종 바이러스의 유행 지역을 살펴보

1950년 이후 신종 감염병

연대	질병(원인 바이러스)	발생국	자연 숙주
1957	아르헨티나 출혈열(후닌 바이러스)	아르헨티나	쥐
1959	볼리비아 출혈열(마추포 바이러스)	브라질	쥐
1967	마르부르크열(마르부르크 바이러스)	독일	?
1969	라사열(라사 바이러스)	나이지리아	아프리카 들쥐
1976	에볼라 출혈열(에볼라바이러스)	자이르	큰박쥐
1977	리프트 밸리열(리프트 밸리 바이러스)	아프리카	양, 소 등
1981	에이즈(인간면역결핍 바이러스, HIV)	아프리카	침팬지?
1991	베네수엘라 출혈열 (구아나리토 바이러스)	베네수엘라	쥐
1993	한타바이러스 심폐증후군 (신놈브레 바이러스)	미국	쥐
1994	브라질 출혈열(사비아 바이러스)	브라질	쥐?
1994	헨드라 바이러스 감염증 (헨드라 바이러스)	호주	큰박쥐
1997	고병원성 조류 인플루엔자 (조류 인플루엔자 바이러스)	홍콩	오리
1998	니파 바이러스 감염증(니파 바이러스)	말레이시아	큰박쥐
1999	웨스트나일열(웨스트나일 바이러스)	미국	조류
2003	사스(SARS 코로나 바이러스)	중국	박쥐
2003	원숭이마마(monkeypox) (원숭이마마 바이러스)	미국	설치류
2004	고병원성 조류 인플루엔자 (조류 인플루엔자 바이러스)	아시아 각국	오리

* 출처: 야마노우치 가즈야(山内 一也), 『바이러스와 인간(ウイルスと人間)』(岩波書店, 2005)

면 열대림 안에 생긴 지 그다지 오래되지 않은 마을이 많다. 숲에서 쫓겨나 서식지를 잃은 쥐 등의 설치류와 박쥐가 인가로 몰려와 사람과 접촉하며 새로운 병원체를 퍼뜨렸다.

세계 삼림 벌채는 열대림에 집중되어 있다. UN 산하의 식량농업기구(FAO)에 따르면 매년 약 250세제곱킬로미터, 즉 매시간 도쿄돔 크기 127개에 해당하는 숲이 사라지고 있다.*

열대림이 지구 육지에서 차지하는 비율은 7퍼센트에 불과하나 지구상 생물종의 50~80퍼센트가 서식한다. 병원체도 그 생물 다양성의 일부다.

싱가포르 양돈 금지의 나비효과로
보루네오 열대림에서는 무슨 일이 벌어졌나?

예전에 말레이시아 보르네오섬의 열대림에서 특별한 경험을 한 적이 있다. 1998년 9월부터 1999년 4월에 걸쳐 보르네오섬에서 일본 뇌염과 유사한 질병이 발생했다. 고열, 두통, 근육통, 경련 등을 호소하는 환자 265명이 발병해 그중 105명이 사망했다.

당시 주민 조사를 위해 마을에 머물렀다. 여기저기서 총성이 들려 살펴보았더니 군인들이 마을 사람들이 기르던 돼지를 사

---

* 우리나라로 치면 매시간 상암동 월드컵 경기장 635개 크기의 숲이 사라지고 있는 셈이다. — 옮긴이

살하는 중이었다. 이 일대에 유행하는 질병 감염원으로 추정된 돼지를 무차별적으로 살처분하는 소리였다. 이후 이 병은 최초로 유행한 마을 이름을 따서 '니파 바이러스 감염증'이라 불렸다. 홍역이나 유행성 이하선염의 원인이 되는 파라믹소바이러스(paramixovirus)의 일종이다.

이 유행은 일종의 나비효과에서 시작되었다. 먼저 국토가 좁은 싱가포르에서 주민 사이에 가축 사육으로 발생하는 공해에 반대하는 운동이 일어나자 싱가포르 정부는 국내 양돈을 금지했다. 돼지고기 소비량을 맞추기 위해 이웃 나라인 말레이시아에서 대량의 돼지와 돼지고기를 수입하게 되었다. 인도네시아와 말레이시아 일대 축산 농가는 경쟁적으로 수출용 돼지를 사육하기 시작했다. 특히 보르네오섬에서는 양돈 열풍이 일었고, 농촌에서 시작된 양돈 열풍이 들불처럼 번져 산림 깊은 곳에서도 가축을 사육하게 되었다.

그런데 이 일대에 서식하는 큰박쥐가 니파 바이러스를 가지고 있었다. 삼림의 급격한 감소로 먹이가 되는 나무 열매가 부족해지자 먹이를 찾아 광범위한 지역을 날아다니던 박쥐가 배설물과 함께 바이러스를 퍼뜨렸다. 그 바이러스가 돼지를 통해 사람에게 감염되었다.

초반에는 일본 뇌염이라고 판단한 싱가포르 정부가 모기 퇴치를 위해 살충제를 살포하고 돼지에게는 뇌염 백신을 주사했다. 그때 같은 주사기로 수많은 돼지에게 접종했다. 마약 중독자들이 주사기를 돌려쓰며 에이즈가 퍼졌듯 돼지에게 바이러스 감염이 퍼져나갔다. 유행을 저지하기 위해 정부는 전체 사육 두수의 40퍼센트에 가까운 약 91만 마리를 살처분했다.

이후 인도, 방글라데시 등 일대에서 12번에 걸쳐 유행이 반복되었다. 바이러스는 점차 변이해 돼지 매개 감염에서 사람에게서 사람으로 전파되는 양상을 보였다. 사망률도 40퍼센트에서 75퍼센트로 껑충 뛰어올랐다.

대륙 간 교류와 전쟁,
전 세계를 장악한 감염병

역병을 극복한 유스티니아누스 황제 덕분에
역사에 이름을 남긴 페스트

근세 이전까지 중국·서아시아·지중해 연안 지방을 연결하던 '실크로드'를 통해 교역이 이루어졌다. 동양의 비단, 칠기, 종이 등과 서역의 보석, 유리 제품, 금은 세공품, 카펫 등이 주요 교역품이었다. 이 실크로드를 따라 다양한 질병이 사람 및 가축과 함께 옮겨갔다. 서에서 동으로는 주로 천연두와 홍역이, 동에서 서로는 페스트가 전염되었다. 각 지역의 주민들은 이들 감염병에 면역이 없었기에 양쪽 지역에서 모두 신종 역병이 창궐했다.

실크로드 동서의 기점이 되었던 고대 중국의 한과 고대 로마는 세계를 양분하는 대제국으로, 막대한 인구를 보유하고 있었다. 거의 같은 시기에 두 제국에서 각각 감염병이 대유행했고, 인구가 급감하는 참사가 벌어졌다.

한은 전성기에 인구가 6,000만 명이 넘는 대제국이었다. 그런데 실크로드 교역이 활발하게 이루어진 2~3세기 이후 천연두와 홍역의 유행으로 6세기 말 무렵에는 4,500만 명까지 인구가 감소하며 제국 쇠퇴의 한 요인으로 작용했다.

로마에서는 마르쿠스 아우렐리우스 황제(121~180년) 시대에 페스트가 유행해 200만 명 이상이 사망했고, 유행은 이후로도 주기적으로 반복되었다. 페스트는 설치류에 기생하는 벼룩으로 감염되는데, 쥐를 따라 어디로든 이동할 수 있다.

페스트는 로마가 동서로 분열되고 난 후 동로마(비잔티움 제국)의 유스티니아누스 황제(483~565년) 시대인 543년에 발생했다. 황제도 페스트에 감염되었는데 기적적으로 회복했다.

오늘날에도 페스트는 '유스티니아누스 황제의 역병'으로 역사에 이름을 남기고 있다. 비잔티움의 역사가 프로코피우스는 『전사(戰史)』라는 책에 페스트의 비참한 상황을 생생한 기록으로 남겼다. 수도 콘스탄티노플(오늘날 이스탄불)에서는 매일 5,000명의 사망자가 나왔고, 도시 인구의 40퍼센트가 사라졌다.

페스트는 유라시아 대륙을 횡단해 퍼져나갔다. 1095년 예루살렘 성지 탈환을 위해 결성된 십자군은 1272년까지 8차(7차나 9차로 보는 의견도 있다)에 걸쳐 이스라엘로 파견되었다. 십자군 원정으로 교역이 활발해졌고 유럽에서는 도시가 발달했다. 전리품을 실어오는 배로 원래 아시아에 서식하던 애급쥐(학명:Rattus rattus, 곰쥐)가 따라 들어오며 유럽 도시에서 페스트균이 들불처럼 번져나갔다는 설도 있다.

중세 도시를 뒤덮은 사상 최악의 페스트, 농업혁명이 방아쇠를 당기다

중국에서 중동과 동유럽까지 판세를 확장한 몽골 제국은 13세기부터 14세기 중반에 걸쳐 전성기를 맞이했다. 실크로드 대부분이 몽골 제국의 지배하에 들어갔고 유라시아 대륙을 횡단하는 국제 무역이 활발히 이루어졌다.

최근 연구에 따르면 페스트균은 실크로드 요충지인 톈산산맥의 키르기스 북서부 이식쿨 호수(Lake Issyk-Koel, 오늘날 키르기스스탄에서 가장 큰 호수) 주변에 정착했다. 설치류인 마멋(marmot)이 자연 숙주로 추정된다. 이 일대에는 네스토리우스파 기독교(景敎, 경교) 신자가 많이 살았는데, 그들이 남긴 비문을 해독해 만성적으로 페스트가 발생했다는 사실이 밝혀졌다.

중국에서는 1331년 원 왕조 시대에 대유행이 시작되었고, 1334년에는 허베이성에서 인구의 90퍼센트에 해당하는 약 500만 명의 사망자가 나왔다. 이식쿨 호수를 통과하는 대상과 군대를 통해 팔레스타인, 시리아 등지의 중동, 튀니지 등의 북아프리카로 퍼져 유럽까지 전염되었다. 페르시아(오늘날의 이란)와 이집트에서는 페스트로 인구의 약 30퍼센트를 잃었다.

페스트는 1347년에 크림반도를 거쳐 시칠리아섬에 상륙했고, 그 이듬해 로마와 피렌체 등의 지중해 연안으로 퍼져나갔다. 또 서쪽으로는 프랑스 파리와 보르도, 영국의 런던까지, 동쪽으로는 러시아 서부까지, 폴란드와 독일 동부를 제외하고 거의 유럽 전역으로 퍼져나갔다.

이 시기 페스트가 폭발적인 감염을 일으킨 이유는 몇 가지로 추정할 수 있다. 10세기부터 14세기에 걸쳐 '중세 온난기'라 일컬어지는 기후가 나타났고, 유럽에서는 '중세 농업혁명'이라는 기술혁명이 일어났다. 11세기 무렵부터는 수차 이용이 급속히 확대되었고, 12세기에는 철 생산이 활발해지며 쟁기 등의 농기구 성능이 비약적으로 향상되었다. 그러자 휴경을 포함해 3년 돌려짓기 방식으로 이루어지던 삼포제 농법이 보급되며 생산성이 큰 폭으로 개선되었다. 식량 증산이 이루어지자 영국·독일·프랑스를 중심으로 인구가 급증했다.

그런데 인구 증가로 식량 부족 사태가 발생, 곡물 가격 변동이 극심해졌다. 엎친 데 덮친 격으로 1314년 이상 기후가 발생했다. 이상 저온과 장마가 몇 년 동안 이어졌다. 특히 1315~1317년에는 유럽 전역에 심각한 식량 위기가 닥쳤다. 이 기근에서 회복하지 못하고 사람들이 굶주림으로 약해져 있는 틈을 노려 페스트가 유럽을 덮쳤다.

도시 인구 증가와 함께 쓰레기가 도로에 그대로 버려졌고, 인간과 동물의 배설물과 도축 부산물이 악취를 풍기며 거리에 나뒹굴었다. 페스트 매개인 쥐들에게는 최적의 번식 장소가 되었고 그 바람에 도시는 쥐 떼 소굴이 되었다. 중세 농업혁명 시기에 개간 열풍이 일어나 삼림이 급속히 농지로 전용되었다. 그러자 쥐의 천적인 수리, 매, 여우, 늑대 등 육식동물이 급감한 것도 쥐 개체수의 폭발적인 증가를 부추겼다.

페스트 대유행이 남긴 선물, 중세사회 붕괴와 종교개혁

조반니 보카치오(Giovanni Boccaccio)의 작품 『데카메론』은 1348년에 이탈리아 토스카나 지방을 덮친 페스트를 피하려고 별장에 틀어박힌 남녀 열 명이 무료함을 달래기 위해 번갈아 재미난 이야기를 들려준다는 줄거리로, 당시 페스트 양상을 생생하게 전해준다.

"교회 묘지라는 묘지에 죄다 깊은 고랑을 파서 그 속에 새로 운구된 유해 몇백 구를 내던졌다. 급조한 매장지에는 선창에 화물을 적재하듯 유해를 겹겹이 쌓고 그 위에 흙을 덮는 시늉만 했다. 그런데도 금세 고랑이 차서 감당이 안 될 지경이었다."

미국 윌리엄앤드메리대학교의 필립 데일리더(Philip Daileader) 교수에 따르면 14세기 중엽 인구의 30~40퍼센트에 해당하는 2,500만 명에서 3,000만 명이 사망하고 세계 총 사망자 수는 약

7,500만 명에서 2억 명으로 추정된다. 특히 프랑스 남부에서 스페인에 걸쳐 인구의 80퍼센트가 사라졌다. 14세기 말까지 세 번에 걸친 대유행과 중간 규모 또는 작은 규모의 유행이 되풀이되었다.

인구의 급감으로 많은 농촌이 유령마을로 변했고, 장원 영주와 농민의 관계가 역전되었다. 해마다 조세를 내던 농민이 거꾸로 품삯을 받아 농사를 짓는 방식이 일반화되며 중세사회가 붕괴하는 원동력이 되었다.

또 무력한 기독교 교회에 대한 불신감이 싹터 얀 후스와 마르틴 루터 등의 종교개혁으로 이어졌다. 유대인 배척 분위기도 강해졌다. 인심이 흉흉해지며 곳곳에서 마녀재판이 열렸다.

농촌이 텅 비고 농경지에 삼림이 되살아나자 사상 최초로 삼림 면적이 증가했다. 미국 버지니아대학교의 고고기상학자인 윌리엄 러디먼(William F. Ruddiman) 명예교수는 삼림 면적이 급속히 증가하며 대기 중 이산화탄소가 감소하자 기온이 내려가 14세기 중반부터 한랭기인 '중세 소빙기'에 적지 않은 영향을 주었다고 추정한다.

페스트 매개 쥐 잡으려 놓은 불에
4,000명 사망한 어이 없는 사고

이후 17세기에도 유럽으로 제2의 페스트 물결이 간헐적으로 밀려왔다. 1663년에 네덜란드, 1665~1666년에는 영국 런던에서 페스트가 유행했다.

소설『로빈슨 크루소』의 저자인 대니얼 디포(Daniel Defoe)는 시민의 4분의 1이 사망했던 당시의 참상을『감염병 연대기(A Journal of the Plague Year)』에서 생생하게 묘사했다.

페스트로 케임브리지대학교가 폐쇄되자 뉴턴은 고향인 울즈소프(Woolsthorpe)로 돌아가 잡무에서 해방되어 만유인력의 법칙 등의 연구에 몰두했다. 그의 평생 업적은 거의 이 1년 사이의 피난 시절에 집중되어 '놀라운 해(Annus Mirabilis)'라 일컬어진다.

1666년 런던은 주택의 85퍼센트가 소실되는 공전의 대화재를 겪었다. 새로 짓는 건물은 벽돌과 석재 사용이 의무화되어 쥐의 서식 장소가 줄어들며 페스트의 기세도 한풀 꺾였다. 그러나 1720년에는 프랑스의 마르세유에서 발생해 10만 명 넘는 많은 사람이 사망했다.

제3의 물결은 1894년에 중국 윈난성(雲南省)에서 시작되어 홍콩으로 불씨가 번졌고 홍콩에서 바닷길을 타고 태평양 일대로 확대되었다. 하와이에서는 1899년에 홍콩에서 입항한 배를 따라온 쥐에게서 발생해 오하우섬(O'ahu)의 차이나타운이 날벼락을 맞았다. 유행은 멈추지 않았고 시 당국의 결정으로 차이나타운은 소각되었다. 그런데 불길이 번지며 대화재로 발전해 4,000명이 사망하는 어이없는 사고가 발생했다.

일본에는 1899년에 페스트가 상륙했다. 고베항으로 들어온 대만 선박에 타고 있던 선원을 통해 감염이 확대되었다. 이후 27년 동안 크고 작은 유행이 산발적으로 일어나 2,906명이 발병해 2,215명이 사망했다. 다행히 일본 정부의 페스트 방어 대책이 효과를 발휘해 1926년에는 소강 국면에 접어들었다.

1900년에는 페스트가 미국 본토에 들어가 샌프란시스코에서 113명이 사망했다. 같은 시기에 호주에서도 발생해 1925년까지 25차례 유행을 반복하며 약 1,900명이 사망했다.

세 차례 페스트 대유행의 기원은 모두 중국 윈난성

페스트균은 1894년에 프랑스 파스퇴르 연구소의 세균학자 알렉상드르 예르생(Alexandre Yersin)과 독일의 세균학자 로베르트 코흐의 지도를 받은 기타자토 시바사부로(北里柴三郎)가 거의 동시에 발견했다. 그로부터 100년 이상 지나 페스트의 기원도 차츰 밝혀지게 되었다.

14세기 대유행 당시 시신을 집단 매장한 묘지가 유럽 각지에 남아 있다. 파스퇴르 연구소 연구자인 바버라 브라만티(Barbara Bramanti) 박사가 이끄는 연구팀이 2011년에 『데카메론』에 묘사된 듯한 집단 매장지를 발굴했고, 뼈와 치아에서 페스트균 DNA를 채취해 유전자를 해석했다.

지금까지 알려진 세 계통의 페스트균과 달리 두 계통의 균을 발견했다. 이 두 계통은 중세 유럽 페스트균이 두 갈래로 나뉘어 침입했음을 알려준다. 남프랑스 마르세유 항구 근처에 1347년

프랑스의 소도시 마르티그(Martigues)에서 발굴된
18세기 페스트로 사망한 시신의 집단 매장지

조성된 묘지에서 발견된 계통은 영국 웨일스 국경 부근의 헤리퍼드(Hereford)에 1349년 조성된 묘지에서 발견된 균과 같은 계통이었다. 지중해에 접한 프랑스 땅에 상륙해 영국까지 급속히 퍼져나갔음을 말해준다.

아일랜드의 국립대학인 유니버시티칼리지 코크의 세균 인구 유전학 전공 마크 악트먼(Mark Achtman) 교수 연구팀은 2010년 각지의 페스트균 유전자 변이에서 진화 계통수를 만들어 중국 윈난성에서 약 2,600년 전에 출현했다는 가설을 발표했다. 계통수에 따르면 세 차례의 대유행은 모두 중국이 기원이었다.

여전히 편견에 시달리는 한센병도
중세시대 맹위를 떨친 동물 유래 감염병

최초로 도시 과밀사회가 탄생한 유럽에서는 비위생적 환경에서 온갖 질병이 뿌리를 내렸다. 인구 증가와 교통 발달로 고립되었던 지역사회 간의 교류가 늘어나며 사람들이 밀접하게 접촉하기 시작했고 질병 확산 속도도 빨라졌다.

처음에는 유럽과 중동이, 이어서 유럽과 아시아가 그리고 신항로 개척 시대 이후로는 신대륙과 남태평양 제도의 지역들이 서로 질병을 주고받게 되었다. 면역이 없는 사회에 새로운 병이 들어오면 종종 비극적인 사태를 초래했다.

한센병은 인도 북서부에서 발굴된 4,000년 전 사람의 뼈와

3,500년 전 고대 이집트 미라에도 흔적이 남아 있고, 그리스의 히포크라테스나 중국의 『논어』, 기독교의 『신약성서』에 기술되어 있을 정도로 오래된 질병이다.

한센병의 기원은 확실히 밝혀지지 않았으나 영장류인 침팬지와 망가베이(mangabey, 아프리카 삼림에 서식하는 긴꼬리원숭이의 총칭)에게 감염된다는 사실이 규명되어 '동물 유래 감염병'일 가능성이 높아졌다. 프랑스의 파스퇴르 연구소 연구팀에 따르면 광범위한 DNA 분석으로 최초에 동아프리카에서 중동에 걸쳐 발생했다는 사실을 밝혀냈다.

그러다 이 바이러스는 알렉산드로스 대왕의 원정과 뱃사람, 상인, 탐험가들의 이동을 따라 유럽과 아프리카, 인도로, 18세기 이후에는 노예무역으로 카리브해와 중남미로 옮겨갔다.

유럽에서 한센병은 6세기 이후 인구를 좌지우지할 정도로 중대한 질병 중 하나였다. 13세기 십자군 원정으로 감염된 병사들이 균을 고향으로 가지고 돌아와 11~13세기에는 유럽에서 한센병이 기승을 부렸다. 환자 격리를 위해 전 유럽에서 1만 9,000개의 한센병 요양소(leprosarium)가 건설되었다. 14세기 이후에는 유행이 잦아들었다.

한센병은 갖가지 질병 중에서도 유독 인식이 좋지 못했다. 이 병에 대한 뿌리 깊은 편견과 오해로 환자가 불합리한 차별을 받았다. 1940년대에는 감염력이 약해져 유전성이 아니라 약으로 치료할 수 있다는 사실이 알려졌음에도 세계적으로 환자 격리 정책이 이루어지며 한센병 환자들은 시설에 강제로 수용되거나 나환자촌이라고 부르는 특정 마을에 모여 살아야 했다.

일본에서도 1907년 '나병 예방법'이 제정되어 인권을 무시하는 정책이 추진되었다. 환자를 강제 격리했고 자손을 남기지 못하도록 단종 수술이라는 이름으로 불임 수술을 강요했다. 이 미개한 법은 89년 후인 1996년에야 비로소 폐지되었다.[*]

법은 사라졌으나 한센병에 대한 인식은 아직 개선되지 않았다. 2003년에는 구마모토현의 온천 호텔에서 전(前) 한센병 환자 단체의 숙박을 거부하는 사건이 발생했다. 지방자치단체가 고발해 여관업법 위반 혐의로 유죄 판결을 받았다. 당시 한센병 단체가 나서 항의했고 여론의 비난이 집중되며 뿌리 깊은 편견이 여전히 남아 있음을 알려주는 계기가 되었다.

침입자가 들여온 천연두로
허망하게 무너진 아즈텍

지금으로부터 약 1만 4,000년 전에 육지로 연결된 베링 해협

---

[*] 1916년 조선총독부는 소록도에 한센병 환자를 격리하는 자혜병원을 지어 환자를 수용했다. 1930년대 소록도 한센병 환자 수용 시설은 당시 세계에서 두 번째로 규모가 큰 시설로 덩치를 키웠다. 1935년에는 '조선 나병 예방령'을 제정해 환자의 강제 시설 입소를 명문화했다. 수용소에서는 환자를 강제 수용해 노역과 비인간적인 생체 실험에 동원했다. 또 우생학을 들먹이며 환자에게 낙태와 불임 시술을 강요했다. ― 옮긴이

을 건너 인류가 신대륙으로 건너갔을 때 이동한 무리는 기껏해야 수십 명 단위, 많아 봤자 수백 명이었다. 신대륙은 일정 규모 이상의 인구가 없으면 살아남을 수 없는 천연두와 홍역 바이러스와는 무관한 바이러스 청정 대륙이었다.

더욱이 지리적으로 격리된 소규모 마을이 많았고 가축 이용도 제한적이었다. 그래서 유럽에서 유행한 질병에 대한 면역이 없었고 다른 대륙처럼 가축 유래 질병이 사람에게 감염되는 일도 일어나지 않았다.

그러다 15세기 말에 들어서며 어느 날 갑자기 구세계에서 감염병이 침입했고 신대륙 선주민(先住民) 사이에 맹위를 떨치며 사람들을 쓰러뜨렸다. 무방비 상태의 신대륙 선주민 사회는 손도 써보지 못하고 허무할 정도로 급속히 붕괴했다. 콜럼버스가 최초로 상륙한 섬 중 하나인 카리브해의 산토도밍고섬의 사례를 보면 구대륙의 감염병이 얼마나 빨리 신대륙을 함락시켰는지를 알 수 있다.

스페인 정복 초기에 섬 인구는 약 100만 명이었던 것으로 추정된다. 그러나 1519년 스페인인이 들어오며 이 섬에 최초로 천연두가 들어왔고 노예사냥 및 학살과 맞물리면서 이후 40년 사이에 이 섬 인구는 고작 몇백 명밖에 남지 않을 정도로 줄어들었다.

스페인의 정복자는 유럽의 온갖 질병을 신대륙으로 가져왔고 그중에서도 가장 심각한 영향을 미친 질병이 천연두와 홍역이었다. 아즈텍 제국은 영화의 한 장면처럼 극적으로 붕괴했다.

1521년에 아즈텍의 수도 테노치티틀란(Tenochtitlan, 오늘날의 멕시코시티)을 포위한 스페인의 에르난 코르테스는 '정복자'로 역사에 이름을 남겼는데 실제로는 아즈텍군에 격퇴당하기 직전이었다.

그런데 최후의 총공격을 감행해야 할 아즈텍군이 아무리 기다려도 쳐들어올 기미를 보이지 않았다. 전열을 정비한 코르테스는 병사들을 이끌고 수도로 돌진했다. 그의 눈 앞에 펼쳐진 광경은 이미 누군가의 공격에 무너져 파괴된 거리의 모습이었다. 거리에는 천연두로 사망한 시신들이 발 디딜 틈도 없이 빼곡하게 나뒹굴거나 산처럼 쌓여 있었다.

16세기 초에 아즈텍 인구는 약 2,500만 명으로 추정된다. 신항로 개척으로 유럽인이 건너오고 난 후인 1550년에는 600만 명으로 줄었고, 1600년 무렵에는 약 100만 명까지 감소했다. 몇천 년에 걸쳐 고도로 발전한 사회는 결국 허망하게 무너졌다.

신대륙으로 줄줄이 유입된 감염병, 악질적 '세균전'에 이용되다

천연두는 산토도밍고섬에 상륙한 후 네덜란드령 안틸레스를 거쳐 멕시코로 넘어갔고, 아즈텍을 멸망시키자마자 파죽지세로 남미로 밀고 내려갔다. 다시 파나마 지협(地峽)에서 남미로 살육의 전선을 마구 밀어붙이며 확장했다.

1525~1526년에는 잉카 제국으로 침공해 스페인군이 쳐들어갔을 때는 이미 인구 급감으로 잉카 제국의 정치 기반이 붕괴하기 직전이었다.

천연두의 뒤를 이어 1530~1531년에 홍역이, 1545년에는 티푸스가, 1558~1559년에는 인플루엔자, 심지어 유행성 이하선염, 폐렴, 페스트, 말라리아 등 유럽에서 넘어온 감염병이 대유행했다. 이미 천연두로 쇠약해진 사람들에게 이들 질병은 파괴적인 결정타를 날렸다.

1500년 당시 세계 인구는 약 5억 명으로 추산된다. 이중 약 8,000만 명(4,000만 명에서 1억 명까지 다양한 주장이 있다)이 남북 신대륙에서 살았다고 여겨진다. 그러다 콜럼버스가 신대륙에 상륙한 후 불과 50년 만에 100만 명으로 급감했다.

페루의 인디오 인구는 콜럼버스 이전에는 900만 명이었는데 1570년에는 약 130만 명으로 줄어들었다. 600만 명 이상으로 추정되는 브라질의 인디오 역시 질병과 혼혈로 급감해 현재는 45만 명밖에 남지 않았다.

그리고 신대륙과 아프리카 사이의 무역이 시작되며 끌려온 노예와 함께 아프리카에서 들어온 감염병이 신대륙을 덮쳤다. 16~17세기에 말라리아, 1648년에 황열병이 들어왔고 이 두 질병은 신대륙에 뿌리를 내리고 선주민과 유럽에서 온 이주자의 건강을 좀먹었다.

감염병은 초기에는 우연히 들어왔다. 그런데 감염병이 발휘하는 막강한 위력에 깜짝 놀란 서구인은 질병을 의도적으로 이용했다. 농원 조성 등에 걸림돌이 되는 선주민을 제거하기 위해 홍역 환자가 입었던 옷을 선심 쓰듯 인디오에게 주는 등 악질적인 '세균전'을 수행했다.

18세기 캐나다에서는 영국과 프랑스가 선주민을 효율적으로 섬멸시킬 방법으로 홍역 환자의 의복을 사들여 선주민들에게 나누어 주었다는 기록이 남아 있다. 이때 의복을 받은 부족은 현재는 완전히 명맥이 끊어져 흔적조차 남지 않았다.

신대륙에서 구대륙으로 옮겨간 매독, 신대륙 선주민의 복수인가?

지렁이도 밟으면 꿈틀하는 법, 신대륙에서도 가만히 당하고 있지만은 않았다. 앞서 소개한 질병은 구대륙 유럽에서 신대륙으로 완전 일방통행은 아니었다. 1490년대 유럽에서는 매독이 기승을 부렸다. 매독이라는 감염병은 신대륙에서 구대륙 유럽으로 들어온 질병이었다. 매독의 영향을 최초로 널리 인식한 이들은 1494년 이탈리아를 침공한 프랑스군이었다.

이후 매독은 삽시간에 유럽 전역으로 퍼져나갔다. 1498년 바스쿠 다가마가 인도 항로를 발견한 후 아시아로 감염이 확대되었다. 1505년에는 중국과 일본에서도 매독이 확인되었다. 이후 유럽 선원이 태평양 일대에 매독을 퍼뜨렸다.

매독의 기원에 관해서는 유럽 풍토병이었던 딸기종 또는 매종이라고 불렀던 요스(Yaws)라는 열대지방 감염병의 새로운 유형으로 성관계를 통해 전염되도록 변이를 일으켰다는 색다른 주장이 제기되었다. 그러나 유럽에서 최초 기록은 콜럼버스가 신대륙 항해에서 돌아온 이듬해인 1493년에 스페인 바르셀로나에서 환자가 발견되었고 신대륙에서 콜럼버스의 배에 탔던 선원이 고향으로 가지고 돌아온 병이라는 주장이 유력하다.

콜럼버스의 항해에 참가했던 90명의 선원 중 오늘날까지 이름이 알려진 사람은 후안 데 모게르(Juan de Moguer) 정도다. 호색한이었던 그는 카리브해에 도착한 후 오로지 현지 선주민 여성과의 '교류'에만 힘썼다. 1493년에 스페인의 모항으로 돌아오고 나서 그에게 발열과 피부 발진이 나타났다. 차츰 두통과 망상이 심해졌고 2년 후에는 대동맥 파열로 사망했다. 그야말로 구세계에 매독을 최초로 가져온 매독 0호 환자였다.

사스바이러스는 어떻게 세계를 점령했나?

앞으로 어떠한 형태로 새로운 감염병이 우리를 위협할까. 중국이 진원지인 중증급성호흡기증후군(SARS, 사스)의 돌발적 유행으로 예감할 수 있다. 강력한 감염력을 지닌 이 바이러스는 2002년 11월 경제 열풍이 불어닥친 광둥성 선전(深圳)시에서 최초 감염자가 나왔다. 당시 지방에서 수많은 젊은이가 일자리를 찾아 도시로 몰려들었다.

광둥성에는 야생동물 고기, 즉 '여웨이(野味)'를 먹는 습관이 뿌리내리고 있었다. '야생동물 시장'에 가면 뱀, 도마뱀, 원숭이, 물개, 족제비, 쥐, 천산갑 등 온갖 살아 있는 동물과 고기를 팔고 있었다. 돈벌이를 위해 외지로 나와 시장과 야생동물 고기를 공급하는 음식점에서 일하는 청년들에게 야생동물이 옮기는 바이러스가 감염되었다고 추정된다. 발병하면 고열, 기침, 호흡 곤란 등의 증상을 호소했고 시름시름 앓다 쇠약해져 사망했다.

이 무렵 상하이와 홍콩을 거쳐 하와이에 도착한 중국계 미국인 사업가가 원인 불명의 중증호흡기 질환에 걸려 입원했다가 홍콩 병원으로 이송되었으나 사망했다. 이후 그가 최초로 입원한 하와이 병원에서 의사와 직원 수십 명이 같은 증상을 보였고 긴급 이송된 홍콩 병원에서도 치료를 맡았던 의사와 간호사가 발병해 사망자가 속출했다.

한편 홍콩에서도 감염이 확대되고 있었다. 광둥성 광저우시 병원에서 폐렴을 치료하던 중국인 의사가 사스에 감염되었다는 사실을 인지하지 못하고 홍콩으로 출장을 가서 시내 호텔에 투숙했다.

그 의사는 상태가 나빠져 병원으로 이송되었는데, 그가 머물던 객실에는 기침하면서 나온 비말과 가래, 배설물이 여기저기 튀어 있었다. 이 객실을 청소한 호텔 청소부가 같은 도구로 다른 객실을 청소하며 바이러스가 호텔 안으로 퍼져나갔고 해당 호텔에 투숙한 싱가포르인, 캐나다인, 베트남인 등 16명이 2차 감염되었다. 게다가 엎친 데 덮친 격으로, 그들이 바이러스를 가지고 각기 고국으로 돌아가며 바이러스는 국경을 넘어 세계 곳곳으로 감염이 확대되었다.

그 중국인 의사가 입원한 홍콩 병원에서는 순식간에 50명이 넘는 의사와 간호사가 같은 증상으로 쓰러졌고, 병원 기능이 마비되고 말았다. 같은 병원에 입원했던 남성 환자가 남동생이 사는 홍콩 시내 고층 아파트를 방문했다가 그곳에 사는 321명이 감염되었다. 역학조사로 아파트 하수관이 완벽하게 밀폐되지 않아 그 남성의 침방울과 배설물에 포함된 바이러스가 화장실 환기구를 타고 아파트 내부로 퍼져나갔을 가능성이 제기되었다.

병원체는 신종 코로나바이러스로 판명되었고 '사스바이러스'라는 이름이 붙었다. 강력한 병원성과 의료 관계자 감염으로 전 세계에 공포를 안겨주었다. 2003년 3월 12일에 WHO가 최초로 전 세계에 사스 경보를 발령했을 때는 이미 중국 광둥성과 산시성에서 캐나다의 토론토, 싱가포르, 베트남 하노이, 홍콩, 대만에까지 유행이 퍼져나간 뒤였다. 2003년 9월 사태가 진정될 때까지 WHO는 세계 30개국과 지역에서 8,098명의 감염자, 774명의 사망자가 나왔다고 확인했다.

처음에 자연 숙주는 야생동물 시장에서 팔던 흰코사향고양이(학명 : Paguma larvata)로 의심되었는데 나중에 중간 숙주로 밝혀졌고, 코로나바이러스가 분리된 관박쥐(학명 : Rhinolophus ferrumequinum)가 유력한 진원으로 추정되었다. 기존에 알려진 어떤 코로나바이러스와도 유전자 구조가 판이한 신종 바이러스라 학계 관심이 집중되었다.

1999년 뉴욕에 뜬금없이 아프리카 풍토병이 등장한 이유

제트 여객기와 고속철도로 사람과 물자가 빠른 속도로 장거리를 이동할 수 있게 되자, 변두리 지역의 질병이 뜻밖의 장소에 출현하는 사건이 발생했다. 아프리카 풍토병이었던 '웨스트나일열'이 1999년에 뜬금없이 뉴욕에 유행하기 시작한 게 적절한 예다.

1999년 8월, 뉴욕시 중심 퀸스구에서 까마귀 수백 마리가 비틀비틀 걸어 다니더니 쓰러져 죽었다. 까마귀의 떼죽음은 열대병인 웨스트나일열의 시작이었다. 최종적으로 7명이 사망하고 62명이 뇌염으로 진단받았다. 까마귀 이외에도 야생 조류와 말이 폐사했다는 소식이 보고되며 미국 국민을 공포의 도가니에 몰아넣었다.

이후 감염은 폭발적으로 확대되어 2002년에는 39개 주와 수도 워싱턴에서 4,156명의 감염자가 나왔다. 2011년 말까지 미국 전역과 수도로 확대되었고 감염자는 약 3만 7,000명, 사망자는 약 1,550명에 달했다. 웨스트나일열은 미국과 국경을 접한 캐나다와 멕시코로도 번져나갔다.

이 바이러스에 감염되어도 80퍼센트의 사람은 증상이 나타나지 않는다. 나머지 20퍼센트는 갑작스러운 고열과 두통, 근육통, 관절통 등의 증상을 보이고, 140~150명에 한 명 비율로 뇌염과 수막염을 일으켜 사망한다. 65세 이상 고령자 사망률은 50명에 한 명으로 높은 편이다.

웨스트나일열은 원래 아프리카 동부에 돌던 풍토병으로 야생 조류가 보유한 바이러스가 원인이었다. 우간다 북서부의 웨스트 나일(West Nile) 지방에서 1937년에 최초로 환자가 발견되어 지명 을 딴 이름이 붙었다. 이후 유럽, 서아시아, 중동, 오세아니아 등 에서 사람, 조류, 척추동물에게서 바이러스가 발견되고 있다.

1990년대 이후에 집단 감염이 보고되어 미국 이외에는 알제 리, 이스라엘, 캐나다, 콩고민주공화국, 체코, 루마니아, 러시아 등에서 발병이 보고되었다. 일본에서는 2005년 9월에 로스앤젤 레스에서 귀국한 30대 남성 회사원이 일본 최초 웨스트나일열 환자로 보고되었다.*

일본에는 미국 본토에서 매일 약 50편의 정기편이 운항된다. 후생노동성 조사에서는 국제선 기내에서 모기가 포집된 사례도 있다. 한편 농림수산성 통계에서는 매년 세계 각지에서 20만~30 만 마리의 새가 반려동물로 수입되고 있어 언젠가 일본에 이 바 이러스가 나타나도 이상하지 않은 상황이다.

---

* 우리나라에서는 2007년 지정 감염병으로 고시되었고, 2011년 제4군 법정 감염병으로 지 정되었다. 2012년 9월 26일 아프리카 기니에 거주하던 남성이 귀국해 웨스트나일열 사례가 최초로 보고되었다. — 옮긴이

웨스트나일바이러스는 일본 뇌염 등 각종 뇌염을 일으키는 플라비바이러스에 속한다. 조류의 피를 빤 모기가 바이러스를 옮기고, 그 모기에 물리면 인간과 다른 동물이 감염된다. 미국에서 감염이 확인된 조류는 까마귀, 큰어치, 집참새(학명：Passer domesticus) 등 22종 이상에 달한다.

왜 대도시로 바이러스가 침공했는지는 여전히 수수께끼다. 아프리카에서 반려동물로 수입된 조류와 뱀에게서 옮겨왔다는 가설이 조심스럽게 제기되었다. 도시에서는 사람들이 버린 깡통과 빈 병, 폐타이어 등에 고인 물에서 모기가 대량 번식하며 바이러스를 퍼뜨렸다는 주장도 있다. 이렇게 물이 고인 곳은 모기가 발생하기 쉬운 환경이 되기 때문이다.

대도시는 온난화와 더불어 열섬 현상으로 기온이 높아져 모기의 온상이 되고 있다. 미국에서 보고된 초기 환자 발생 시기는 여름인 7월 중순에서 9월 초순에 몰려 있다. 그러다 최근에는 6월과 12월에도 발생하게 되었다.

세계화에 편승한 감염병의 새로운 위협,
이동 수단 발달로 단기간에 전 세계를 장악하다

인간의 사회변화 틈새를 노리고 침입해 오는 병원체는 각기 다른 장소와 시기에 뿌리를 내리고 이후 인간 간의 접촉을 통해 새로운 지역으로 퍼져나간다. 어쩌면 지금도 제2, 제3의 사스와 웨스트나일열이 숨어 들어와 인간에게 침입하려고 어딘가에서 조용히 변이를 되풀이하고 있을 수도 있다.

그런 걱정은 현실이 되었다. 2012년 말부터 2013년 5월에 걸쳐 중동의 사우디아라비아, 카타르, 튀니지 등에서 사스와 유사한 호흡기 질환인 '중동호흡기증후군(MERS, 메르스)'이 발생했다. 영국과 프랑스에서도 중동에서 귀국한 사람과 접촉한 남성이 감염되며 이 신종 호흡기 감염병은 중동을 넘어 유럽으로 들어왔다.

WHO에 따르면 2014년 1월까지 21개국에서 855명의 감염이 확인되었고, 사망자는 333명으로 집계되었다. 사망률은 40퍼센트에 가깝다. 보존 혈액 검사로 적어도 1992년에 이 바이러스가 존재했다는 사실이 판명되었다. 네덜란드 등의 연구팀은 낙타가 감염원이라는 가설을 발표했다.

이동 수단이 도보, 말, 범선, 증기선, 철도, 자동차, 비행기로 발달함에 따라 전에 없던 속도와 규모로 사람과 물자가 이동할 수 있게 되어 사스와 웨스트나일열처럼 세계화에 편승한 병원체도 단기간에 원거리를 이동할 수 있다. 게다가 인류가 도시에서 밀집해 생활하게 되자 감염병 입장에서는 절호의 조건이 갖추어졌다.

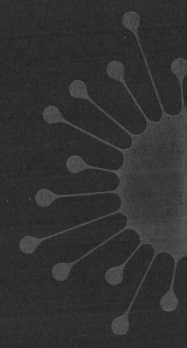

part

3

인류와 공존해온

바이러스와 세균

헬리코박터 파일로리균은
적인가, 아군인가
― 위암의 원인을 둘러싼 논쟁

강한 위산 속에서도 생존하는 헬리코박터균의 정체

숙취든 배탈이든 위장 장애든 누구나 메슥메슥 신물이 올라오는 경험을 한두 번쯤은 겪은 적이 있으리라. 신물은 일본어로 '무시즈(虫酸)'라 쓴다. 옛날 사람들은 뱃속에 '벌레'가 산다고 믿었다. 그래서 어떤 음식이나 일을 앞두었을 때 입맛이 당기거나 즐거운 호기심이 일어나는 상태를 '회가 동하다'와 같이 표현하기도 했다. 맛난 음식을 보고 뱃속에 사는 회충이 어서 먹으라고 요동을 친다는 뜻이다. 신물이란 숙취가 가시지 않아 입안에 위액이 역류할 때 느껴지는 이루 말할 수 없이 불쾌하고 찝찝한 액체로 시금털털한 맛이 난다.

위액의 주성분은 염산이다. 염산은 시큼하다. 공복 상태에서는 pH1~2라는 자동차 배터리 수준의 강력한 산성을 띠는데 식사 후에는 pH4~5로 내려간다. 위액은 단백질·지방·탄수화물의 소화와 흡수를 돕고 동시에 질병의 원인이 되는 세균과 바이러스를 죽여 감염을 예방하는 역할을 한다.

그 누구도 이렇게 강산성 환경에서 살 수 있는 세균은 없다고 믿었다. 그런데 이 혹독한 환경에서 생존하는 세균이 있다. 바로 헬리코박터 파일로리(Helicobacter pylori)균이다. 줄여서 '헬리코박터균'이라고 부르기도 한다. 일본에서 이 균은 최대 감염병으로 '국민병' 지위를 획득했다.*

'헬리코(Helico)'는 우리가 아는 헬리콥터와 같은 어원으로 '나선'이라는 뜻이다. '박터(bacter)'는 세균, '파일로리(pylori)'는 위 출구인 유문을 뜻한다. 두세 번 꼬인 모양으로 4~5줄의 편모를 가지고 있어 이런 이름이 붙었다.

19세기 이후, 위 속에 나선 모양 꼬리가 달린 세균이 발견되었는데 당시에는 우연히 위에 들어와 자리를 잡은 세균이라고 여겨졌다. 이 상식은 웨스턴오스트레일리아대학교 교수였던 로빈 워렌(J. Robin Warren)과 배리 마셜(Barry J. Marshall) 두 연구자에 의해 깨졌다.

---

* 우리나라에서도 2018년 분당 서울대병원 김나영 교수 연구팀이 18년간의 헬리코박터균 감염률 변화에 관한 연구 결과를 발표했다. 한국인 10명 중 4명이 이 균에 감염되었는데, 18년 전과 비교하면 23퍼센트 줄어든 수치라고 한다. — 옮긴이

연구자들은 위 속에서 헬리코박터균을 찾아내 불철주야 연구한 끝에 1982년 배양에 성공했다. 일반적인 세균보다 증식 속도가 훨씬 느려 좀처럼 배양을 확인할 수 없었다. 우연히 부활절 휴가를 받아 배양기를 5일 동안 내버려두었더니 균이 증식하는 천운이 작용했다.

마셜 교수는 배양액을 마시면 위염이 발생하고 항균제를 사용해 균을 제거하면 위염이 낫는다는 사실을 자신의 위장으로 실험해 증명했다. 당시 위염과 위궤양은 스트레스가 원인이라는 게 일반적인 생각이라 이 균의 발견은 그다지 주목받지 못했다. 이후 위암·위궤양·십이지장궤양·만성 위염의 원인이라는 사실이 속속 밝혀졌다. 두 연구자는 이 공로를 인정받아 2005년 노벨 생리학·의학상을 받았다.

요즘은 건강 검진에서 헬리코박터균이 나왔다며 병원에서 치료제를 복용하라는 권고를 받은 사람도 많다.

1995년 고베 일대를 강타한 효고현 남부 지진 직후, 위궤양 환자가 증가해 스트레스가 원인이라는 주장에 다시 힘이 실렸다. 그러나 고베대학교 의학부 부속병원 검사에서는 위궤양에 걸린 사람의 83퍼센트가 헬리코박터균 보유자라는 사실을 밝혀냈다. 헬리코박터균에 감염되지 않은 사람은 지진 후에도 거의 위궤양에 걸리지 않았다.

독일과 미국 연구자에 따르면 지구는 미생물로 가득 차 있고 연간 200만 톤이 넘는 세균과 바이러스, 5,500만 톤의 균류 포자가 안개비처럼 내리고 있다. 미생물은 지표 40킬로미터 상공에서 해수면 아래 10킬로미터 심해저까지 서식하지 않는 곳을 찾기 어려울 정도로 지구 곳곳에 살고 있다.

사실 우리 몸에도 '상재균'이라 부르는 미생물이 공존하고 있다. 상재균 대다수는 인류보다 훨씬 오랜 진화 역사를 자랑한다. 상재균은 이름 그대로 일상적으로 우리 몸에 서식하는 세균이다. 우리 몸 거의 모든 곳에 산다고 볼 수 있다.

특히 피부, 입, 눈, 코, 기도, 요도, 항문, 여성 생식기 등 외부 환경과 접촉하기 쉬운 부분은 항상 세균이 번식하고 있다. 어머니 태중에 있을 때는 무균 상태이나 출산과 동시에 균에 노출되어 그때부터 균이 몸속에서 증식한다. 헬리코박터균은 그 상재균 중 하나다.

'극한 환경 미생물'까지 서식하는 배꼽의 놀라운 생물 다양성

미국 브라운대학교의 수잔 휴즈(Susan Huse) 부교수 연구팀의 분석에 따르면 지금까지 인체에서 발견된 상재균 종류를 부위별로 나누면 혀에서는 7,947종, 목에서는 4,154종, 귀 뒤쪽에서는 2,359종, 대장에는 3만 3,627종, 여성의 생식기 입구에는 2,062종이 발견되었다.

입에서 항문까지 사이의 장관(腸管)에는 소화와 면역을 돕는 대장균과 유산균, 뷰티르산균, 입 냄새를 만들어내는 웰치간균

(Welch bacillus) 등이 대량으로 서식한다. 목에서 폐까지의 기관에는 폐렴구균, 폐렴간균, 피부에는 여드름의 원인이 되는 프로피오니박테리움 아크네스(Cutibacterium acnes)와 비듬의 원인이 되는 말라세지아균(Malassezia), 무좀을 일으키는 백선균 등이 서식한다. 여성 생식기의 주인은 상재균인 칸디나균, 비피더스균(유산균) 등이 대표적이다.

입속에는 100억 개, 피부에는 1조 개 이상의 상재균이 산다고 알려져 있다. 총 상재균 수는 인체를 구성하는 세포 수의 10배 이상, 즉 수백 조 마리에 이른다고 추정한다. 상재균의 총 무게는 1,300그램으로 얼추 뇌와 맞먹는 무게다.

최근 유전자 해독으로 장내 미생물군은 사람 유전자의 100배에 해당하는 330만 유전자를 가지고 있다는 사실이 밝혀졌다. 그 일부가 다양한 형태로 우리와 공존하고 있다고 볼 수 있다.

미국 노스캐롤라이나주립대학교의 응용생태학자인 로버트 던(Robert Dunn) 박사가 이끄는 연구팀은 2011년에 '배꼽 생물 다양성(belly button biodiversity)' 프로젝트를 출범했다. 배꼽에 사는 상재균을 모조리 씻어내 정체를 밝히는 일종의 배꼽 세균 인구 총조사 계획이다. 배꼽은 좀처럼 씻을 일이 없는데 모양 자체가 청결을 유지하기 어렵다. 또 배꼽 때를 억지로 벗겨내거나 박박 닦으면 안 된다고 배운 사람이 많다.

배꼽 때는 피부의 세포, 솜털, 먼지, 세균 등이 피부의 지방과 땀 성분으로 뭉쳐지며 생긴다. 세균에게는 최고의 서식 공간이다. 실험에 참여한 60명의 자원봉사자에게서 나온 배꼽 때를 배양했더니 총 2,368종의 세균이 발견되었고, 그중 1,458종이 신종 세균일 가능성이 제기되었다.

배꼽 청소를 한 기억이 없는 사람에게서는 극지 빙하와 심해저 열수 분출공(뜨거운 물과 가스가 지하로부터 솟아나오는 굴뚝형 구멍) 등에 사는 '극한 환경 미생물'이 두 종류나 발견되었다. 기존에 일본의 토양에서만 발견된 세균도 나왔다고 하는데, 이 배꼽 때의 '주인'은 일본에 가본 적도 없었다는 깜짝 놀랄 소식이 전해졌다.

대장에서는 멀쩡하던 세균이 방광으로 옮겨가면 방광염을 일으킨다?

상재균은 우리 몸속에서 서로 배제하거나 공생하며 일정한 조화를 이뤄 공존·공영한다. 동물은 상재균과 긴밀한 관계를 구축한다. 특히 100조 마리나 되는 세균이 사는 장내 환경을 멋지게 발달한 식물 생태계에 비유해 '장내 플로라(Flora, 꽃밭)'라 부른다. 대변의 약 절반이 장내 세균 혹은 세균 사체로 이루어질 정도로 양도 많다.

우리는 대장균 없이는 살 수 없다. 다당류와 전분질의 분해를 돕고 지방 축적에 관여하는 비타민과 호르몬을 생성한다. 또 면역계 발달에도 빼놓을 수 없는 약방의 감초 같은 존재로 유해 세균 번식을 방지하는 역할도 맡고 있다.

요구르트 광고에 자주 나와 우리 귀에 익은 '비피더스균'이 좋은 예다. 비피더스균은 소화를 돕고 새로 침입하는 균을 침입자로 간주하고 퇴치해 유해균으로부터 우리 몸을 지켜준다. 실험 쥐를 이용한 실험에서 특정 비피더스균이 당을 분해할 때 초산을 만들고, 이 초산이 대장 점막을 지키는 결과를 확인했다.

건강한 사람의 장내 세균을 장 질환이 있는 사람에게 이식하는 '변 미생물 이식'과 장내 세균으로 만든 치료제 개발이 세계 각지에서 진행되고 있다. 궤양성 대장염, 과민성 대장 증후군 등 악성 장염 치료에 일정한 효과를 내고 있다는 반가운 소식이다.

사람과 상재균이 언제나 평화롭게 공존하는 건 아니다. 이들 상재균이 본래 살던 곳에 살고 우리 몸이 건강하면 해를 끼치지 않는다. 그러나 장내에서는 아무 말썽을 부리지 않고 멀쩡하던 균이 방광으로 들어가면 방광염을 일으킨다. 즉 장관에서 사는 동안에는 이물질로 인식되지 않던 균이 장소를 옮기는 순간 고삐 풀린 망아지처럼 날뛰는 기묘한 원리가 작동하고 있는 것이다.

또 길들지 않은 낯선 '야생균'이 들어오거나 인체가 면역력이 떨어져 무방비한 상태일 때는 느닷없이 이빨을 드러내고 주인을 공격한다. 멀쩡하던 세균이 갑자기 흉포해지는 상황을 '기회주의균'이라 부른다(①장 참조).

면역력이 약해진 고령자가 인플루엔자에 걸리면 기도에 있던 세균이 폐렴을 일으키거나, 항암제나 항생제를 장기간 투여한 환자에게서는 상재균이 증식하는 경우가 종종 있다. 에이즈 특유의 주폐포자충 폐렴(Pneumocystis pneumonia)도 건강하다면 해가 없는 상재균의 소행이다.

일본인 다섯 명 중 한 명 이상이 걸리는 '아토피성 피부염'의 원인을 두고 이설이 분분한데, 피부 상재균인 말라세시아균(Malassezia)의 일종이 만들어낸 단백질이 관여한다는 주장이 있다. 또 항생물질이 유익한 상재균을 죽여 갑자기 살이 찐다는 사실이 실험으로도 확인되었다. 과거 반세기에 미국의 비만 인구가 세 배로 늘었다. 이는 지방과 탄수화물 과잉 섭취 이외에도 항생물질과 관련 있다고 주장하는 연구자도 있다.

최근 재미있는 사실이 밝혀졌다. 미국 오클라호마대학교의 세실 루이스(Cecil Lewis) 교수가 이끄는 연구팀이 칠레 사막에서 발굴된 미라 장내 세균을 분석해 800~1,400년 전의 상재균은 현재 아프리카 농촌 지역 사람들과 흡사하고, 도시에 사는 현대인과는 크게 다르다는 사실을 밝혀냈다. 옛날에는 누구나 비슷비슷한 상재균을 가지고 살았는데 약물 복용과 식생활로 상재균의 양상에 변화가 나타났음을 말해주는 연구 결과다.

헬리코박터 파일로리균 감염자가 위암에 걸릴 확률은 무균자의 다섯 배

헬리코박터 파일로리균의 크기는 1밀리미터의 250분의 1 정도. 장내 산성도가 약해졌을 때 위점막 세포 표층에서 아미노산과 펩타이드를 영양원으로 삼아 증식한다. 위 내부가 강한 산성인 상태에서는 유레이스(Urease)라는 효소를 만들어내고, 위 점액 속의 요소를 암모니아와 이산화탄소로 분해한다. 이 암모니아로 위산을 중화해 '안전한' 환경을 유지해 위 속에서 생존할 수 있다.

예전에는 헬리코박터 파일로균에 대다수 사람이 감염되어 있었던 모양이다. 지금도 세계 인구의 절반이 보균자로 추정된다. 50세 이상에서는 70퍼센트가 감염되어 있고, 젊은 층에서는 20~30퍼센트 정도다.

이 정도로 많은 사람이 감염되어 있는데도 위궤양 등의 질병에 걸리는 사람은 그리 많지 않다. 발병하는 사람은 감염자 25~50명 중에서 한 명 정도로 알려져 있다. 반대로 위암 환자의 98퍼센트에서 균이 발견되었다. 일본 국립암센터 연구에서는 헬리코박터 파일로리균 감염자가 위암에 걸릴 확률은 무균자의 다섯 배나 높다고 발표했다.

헬리코박터 파일로리균은 경구 감염된다. 쉽게 말해 배설물에 섞인 균이 입으로 들어가 감염을 일으킨다. 어머니가 아기에게 입김을 호호 불어 음식을 식혀주거나 같은 수저로 간을 보거나 먹여주는 과정에서 주로 감염된다는 주장도 있다. 최근 연구에서는 면역력이 덜 발달해 위액의 산성도가 약한 아기부터 10세 정도까지 감염되고 성인이 되고 나서 감염되는 사람은 드물다는 사실이 알려졌다.

감염률은 수세식 화장실 보급률 등 위생 상태와 관계가 깊다. 개발도상국에서는 90퍼센트 이상이 감염되어 있는데, 선진국 지역에서는 10~20퍼센트 수준이다. 일본 중장년층 감염률이 높은 건 어린 시절 위생 상태가 열악했기 때문이라고 짐작할 수 있다. 젊은 세대 감염률이 낮은 건 그만큼 환경이 개선되었다는 증거다.

서구에서도 20세기 전반에는 대부분 헬리코박터 파일로리균을 가지고 있었다. 최근 조사에 따르면 미국, 스웨덴, 독일 등에서는 이 균을 가진 아동의 비율이 6퍼센트 이하까지 내려갔다. 이는 중이염과 호흡기 관련 질환으로 유아기나 아동기에 항생제를 투여할 기회가 늘어나며 균이 사멸했기 때문이라고 볼 수 있다.

서구보다 아시아에 위암 발생률이 높은 이유는 균의 남북문제 때문

신기하게도 유럽과 아메리카 대륙 각국에서는 일본과 마찬가지로 헬리코박터 파일로리균에 감염된 사람이 많은데 위암에 걸린 사람은 적다. 같은 동아시아에서도 남쪽으로 갈수록 위암 발병률이 낮아진다. WHO의 2008년 통계를 참고하면 세계 위암 발생률은 인구 10만 명당 14.1명이고, 동아시아는 30.0명이나 된다. 유럽은 10.3명, 북미는 4.2명으로 동아시아가 압도적으로 높다.

낮은 성적표를 받은 국가를 살펴보면 ① 한국 41.4명, ② 몽골 34.0명, ③ 일본 31.1명, ④ 중국 29.0명, ⑤ 과테말라 28.6명으로 위암은 동아시아에 집중되어 있다.

오이타대학교 의학부 후지오카 도시오(藤岡利生) 교수 연구팀에 따르면 서구와 아시아 각국의 헬리코박터 파일로리균은 유전자형이 다르다. 또 아시아 각국 민족에 따라서도 균 유전자형이 일치하지 않는다는 사실을 규명했다. 이 차이가 위암 발생률 차이에 영향을 미칠 가능성이 크다는 가설을 내놓았다.

동아시아인들의 위에 사는 헬리코박터 파일로리균의 90퍼센트 이상은 위 점막에 염증을 유발해 위암을 일으키는 유전자를 가지고 있다. 반면 서구의 헬리코박터 파일로리균은 위염 등을 일으키는 유전자 보유율이 약 30~40퍼센트 수준으로 저조하다.

헬리코박터 파일로리균은 위벽 세포를 공격해 그 충격으로 위가 위축되어 위암으로 발전할 수 있다. 거기에 다른 위험인자가 더해지며 위암 발생률이 증대된다. 헬리코박터 파일로리균 '보균 흡연자'는 '무균 비흡연자'와 비교하면 11배, '보균 비흡연자'와 비교해도 1.6배나 위암에 걸릴 확률이 높아진다. 마찬가지로 '보균자로 혈당이 높은 사람'은 '무균자로 정상 혈당인 사람'의 4배, '보균자로 정상 혈당인 사람'의 2.2배나 위암 발생률이 증가했다.

헬리코박터 파일로리균 분자시계를 보면
인류 이동의 발자취를 알 수 있다

민족에 따라 다른 헬리코박터 파일로리균 유전자 변이로 인류가 걸어온 발자취를 추측할 수 있다.

생물은 자신의 DNA를 복제해 자손에게 물려주는 과정에서 복제 오류로 돌연변이가 발생하고 그 변이가 축적되며 진화했다. DNA는 말하자면 '진화 과정을 담은 화석'으로 볼 수 있다. 유전자 변이가 특정 시간대에 일정한 비율로 일어난다면 이 변이 횟수를 보고 같은 조상을 가진 생물종이 언제쯤 갈라져 나왔는지를 추정할 수 있다. 이를 전문 용어로 '분자시계(molecular clock)'라 부른다.

생물의 종류에 따라서도 유전자 변화 속도가 다르다. 예를 들어 어느 유전자가 10만 년에 한 개 비율로 변화가 일어났다고 치고, 두 가지 종류의 유전자에 50개의 차이가 있다면 500만 년 전에 분기했다고 볼 수 있다. 이 분자시계를 이용하면 인류는 487만 년(±23만 년) 전에 침팬지와 공통의 조상에서 갈라져 나왔다고 추정할 수 있다.

세균은 어마어마하게 빠른 속도로 증식한다. 유전자 변이에 걸리는 시간이 사람에 비해 훨씬 빨라 진화의 발자취를 쉽게 확인할 수 있다. 영국 케임브리지대학교와 독일의 막스플랑크연구소 공동 연구팀은 다양한 인종과 민족에게서 채취한 헬리코박터 파일로리균 유전자를 비교하고 이 분자시계를 활용해 진화 과정을 시뮬레이션했다.

이 연구로 미국인의 헬리코박터 파일로리균 다양성은 동아프리카에서 거리가 멀어질수록 감소한다는 사실을 알게 되었다. 즉 분기한 연대가 차츰 새로워졌다. 연구팀은 헬리코박터 파일로리균의 조상은 인류의 위에 숨어 아프리카를 여행하다 중앙아시아와 유럽, 동아시아를 거쳐 북미, 남미로 퍼져나갔다는 가설을 발표했다.

이 이동 과정에서 헬리코박터 파일로리균도 다양한 유전자 변이를 일으켰고 현재는 7종의 계통으로 갈라졌다.

① 유럽형(유럽, 중동, 인도 등)
② 북동 아프리카형
③ 아프리카 1형(서아프키라 등)
④ 아프리카 2형(남부 아프리카)
⑤ 아시아형(북부 인도, 방글라데시, 태국, 말레이시아 일부 등)
⑥ 사훌(Sahul)형(오스트레일리아 선주민, 파푸아뉴기니)
⑦ 동아시아형(중국, 한국, 일본, 대만 선주민, 남태평양, 미국 선주민 등)

북미에는 온갖 계통이 뒤섞여 나타난다. 세계 각지에서 이민과 노예무역 등으로 다양한 민족과 인종이 유입되었음을 반영하는 결과다.

또 오이타대학교 의학부의 야마오카 요시오(山岡吉生) 교수는 여러 민족의 헬리코박터 파일로리균을 분석해 이 균으로 인류의 장대한 이동 경로를 그려냈다. 아프리카를 나와 5만 8,000년 전 무렵부터 퍼진 균은 3만 년 전에는 아시아에 이르렀다. 거기서 약 5,000년 전에 동남아시아와 태평양으로 판세를 확장했다.

또 다른 경로는 아시아에서 당시 육지로 이어져 있던 베링 해협을 건너 북미에서 남미로 남하한 경우다. 아프리카인과 일본인은 헬리코박터 파일로리균 유전자 배열이 50퍼센트나 다르다.

반면 일본인과 북미 선주민은 매우 흡사하다는 사실을 알아냈다.

헬리코박터 파일로리균의 변이와 인류의 이동은 여태까지 인류학이 밝혀낸 인류 이동 연대와 언어학이 규명한 다른 언어의 분기 연대 등의 연구 성과와 잘 맞아떨어진다.

유럽과 아프리카형 헬리코박터 파일로리균은 동아시아형과 비교하면 병원성이 낮다. 병원체는 기생한 숙주와 함께 진화하는 과정에서 점차 병원성이 약해지고 숙주와 공존하는 길에 이르는 게 일반적이다. 그런데 헬리코박터 파일로리균은 인류의 이동과 더불어 병원성이 강해졌다. 원래 아프리카와 유럽보다 분기 연대가 오래지 않은 동아시아에서는 병원성이 약해져야 한다. 그런데 왜 병원성이 강해졌는지는 아직 규명되지 않았다. 추가 연구를 통해 수수께끼가 밝혀지기를 기다리고 있다.

세균과 감염병이 알레르기를 억제한다는 '옛 친구 가설'

나는 일흔 살이 넘었다. 나이로 보면 헬리코박터 파일로리균 감염률이 높은 나이대지만, 건강 검진에서도 전혀 균이 발견되지 않았다. 그런데도 위산이 역류하는 식도염과 십이지장궤양으로 고생깨나 했다. 헬리코박터 파일로리균을 '기르면' 균들이 과도한 위산을 중화해 위산 역류를 방지해줄 수도 있다. 균이 없는 사람은 없는 대로 힘들다.

뉴욕대학교의 마틴 블레이저(Martin J. Blaser) 교수가 이끄는 연구팀은 이렇게 오랫동안 사람에게 기생한 균은 모종의 존재 의의가 있다는 가설을 세웠다. 본래 헬리코박터 파일로리균은 누구에게나 있는 상재균이었다. 선진국 지역에서는 청결한 환경에서 자라며 어린 시절부터 항생제에 내성이 생겨 이 균이 줄어들었다.

어린 시절 세균과 기생충에 감염되는 비위생적인 환경에서 자라면 이후 알레르기에 잘 걸리지 않는다는 경험론에 바탕을 둔 주장이 있다. 오스트리아 잘츠부르크대학교의 J. 리들러(J. Riedler) 교수가 내놓은 주장이다. 연구팀은 10년 이상에 걸쳐 농가와 비농가 아동의 알레르기 발병률을 비교 조사했다.

농가에서 자란 아동은 비농가 아동에 비해 꽃가루 알레르기 발병률은 3분의 1, 천식은 4분의 1밖에 되지 않았다. 생활환경, 식사 등을 조사했으나 큰 차이는 없었다. 비농가 아동도 가축과 접할 기회가 많아지면 알레르기가 줄어든다는 사실이 판명되었다. 이 연구로 축사처럼 세균과 접촉할 기회가 많아지면 알레르기 발병률이 낮아진다는 결론을 얻었다.

미국의 조사에서도 반려동물과 접촉할 기회가 많은 아동은 반려동물을 기르지 않는 가정에서 자란 아동보다 알레르기 발병률이 낮다는 사실이 확인되었다. 다만 반려동물이 알레르기를 악화시킨다고 반박하는 의사도 있다.

다른 조사에서도 감염을 경험한 어린이에게 알레르기가 드물게 일어난다는 사실이 역학조사로 지적되었고, 이는 '위생 가설(hygiene hypothesis)' 또는 '옛친구 가설(old friends hypothesis, 위생적인 환경에서는 알레르기를 막아줄 친구가 없다는 의미)' 등으로 부르며

1990년대 말부터 학계에서 논쟁의 대상이 되었다. 회의적인 의견도 있으나 최근 이 가설을 지지하는 견해가 늘어나고 있다.

면역을 담당하는 세포인 헬퍼 티 세포(helper T cell)에는 Th1과 Th2가 있고, Th1은 세포성 면역(cell-mediated immunity = 세포 매개 면역), Th2는 체액성 면역(humoral immunity)에 관여한다. 체액성 면역이란 항체 등이 혈청 속에 녹아서 존재하기 때문에 생긴 이름이다.

출생 직후에는 Th2가 우위를 차지하고, 세균 등에 감염되어 Th1으로 분화해 이 두 가지는 균형을 유지하게 된다. 이 균형으로 알레르기를 방지한다. 그러나 감염이 일어나지 않고 성장하면 Th2가 계속 우위를 유지해 알레르기 발병률이 높아진다는 이론이다.

마틴 블레이저 교수는 소아 천식과 헬리코박터 파일로리균의 관계를 조사해 이 균에 감염된 사람은 천식에 잘 걸리지 않고, 헬리코박터 파일로리균이 다른 알레르기를 억제한다는 증거도 찾아냈다. 이 현상은 소아기에만 나타나며 성인에게서는 관찰되지 않았다. 특히 소아기에는 헬리코박터 파일로리균이 알레르기를 억제하는 이점이 크다고 블레이저 교수는 주장했다.

평균수명 증가와 위생적인 환경이
세균과의 공생관계를 변화시킨다

애니메이션 〈호빵맨〉에서 세균맨은 말썽을 부리는 못된 존재로 묘사된다. 이처럼 '세균은 나쁘다'는 인식이 일종의 상식처럼 여겨진다. 특히 요즘에는 위생 교육이 강화되어 항균 제품에 둘러싸여 산다고 해도 과언이 아니어서 손에 닿는 모든 물건을 살균하고 손 씻기를 권장한다.

인류와 공존해온 헬리코박터 파일로리균은 위암 발병 위험이 있어도 평균수명이 50세도 넘지 못하던 시대에는 큰 문제가 되지 않았다. 그런데 평균수명이 길어지고 지나치게 위생적인 환경에서 살게 되자 세균과의 공생관계에 변화의 조짐이 나타나기 시작했다.

20세기 초반 일본인의 3대 사망 원인은 '폐렴'·'위장염'·'결핵'이라는 감염병이었다. 그런데 20세기 후반 이후 영양 상태와 위생 환경이 획기적으로 개선되고, 치료와 의료 제도 진보로 감염병이 급격히 줄어들자 사망 원인 상위는 '암'과 '성인병'이 차지하게 되었다. 또 감염병 퇴치와 반비례하듯 알레르기 질환이 급증했다.

후생노동성의 「알레르기질환대책 보고서」(2011년)에 따르면 꽃가루 알레르기를 포함한 알레르기성 폐렴은 일본 국민의 47퍼센트 이상이고 아토피성 피부염은 약 10퍼센트에 달했다. 인구 두 명 중 한 명은 알레르기 환자로 알레르기는 이제 일본의 국민병이 되었다. 세계적으로도 알레르기는 증가 추세다. WHO는 인류의 30퍼센트가 알레르기를 가지고 있다고 「알레르기 백서」에서 지적했다.

역설적으로 감염병에 잘 걸리지 않게 되자 이번에는 알레르기에 시달리게 되었다. 감염병과 알레르기는 시소처럼 오르락내리

락하는 관계였던 셈이다.

헬리코박터균에 감염되어 위암으로 사망한 유명인들

나폴레옹(1769~1821년)의 초상화를 살펴보면 오른손을 윗옷 주머니에 넣고 있는 자세가 많다. 이를 두고 예전부터 이견이 분분했다.

"만성적인 위궤양으로 속이 불편해 위 언저리에 손을 얹고 있는 습관이 생겼다." "복부에 피부병이 생겨 가려워서 긁으려고 옷 속에 손을 넣고 있다."

"손이 기형이라 숨기려고 손을 주머니에 넣었다." "회중시계 태엽을 감고 있다." "다 틀렸다. 당시 초상화의 대표적인 포즈일 뿐이다."

이런저런 주장이 난무하며 갑론을박 논쟁이 벌어졌다.

나폴레옹의 사망 원인을 둘러싸고도 온갖 설이 난무했다. 특히 '비소 중독설'은 우여곡절을 거쳐 지금까지도 해묵은 논쟁거리로 학계와 호사가들의 입방아에 오르내리고 있다. 당시에는 시신의 머리카락을 보존하기 위해 비소를 사용했기에 독살 근거로는 근거가 부족하다. 프랑스 정부는 줄곧 '위암설'을 지지했다. 나폴레옹의 고질병이 위궤양이었다는 측근의 증언을 다수 확보해 위암설을 뒷받침하는 증거로 제시했다. 실제 사후 부검에서 위에 천공이 확인되었다.

미국 텍사스대학교 의학부의 로버트 M. 젠타(Robert M. Genta) 교수를 중심으로 한 암 전문 연구팀은 최근 연구를 통해 나폴레옹의 사망 원인이 산발형 진행성 위암이라는 결론을 발표했다. 사망 두 달 전에 몸무게가 10~15킬로그램이나 빠졌고 안색이 나빠졌으며 수시로 복통을 호소하고 피를 토했다는 기록을 참고했다. 헬리코박터 파일로리균 감염이 위궤양을 일으켰고 암으로 진행했다고 생각하는 게 자연스럽다.

『나는 고양이로소이다』 등의 소설로 유명한 나쓰메 소세키(夏目漱石, 1867~1916년)는 영국 런던 유학 시절인 서른 살 무렵부터 고질적인 위장 장애로 고생했다. 마흔 살 무렵에 잡지 연재를 완결한 『나는 고양이로소이다』에는 주인공 구샤미 선생(吾輩)이 위가 약해 안색이 나쁘고 그 탓에 과식한 후에는 다카디아스타제라는 소화제를 복용했다는 구절이 나온다.

본인도 마흔세 살 무렵부터 위궤양에 걸려 나가요위장 병원에 입원과 퇴원을 반복했다. 헬리코박터 파일로리균이 원인으로 추정된다. 당시 치료법은 따뜻하게 데운 곤약으로 배를 따뜻하게 하는 정도였다. 그는 집필 활동을 계속했으나 미완인 『명암』 집필 도중에 대량 출혈을 일으켜 마흔아홉 살의 젊은 나이에 돌아올 수 없는 사람이 되었다. 사후 그의 위와 뇌는 도쿄 의학부에 기증되었다.*

---

* 우리나라에서는 「빼앗긴 들에도 봄은 오는가」 등의 시로 유명한 시인이자 독립운동가인 이상화가 1943년 마흔세 살의 나이에 위암으로 영면에 들었다. ― 옮긴이

기생충이 사람을 조종한다?
─ 고양이 기생충 톡소포자충의 대범한 전략

만약 고양이에게 기생충이 옮았다면

고양이 기생충인 '톡소포자충(Toxoplasma gondii)'에 감염된 사람에게 생길 수 있는 이상 증상은 다음과 같다.

· 교통사고를 당할 확률이 높아질 수 있다.
· 이성에게 갑자기 인기를 끌 수 있다.
· 범죄의 길에 빠질 수 있다.
· 갑작스러운 자살 충동에 시달릴 수 있다.

이 원충에 감염되면 뇌를 점령한 원충에 의해 조종당할 수 있다는 사실이 밝혀졌다. 만물의 영장이라 일컬어지는 인간이 고작 1,000만 분의 몇 밀리미터밖에 안 되는 미미한 기생충에게 인격까지 조종당할 수 있다니 공상과학 영화나 소설에나 나올법한 섬뜩한 이야기다. 다만 이 기생충에 영향을 받는 사람이 많지 않다고 하니 크게 걱정할 필요는 없다.

톡소포자충은 원래 고양이가 숙주인데 인간에게도 감염되는 '동물 유래 감염병'이다. 이 기생충의 기묘한 행동 양식을 최초로 발견한 연구자는 체코 카렐대학교의 진화생물학자인 야로슬라프 플레그르(Jaroslav Flegr) 교수다.

1990년에 자신이 톡소포자충에 감염된 사실을 알게 된 것이 연구 계기였다. 그는 기생충에 감염된 직후부터 자신의 행동이 달라졌다는 사실을 깨달았다. 부주의한 행동이 늘어나고 반응 시간이 느려졌으며 자동차가 다가오며 비키라고 미친 듯이 경적을 울리는데도 찻길로 뛰어들고 싶은 충동을 느꼈다. 이 불가사의한 행동이 원충 감염에서 비롯되었다는 생각이 뇌리를 스치고 지나갔다.

플레그르 교수는 원충 감염으로 인간의 행동이 달라진다는 대담한 가설을 발표했다. 학계에서 거센 반발이 일었다. 동료 연구자들은 코웃음 치며 'UFO 목격담'이나 다름없는 괴짜 같은 주장으로 치부했다. 학회지에 논문을 보내도 상대해주지 않았으며 제대로 된 과학자 대접을 해주지 않아 서러움을 겪어야 했다.

지금은 여러 나라의 많은 연구자가 이 가설을 지지한다. 관련 논문도 여러 편 발표되었다. 행동생물학 분야의 대가인 스탠퍼드대학교의 로버트 사폴스키(Robert Sapolsky) 교수도 이 가설의 강력한 지지자다.

톡소포자충은 동물에 기생하는 단세포 미생물, 원충의 일종이다. 1908년에 프랑스의 파스퇴르 연구소 과학자들이 햄스터의 몸에서 발견했다. 사람에게서는 1938년 뉴욕시 병원에서 사망한 신생아 부검에서 발견되었다. 1950년대에는 익히지 않은 날고기에서 감염된다는 사실이 밝혀졌다.

미국 메릴랜드주 동물기생충연구소의 벤저민 로젠탈(Benjamin Rosenthal) 박사가 이끄는 연구팀이 세계 곳곳에서 모은 46개 계통의 톡소포자충 유전자를 분석해 진화 계통수를 완성했다. 연구에 따르면 공통 선조는 약 1,000만 년 전으로 거슬러 올라간다. 이 공통 선조에서 '남미형', '북미형' 등 네 개의 계통으로 분화했고, 다시 약 100만 년 전에 11개 계통으로 그리고 현재의 46개 계통으로 갈라졌다는 주장이다.

고양이를 두려워하지 않는 쥐의 비밀은?

먼저 이 가설의 얼개를 살펴보자.

톡소포자충 친척뻘로는 모기가 매개인 말라리아 원충, 여성의 음부에 염증을 일으키는 트리코모나스(Trichomonas), 수돗물을 오염시켜 식중독의 원인이 되는 클로스트리디움 디피실(Clostridium difficile) 등이 알려져 있다. 톡소포자충은 고양잇과 동물 이외에도 사람, 돼지, 양, 염소, 쥐, 닭 등 200종 이상의 동물에게 기생한다는 사실이 밝혀졌다.

건강한 쥐는 고양이의 소변 냄새에 민감하게 반응해 고양이가 출몰하는 장소는 피해 다니는 행동 습성을 보인다. 천적인 고양이에게 잡아먹히지 않도록 피하는 회피행동이 몸에 배어 있다.

그런데 고양이 배설물 등을 섭취해 톡소포자충에 감염된 쥐는 행동에 변화가 나타난다. 고양이 소변 냄새에 끌려 냄새가 나는 곳 주변을 배회하며 고양이에게 '날 잡아 잡수'라는 듯 기이한 행동을 보인다. 쥐가 잡아먹히면 원충은 고양이 몸속에서 번식 장소를 확보할 수 있다. 즉 원충은 번식을 위해 쥐를 조종한 셈이다.

그런데 어째서 쥐의 행동이 눈에 띄게 달라지는지는 오랫동안 도무지 풀리지 않는 수수께끼로 남아 있었다. 2009년에 스웨덴의 연구팀이 수수께끼를 풀 열쇠를 찾아냈다. 톡소포자충 DNA를 해독해 도파민 합성에 관여하는 유전자가 포함되었다는 사실을 규명한 것이다.

체내에 기생한 원충은 백혈구를 탈취해 슬금슬금 뇌로 침투하고 도파민 분비를 촉진한다. 이는 고양이와 인간의 공포감과 불안감을 둔하게 만드는 신경 전달 물질이다. 톡소포자충이 기생한 쥐는 도파민의 작용으로 고양이를 두려워하지 않게 된다. 실제로 쥐에게 도파민 분비를 촉진하는 약을 투여했더니 배회 행동을 보였다는 실험 결과가 있다.

톡소포자충의 주요 감염 경로

톡소포자충은 고양이 장내에서 번식해 알과 같은 시스트 형태로 배설물과 함께 배출된다. 오염된 토양과 물 등을 매개로 해서 다른 동물이 감염되면 이번에는 새로운 숙주 몸속에서 번식하기 시작한다.

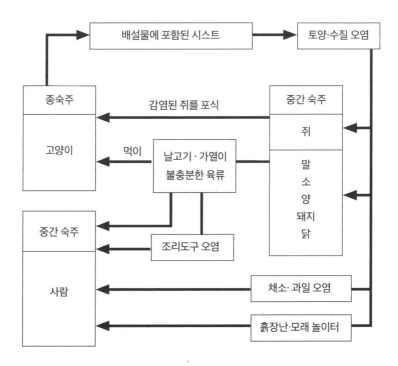

임부가 감염되면 유산이나 태아 이상 일으키기도

톡소포자충 인체 감염은 시스트(cyst, 세포막으로 둘러싸인 휴면 중인 원충)에 오염된 고기나 고양이 배설물을 통한 경구 감염이 일반적이다. 쥐를 잡거나 날고기를 먹는 고양이에게 옮는 경우가 많다. 다만 실내에서 시판 고양이 모래를 사용하고 고양이 전용 사료만 먹고 자란 고양이가 감염되는 경우는 거의 없다.

건강한 성인은 감염되어도 증상이 없거나 가벼운 감기 같은 증상이 나타난다. 그러나 임부가 감염되면 유산과 태아 이상 등을 일으키는 경우도 드물게 나타난다. 원인을 찾아내기 어려워 실제로는 통계보다 더 많은 사람이 감염되고 있다고 추정할 수 있다. 감염 여부는 혈액 검사로 알 수 있다.

미국 CDC는 임부의 경우 정원 흙과 모래 놀이터 모래 등에서 고양이 배설물에 접촉하지 않도록 조심하고 덜 익힌 스테이크나 생햄 등 충분히 가열하지 않은 고기 섭취는 삼가라고 주의를 촉구했다.

영미 위생 당국은 조사를 통해 공원 모래 놀이터의 가로세로 30센티미터 규모에서 100만 개가 넘는 시스트가 발견되는 경우도 드물지 않았다고 발표하며 야간에는 모래 놀이터에 덮개를 씌워 고양이가 접근하지 못하도록 안전시설을 설치해야 한다고 조언했다.

고기는 20℃ 이하로 냉동하거나 66℃ 이상으로 가열하면 감염력이 사라진다. 급성일 때는 약물치료를 시행하고 만성적 감염에 대한 치료는 아직 확립되지 않았다.

톡소포자충에 감염되면 이성에게 인기를 끈다?

도파민은 뇌에서 분비되는 신경 전달 물질의 하나로 우리 몸에서 매우 중요한 역할을 맡고 있다. '뇌 속 마약'이라는 별명처럼 사람이 쾌감을 느끼거나 감동했을 때 뇌에서 분비된다. 스포츠 경기를 관전하다 짜릿한 흥분을 느끼거나 좋아하는 음악을 들었을 때 뇌에서 도파민이 분비된다는 사실이 실험으로 증명되었다.

최근 도파민은 '자기 계발 서적'에서 인기 있는 주제다. 도파민의 역할은 흥분 작용 외에도 어떤 행동을 할 때 동기부여제로 작용한다는 사실이 밝혀졌기 때문이다. 사람은 무의식적으로 행동하는데 각각의 상황에서 어떤 행동이 필요한지 순간적으로 판단해서 움직인다. 이때 뇌에서 도파민이 분비된다.

도파민이 분비되면 식욕과 성욕이 솟아나며 의욕이 생기고 활기차게 생활할 수 있다. 그러나 평소에 분비량이 많은 사람은 싫증을 잘 내고 새로운 자극을 찾아 모험과 탐험을 즐기거나 전직과 이사를 자주 하며 애인과 자동차를 수시로 갈아치우고 스릴을 추구하는 유형이다.

체코 카렐대학교 연구팀은 체코·영국·미국의 남녀 394명을 대상으로 톡소포자충에 감염된 사람의 성격 변화를 조사했다.

감염된 여성은 사교적이고 남을 돌보기 좋아하며 용모에 신경을 쓰게 되었다. 덕분에 예전보다 사람들에게 호감을 주어 인기인으로 거듭났고 남자관계도 활발해졌다. 남성은 남성호르몬의 일종인 테스토스테론 분비량이 늘어났다. 이 호르몬이 왕성하게 분비되는 남성은 여성에게 인기가 있다고 알려져 있다.

도파민은 우리의 감정 중에서도 특히 애정과 밀접한 관계가 있다. 사랑하면 도파민이 분비되어 뇌가 쾌감을 느끼고 그 흥분이 자율신경을 통해 온몸에 전달된다. 그러면 심장 박동이 빨라져 가슴이 두근거리고 볼이 붉게 달아오르고 눈이 초롱초롱 빛나는 등 연애하는 사람 특유의 증상이 나타난다.

한편 남성은 도파민이 과도하게 분비되면 독단적이고 반사회적인 성격이 돌출되고 의심이나 질투심이 많아진다. 또 범죄와 규칙 위반, 위험 행동 등에도 양심의 가책을 그다지 느끼지 않게 되는 경향이 뚜렷해진다고 알려져 있다.

교통사고와 자살률까지 높이는 톡소포자충

톡소포자충에 감염되면 반사신경이 둔해지는 동시에 위험을 겁내지 않게 되어 감염자는 교통사고를 당할 위험이 2.6배나 높아진다는 조사 결과도 있다. 야로슬라프 플레그르 교수는 "세계의 교통사고 사망자 중 상당수가 톡소포자충이 원인일 수 있다"는 대담한 주장을 내놓았다. 한낱 기생충이 사람의 생명까지 좌지우지하는 셈이다.

일상생활에서 배우가 연기하듯 과장되게 행동하는 '연극성 성격 장애'도 도파민과 관계가 있다는 가설이 나왔다. 자신에게 관심이 집중되지 않으면 스트레스가 쌓이고 자기파괴적인 행동과 타인에게 도발적인 행동을 취하는 정신 질환이다. 이 장애를 앓는 사람의 90퍼센트가 남성이다. 또 예전에 정신분열증이라 불렸던 '조현병'은 도파민의 이상 분비와 관계 있다는 논문도 발표되었다.

톡소포자충과 관련된 가장 새로운 주제는 자살과의 관련성이다. 미국 미시간대학교 인체의학과의 레나 브룬딘(Lena Brundin) 부교수가 이끄는 연구팀은 2011년 《정신임상의학지(The Journal of Clinical Psychiatry)》에 "톡소포자충 감염자의 자살률은 비감염자의 7배에 달한다"는 충격적인 면역 조사 결과를 발표했다.

또 덴마크에서 4만 5,788명의 여성을 대상으로 시행한 연구에 따르면 톡소포자충에 감염된 여성은 감염되지 않은 여성과 비교하면 자살을 시도하는 비율이 1.5배 높아졌다. 톡소포자충 항체 수준이 높을수록 자살 위험도 높아졌는데 원인에 대해서는 아직 결론이 나지 않았다. 다만 자살과의 인과관계를 명확히 밝힐 수 없다며 이 주장을 부정하는 연구도 있다.

반대로 뇌 속 도파민 분비량이 적으면 행동으로 이어지는 동기부여가 줄어들어 의욕도 운동 기능도 저하되고 우울증에 걸릴 수 있다. 도파민 분비량이 적은 사람은 모험보다 안정을 선호하고 갑자기 행동을 바꾸어야 하는 상황에 거부감을 느낀다. 도파민 수준이 극단적으로 내려가면 '손발 떨림'이나 '가면을 쓴 듯 무표정한 얼굴'이 특징인 파킨슨증후군이나 흔히 간질이라고 부르는 뇌전증의 원인이 될 수 있다.

육생 곤충 꼽등이가 줄줄이 강으로 뛰어드는 까닭은?

"에이, 말도 안 돼요. 무슨 영화에 나오는 외계인도 아니고 미생물이 어떻게 사람의 뇌까지 지배해요?"

아직도 의심하는 사람을 위해 다른 예도 소개한다. 잘 알려진 사례는 광견병이다. 발병한 개에게 물리면 바이러스가 신경계를 통해 뇌의 신경조직에 도달하고 갖가지 증상이 나타난다. 광견병에 걸린 사람은 물과 바람을 두려워한다. 타액, 땀, 눈물 등의 분비량이 증가해 개처럼 침을 흘리고 옷이 흥건하게 젖을 정도로 땀을 흘린다. 심해지면 흥분, 마비, 정신 착란, 환각을 경험한다. 급기야 개가 짖는 듯한 소리를 낸다…….

일본에서 광견병은 반세기 이상 전에 근절되었는데, 개발도상국 지역에서는 유행이 이어져 세계적으로 연간 5만 명 이상이 광견병으로 사망한다. 개발도상국 오지를 여행할 예정인 사람은 광견병 백신을 반드시 접종해야 한다.

톡소포자충과 마찬가지로 숙주의 행동을 지배하는 기생충이 다양하게 발견되었다. 레우코클로리디움(Leucochloridium)이라는 흡충(Trematoda)이 개미에 기생하면 평소에는 나뭇잎 뒤에 숨어 있던 개미가 잎 가장자리처럼 눈에 띄는 장소로 이동하는 행동을 보인다. 그러면 소와 양이 잎사귀째로 개미를 먹어치워 기생충은 곤충에서 동물로 숙주를 갈아타고 동물의 몸에서 번식할 수 있다.

이 기생충이 달팽이에 기생하면 달팽이 뿔에 줄무늬처럼 모여 위아래로 움직인다. 마치 애벌레 같은 모습으로 변신한다(유튜브에 '좀비 달팽이' 등으로 검색하면 실제 모습을 볼 수 있다). 애벌레라고 착각한 새가 이것을 먹으면 기생충은 새로운 보금자리로 갈아탈 수 있다. 새의 몸속에서 알을 낳고 배설되어 다시 달팽이에 기생한다.

레우코클로리디움 유충은 돌돔이나 자지복 등의 물고기에 기생한다. 물고기는 조류에게 잡아먹히기 쉬운 해수면을 빙글빙글 돌며 헤엄치다가 잡아먹히면 기생충은 새의 몸속으로 파고 들어간다.

메뚜기의 친척인 꼽등이는 일본에서는 '변소 귀뚜라미'라는 반갑지 않은 별명으로 알려져 있다. 이 녀석은 육생 곤충인데 때로 강으로 뛰어드는 기묘한 행동을 보인다. 줄줄이 강물로 뛰어들어 자살을 시도하는 꼽등이에게는 스피노코르도데스 텔리니(Spinochordodes tellinii)가 기생하고 있다. 연가시강에 속하는 이 녀석은 연가시처럼 길쭉한 끈 모양으로 곤충을 숙주로 삼는 기생충이다. 물속에서 알을 낳아 강도래(plecoptera) 등의 수생 곤충에 기생한다.

그 곤충이 성충이 되어 땅에 올라가면 꼽등이에게 먹힌다. 그러면 스피노코르도데스 텔리니는 꼽등이에 기생해 꼽등이 몸속에서 성장한다. 그러나 물속이 아니면 알을 낳을 수 없기에 숙주인 꼽등이를 조종해 강에 뛰어들게 만들고, 다시 수생 곤충에 기생한다.

고대 이집트 문명이 눈부시게 발전한 것은
고양이 기생충 덕분이다?

고양이와 인간의 관계는 깊다. 최근 유전자 분석에 따르면 집고양이는 1만~1만 2,000년 전에 농업의 발상지인 중동의 '비옥한 초승달 지대'에 살던 아프리카 들고양이(학명:Felis silvestris lybica)에서 가축화되었다고 추정된다. 아마 먹이를 쫓아 마을로 들어왔던 쥐를 따라 야생 고양이가 인간에게 다가왔으리라. 쥐가 골칫거리였던 농촌에서는 쥐 방제 대책으로 고양이를 기르기 시작했다는 주장도 있다.

고양이가 처음으로 사람에게 길러진 흔적은 약 9,500년 전 키프로스섬 유적에서 발견되었다. 매장된 사람 바로 옆에서 고양이 뼈가 나왔다. 고대 이집트에서는 3,600년 전 무렵에 조각상과 벽화 등에 다수의 고양이가 등장하고 여신 바스테트(Bastet)는 고양이 모습으로 묘사되었다. 고양이는 이집트에서 사람들의 귀여움을 받는 반려동물의 지위를 확립했다고 알려져 있다.

고대 이집트인은 인류사에서 고양이를 가장 사랑한 민족이다. 고양이 살상은 범죄로 처벌받았고 불이 나면 소방 작업보다

고대 이집트에서는 고양이를 여신으로 모셨다.
월터스미술관에 전시된 〈앉아 있는 고양이〉 조각상

고양이 구출을 우선했을 정도다. 고양이가 죽으면 주인은 슬픔을 나타내기 위해 눈썹을 밀었고 미라로 만들어 정성스럽게 매장했다. 한 유적에서 30만 구가 넘는 고양이 미라가 출토되기도 했다.

고대 이집트 문명이 눈부시게 발전한 것은 고양이로 인해 감염된 톡소포자충으로 '활성화'된 사람들의 원동력 덕분이었다고 주장하는 연구자도 있다. 캘리포니아대학교 샌타바버라(UCSB)의 케빈 래퍼티(Kevin Lafferty) 교수는 톡소포자충 감염은 기존의 가설보다 인격과 성격 형성에 훨씬 더 강력한 영향을 미치고, 탐구심과 지적 호기심을 자극해 사람을 더욱 사람답게 진화시켰다고 주장한다.

'한 가정당 한 마리 키우기'로
페스트 퇴치 대책에 활약한 고양이

고양이는 쥐에게서 곳간을 지키는 파수꾼 역할을 했다. 뱃사람들도 골칫거리인 쥐를 잡기 위해 고양이를 배에 태웠고, 고양이는 상당히 빠른 속도로 전 세계로 퍼져나갔다. 일본에서도 항해를 할 때 흰색 바탕에 누런색과 검은색 무늬가 있는 삼색 고양이를 배에 태우면 난파당하지 않는다는 미신이 뱃사람들 사이에 전해지고 있다.

1956년 제1차 남극 관측대에도 '다케시'라는 이름의 수컷 삼색 고양이를 데려갔다. 함께 간 '다로'와 '지로'라는 개는 남극 이스트 옹굴섬에 있는 일본 관측 기지인 쇼와 기지에 남겨졌는데, 다케시는 돌아올 때도 대원들과 한배를 타고 무사히 귀환했다.

나가사키현 이키섬(壱岐島)에서 발견된 야요이 시대(기원전 300~ 기원후 250년)의 가라카미 유적에서 고양이 뼈가 발굴되어 기원전 1세기에 이미 고양이를 길렀을 가능성이 제기되었다. 통설에 따르면 나라 시대(710~794년)에 중국에서 귀중한 종교 경전을 들여올 때 쥐 피해를 막기 위해 고양이도 함께 데려왔다고 알려져 있다.

1899년 고베시에 해외로부터 유입된 페스트가 발생했다. 페스트 퇴치 대책으로 정부는 고양이 수매 정책을 내놓았고 한 가정당 고양이 한 마리 키우기를 권장했다. 이를 계기로 서양 품종 고양이가 늘어났다. 고양이들의 노력이 빛을 발했는지 1926년 이후 일본에서는 페스트가 발생하지 않았다(⑤장 참조).

지금도 고양이는 사랑받는 반려동물로 인기를 끌고 있다. 일본 반려동물 협회의 2011년 '전국 개·고양이 사육실태 조사'에 따르면 고양이 사육 마릿수는 약 960만 마리. 여러 마리를 기르는 가정을 고려하면 약 열 집에 한 집 꼴로 고양이를 기르고 있다. 반려견을 키우는 가정이 약 18퍼센트여서 비율로 따지면 반려견보다는 적어도 여전히 고양이는 개와 인기를 양분하는 반려동물이다.

한편 톡소포자충은 사람에게 사랑받는 고양이를 숙주로 삼아 사람을 조종하고 미생물 세계에서 대성공을 거두었다.

예부터 고양이는 요물이나 마성의 동물로 여겨졌다. 그 배경에는 톡소포자충 효과가 어느 정도 작용하지 않았을까. 야행성으로 소리를 내지 않고 살금살금 걷는 데다 어둠 속에서도 눈이 빛나고 잡은 먹잇감을 바로 죽이지 않고 장난감처럼 가지고 놀다 죽이는 습성이 불길하게 느껴졌을 수 있다. 게다가 '고양이를 키우더니 성격이 달라졌다'는 소문이 더해지며 '마성의 동물'이라는 이미지가 만들어지지 않았을까.

중세 유럽에서는 고양이를 둘러싼 미신이 끊이지 않았다. '마녀의 끄나풀'로 마녀사냥 당시 마녀로 의심되는 사람이 기르던 고양이도 함께 포획되어 교회 탑에서 내던져져 살처분 당했다.

신화 연구자 히가시 유미코(東ゆみこ)의 『고양이는 왜 교수대에 올라갔나(猫はなぜ絞首台に登ったか)』에 따르면 고양이 학살은 일종의 보여주기식 쇼였다. 16세기 프랑스 파리에서는 6월 24일 '성 요한 세례자 탄생 대축일'에 장작 위에 고양이를 올려놓고 화형에 처했다. 때로 국왕도 참석할 정도로 대대적으로 치러진 행사로 수많은 구경꾼이 몰려들어 고양이 화형을 즐겼다고 한다. 이때 고양이를 너무 많이 죽여 쥐가 늘어나고 페스트 창궐을 초래했다는 가설이 나올 정도로 대대적인 고양이 학살극이 벌어졌다.

일본에서도 각지에 고양이에 관한 민화와 괴담이 다양하게 전해진다. 에도 시대에는 검은 고양이를 기르면 결핵이 낫는다는 미신이 퍼졌다. 에도 시대 말기 무사 조직인 신센구미(新選組) 소속 오키타 소지(沖田総司, 제15장 참조)는 결핵으로 신음할 때 주변에 있는 고양이를 그러모았다거나 검은 고양이 목을 치려고 몇 번이나 시도했으나 실패했다는 일화가 전해진다. 후세 작가의 창작이라는 이야기도 있지만, 어쨌든 미신을 믿는 사람이 그만큼 많았던 모양이다.

세계의 애묘가들에게도 톡소포자충 효과가 있었을까?

역사적으로 유명한 애묘가 몇 명을 소개하려 한다. 인터넷에 검색하면 이런저런 이름들을 볼 수 있다. 고양이를 키우지 않으면 스타가 될 수 없다는 생각이 들 정도로 수많은 스타가 고양이를 사랑했다. 영화배우는 너무 많아 제외한다. 여기에 소개한 사람들의 업적과 행동에 톡소포자충 효과가 어느 정도 영향을 미쳤는지에 관한 판단은 온전히 독자 여러분의 몫으로 남겨두려 한다.

일본 왕실 이치조 천황(一条天皇, 980~1011년)은 엄청난 애묘가였다. 고양이에게 정 5위 벼슬을 내리고 총애했다. 천황 거처에 들어갈 수 있는 품계가 정5위 이상의 귀족뿐이었던 시대에 고양이는 귀족 대우를 받았던 셈이다. 새끼가 태어났을 때는 유모까지 붙여주었다고 당시 일기에 기록되어 있다.[*]

정치가 이슬람교를 창시한 무함마드(570?~632년)도 애묘가로 전해진다. 그는 무에자라는 이름의 고양이를 길렀다. 어느 날 외출하려고 겉옷을 걸치려고 했더니 고양이가 소매 위에서 곤히 잠들어 있었다. 무함마드는 고양이를 깨우지 않으려고 조심조심 옷 소매를 잘라 한쪽 소매만 남은 옷을 입고 외출했다는 이야기가 있다.

프랑스 역사에 악역으로 자주 등장하는 루이 13세 시대 재상을 맡았던 리슐리외 추기경(1585~1642년)은 14마리의 고양이를 길렀다. 가장 아꼈던 고양이는 여행에도 데려갔던 '펠리마레(Felimare)'와 '루시페흐(Lucifer)' 모두 악마 이름이다.

에이브러햄 링컨(1809~1865년)은 백악관에서 고양이를 기른 최초의 미국 대통령이었다. 남북 전쟁 당시 북군 그랜트 장군 진영에서 새끼고양이 세 마리를 발견해 부하에게 돌보라고 명령하고 매일같이 상태를 보고하게 했다고 한다.

영국 총리였던 윈스턴 처칠(1874~1956년)은 88세 생일에 선물 받은 주황색 줄무늬 고양이를 비서관으로 임명해 '조크'라는 이름을 붙여주고 귀여워했다. 조크는 공적인 자리에도 이따금 동

---

* 우리나라에서는 숙종 임금과 금손(金孫)이라는 고양이 일화가 잘 알려져 있다. 조선 19대 임금 숙종이 현종의 성묘를 마치고 돌아가던 길에 어미 잃은 새끼 고양이를 궁으로 데려와 기르게 되었는데 이 고양이가 '금손'이다. 숙종이 '금손'을 아꼈다는 사실은 조선의 문인 김시민의 문집 『동포집』에 실린 다음과 같은 글로 알 수 있다. "숙종은 낮에는 금손을 안고 정무를 봤으며, 밤에는 금손을 곁에 두고 잠을 청했고, 심지어 금손과 겸상을 하며 고기반찬도 손수 먹여주었다."(서울시교육청 공식 블로그 참조)

석했다. 1965년 90세로 처칠이 유명을 달리할 때 "조크가 집에서 살 수 있게 해달라"는 유언을 남겼다. 조크는 이후 영국 국민의 사랑을 받으며 10년 동안 살다 처칠의 뒤를 따라 무지개다리를 건너갔다.

작가　일본에서 가장 유명한 고양이는 나쓰메 소세키의 장편소설 『나는 고양이로소이다』의 주인공이다. 중학교 영어교사인 진노 구샤미 집에서 기르는 고양이다. 모델은 나쓰메 소세키가 서른일곱 살 때 집으로 들어와 터를 잡고 산 까만 길고양이였다.

1908년 고양이가 죽었을 때 나쓰메 소세키는 친한 지인에게 고양이의 부고를 알리고 묘까지 만들었다. 나중에는 고양이의 명복을 비는 9층 공양탑까지 지었다. 위궤양이 심해져 생사를 오갈 때 검은 고양이가 홀연히 나타나 그를 대신하듯 피를 토하고 죽었다는 전설도 전해진다.

미국 작가인 어니스트 헤밍웨이(1899~1961년)도 친분이 있던 선장에게 받은 고양이 두 마리를 길렀다. 눈처럼 하얘 '스노볼'이라는 이름을 붙인 하얀 고양이는 발가락이 여섯 개 있는 다지증으로 헤밍웨이는 스노볼이 행운을 가져오는 복덩이라고 믿었다. 플로리다주 키웨스트의 헤밍웨이 박물관에는 지금도 이 고양이의 직계 자손 수십 마리가 극진한 보살핌을 받으며 살고 있다. 박물관은 마치 고양이 저택을 방불케 한다. 그가 세 번이나 이혼한 화려한 여성 편력을 자랑했던 건 어쩌면 톡소포자충 효과였을까?

과학자 아이작 뉴턴(1642~1727년)은 반려동물을 좋아해 개와 고양이를 모두 길렀다. 그는 몇 마리의 고양이를 길렀는데, 고양이가 집 안팎을 드나들 때마다 문을 열었다 닫았다 하는 통에 시끄러워서 밤에도 깊은 잠을 자지 못해 고민했다. 그 이야기를 들은 친구가 문에 고양이 전용 통로를 내주라고 귀띔하자마자 그는 바로 문을 만들었다.

어느 날 새끼고양이가 태어났다. 못 말리는 애묘가였던 뉴턴은 당장 새끼고양이용 작은 문을 따로 만들라고 명령했다. 명령을 받은 하인은 어미 고양이용 큰 문으로 새끼도 충분히 드나들 수 있는데 굳이 왜 문을 따로 만들어야 하느냐고 반문했고, 뉴턴은 그 말을 듣고 수긍해 새로 문을 만들지 않았다고 한다.

예술가 에도 시대 풍속화 우키요에 작가인 우타가와 구니요시(歌川国芳, 1798~1861)는 고양이를 품에 안고 그림을 그릴 정도로 고양이를 사랑했다. 그는 항상 고양이 몇 마리를 키웠고 많을 때는 10여 마리의 고양이를 길렀다. 한 제자에 따르면 죽은 고양이는 사찰에 모셨고, 집에는 고양이의 명복을 비는 불단까지 따로 마련했으며, 죽은 고양이의 계명(불교에서 죽은 사람에게 붙여주는 이름)을 적은 위패까지 모셔놓고 고양이 비망록까지 작성했을 정도라고 한다.*

존 레논(1940~1980년)도 애묘가로 알려졌다. 인터넷 사이트에는 그가 어린 시절부터 비틀스 멤버로 활동한 기간, 아내인 오노 요코와 지낸 뉴욕에서의 마지막 날까지 길렀던 고양이 이름을 완벽하게 정리한 목록이 실려 있다. 목록에 따르면 소년 시절에 길렀던 최초의 고양이는 '엘비스 프레슬리'. 비틀스 시대에는 '지저스', 나중에 기른 하얀 고양이와 검은 고양이는 '솔트&페퍼'였다.

---

* 조선 영조 시대 도화서 화원으로 뛰어난 그림 실력으로 현감 벼슬까지 하사받았던 변상벽은 특히 고양이를 잘 그려 '변고양이(卞猫)'라는 별명이 붙을 정도였다. 그는 〈묘작도(猫雀圖)〉라는 대표작을 남겼는데, 고양이 털 한 올 한 올을 섬세한 붓놀림으로 표현했다. — 옮긴이

성행위가 암의 원인이 된다?
― 사람유두종바이러스(HPV) 바로 알기

무분별한 성행위는 수명을 줄이는 생활습관

최근에는 담배의 공포만 강조되는 경향이 있는데 성행위도 암의 원인이 될 수 있다. 간암을 일으키는 'B형 간염 바이러스'와 백혈병의 원인이 되는 '성인 T세포 백혈병 바이러스', 에이즈로 유명해진 카포시 육종(Kaposi's sarcoma)을 일으키는 '사람헤르페스바이러스8(human herpesvirus 8, HHV-8)' 등은 모두 성행위로 감염되어 암을 일으킨다.

WHO에 따르면 전 세계 암 사망의 20퍼센트는 성행위로 감염되는 바이러스가 원인으로 추정된다. 담배가 원인인 암 사망률이 전체의 22퍼센트이니, 성행위는 담배 버금가게 위험한 발암

물질이다.

일본에서도 국립암센터 연구반 평가에 따르면 암 사망 원인 중에 '흡연'이 가장 많아 남성의 34.4퍼센트, 여성의 62퍼센트를 차지한다. 그다음으로 높은 것이 '감염병'으로 남성의 23.2퍼센트, 여성의 19.4퍼센트를 차지한다. 즉 담배를 끊고 감염병에 걸리지 않도록 조심하면 남성은 암의 60퍼센트 가까이, 여성은 네 명 중 한 명이 암을 예방할 수 있다.

젊은 여성 사이에 급증하는 자궁경부암의 원인이 되는 사람유두종바이러스(Human Papilloma Virus, HPV)는 성행위로 감염되는 병 중에서 감염자가 가장 많다. 흔히 성병 하면 떠올리는 세균성 감염증 클라미디아보다 많다.

미국 암학회(ACS)가 "암 박멸 캠페인은 담배에서 HPV로 무게 중심을 옮겨야 한다"고 제안할 정도다. 금연 표어를 살짝 참고하면 "무분별한 성행위는 수명을 줄이는 생활습관"쯤 되지 않을까.

2010년에 발표된 WHO의 「HPV와 암에 관한 보고서」에 따르면 세계에서 연간 약 49만 3,000명이 자궁암에 걸리고 약 27만 3,000명이 사망한다. 사망자의 83퍼센트가 개발도상국 지역에서 발생한다. 여성이 주로 걸리는 암 중에서는 유방암의 뒤를 이어 두 번째로 많다. 현재의 추세가 이어지면 2025년에 발병자는 약 75만 6,000명, 사망자는 약 43만 9,000명 이상으로 예측할 수 있다.

자궁경부암은 세계적으로 보면 사하라 이남 아프리카, 중남미, 남아시아의 가난한 국가들에 집중되어 있다. 특히 탄자니아, 잠비아, 에콰도르, 캄보디아 등에서 대량 발생하고 여성 암 1위를 자궁경부암이 차지하는 개발도상국이 적지 않다.

자궁경부암의 원인 HPV는 여성의 전유물이 아니다

일본에서는 '자궁경부암'과 '자궁체암'을 '자궁암'으로 한데 묶어 취급한다. 국가 통계에서도 '자궁암' 하나로 묶는다.

자궁경부암은 자궁 입구 부근의 자궁 경부에 생기고, 자궁체암은 자궁 본체에 생긴다. 의학적으로 보면 이 둘은 암이 생기는 부위뿐 아니라 성질도 완전히 다른 질병이다. 위암과 대장암만큼 다르다고 볼 수 있다.

자궁체암은 폐경 후인 50~60대에 주로 발병하고, 자궁경부암은 25~44세가 발병 정점 연령대다. 자궁체암의 원인은 밝혀지지 않았으나 임신과 출산 경험이 적으면 걸리기 쉽다고 알려져 있다. 반면 자궁경부암은 90퍼센트 가까이가 성행위와 관련된 성감염증이다.

전문가들은 첫 성 경험 나이가 어려지고 여러 사람과 성행위를 하는 등 사회적 변화를 원인으로 꼽고 있다. 말하자면 시대의 산물인 셈이다.

일본 국립암센터에 따르면 1년 동안 자궁암에 걸리는 사람은 약 1만 7,500명. 이중 자궁경부암이 거의 절반인 약 8,500명을 차지한다. 자궁암으로 사망하는 사람은 연간 약 5,700명, 이중 약 44퍼센트인 약 2,500명이 자궁경부암으로 사망했다.*

평생 암에 걸릴 확률은 남성 62퍼센트, 여성 46퍼센트다. 이중 자궁경부암에 걸릴 확률은 1퍼센트 이하이나 암으로 사망하는 원인 중 3위를 차지한다. 20년 동안에 갑절로 늘어나는 추세로 꾸준히 증가해 특히 20~30대 여성이 걸리는 암 중에서 가장 높은 비중을 차지한다.

HPV 감염 여부는 겉으로는 알 수 없다. 여성 파트너가 자궁경부암에 걸려도 남성 외성기에는 아무런 증상도 나타나지 않는 경우가 많다. 그러나 남성 정액 속에서 자궁경부암과 유형이 같은 HPV가 높은 확률로 발견된다. 즉 '남성 → 여성 → 남성'이라는 사슬을 따라 퍼져나가는 전형적인 성 감염증이다.

감염병은 한 번 걸리면 면역력이 생기고 두 번 다시 걸리지 않거나 잘 걸리지 않는 경우가 많다. 그러나 HPV는 평생 효과적인 면역력이 생기지 않기에 몇 번씩 걸릴 수도 있다.

---

* 우리나라의 경우 2020년 발표된 중앙암등록본부 자료에 따르면 자궁경부암은 전체 암 발생의 1.4퍼센트며, 여성의 암 중 8위로 나타났다. 우리나라 자궁경부암 환자를 연령대별로 살펴보면 40대가 24.7퍼센트로 가장 많고, 그 뒤로 50대가 23.3퍼센트, 30대가 18.3퍼센트 순이었다. ─ 옮긴이

구강암, 구강성교로 인한 HPV 감염이 원인

HPV가 여성 암의 원인이라고 믿는 사람이 많다. 그런데 미국 배우인 마이클 더글러스의 고백은 남성들에게 충격을 안겨주었다. 그는 2010년 8월에 5년 생존율이 약 절반이라는 4기 구강암 선고를 받았다고 고백했다. 8주에 걸친 방사선과 항암 치료를 받아 회복했고 배우로 복귀했다.

마이클 더글러스는 영국 일간지 《가디언》과의 인터뷰에서 "나는 암에 걸렸다. 여성과의 구강성교로 HPV에 감염되었을 수도 있다"고 말해 큰 파장을 일으켰다.

왕년에 화려한 여성 편력으로 이름을 날렸고, 여자 문제가 원인이 되어 20년 이상 함께한 디안드라 루커와 2000년 이혼했다. 이후 여배우인 캐서린 제타존스와 재혼했다. 이 고백으로 전처인 디안드라 루커가 기자회견을 열어 "내가 감염시키지 않았다"고 해명해 다시 연예 뉴스 소식지를 뜨겁게 달구며 호사가들의 입방아에 올랐다.

마이클 더글러스의 고백을 계기로 HPV가 자궁경부암 외에도 다양한 암의 위험 인자로 밝혀져 관심이 집중되었다. HPV에 관련된 암은 1984년 이후 5배 가까이 급증했다.

미국인을 대상으로 한 미국 CDC의 조사(2004~2008년)에서 남성의 경우 항문암 90퍼센트, 구강암 74퍼센트, 음경암 67퍼센트가, 여성의 경우 항문암 92퍼센트, 구강암 72퍼센트, 자궁경부암 91퍼센트, 질암 75퍼센트, 음문암 69퍼센트가 모두 HPV가 원인

임이 밝혀졌다.

특히 최근 혀, 인두, 후두를 포함한 구강암과 항문암 증가는 구강성교, 항문성교, 딥키스의 일반화와 관련 있다고 미국 CDC가 경고하고 있다. 미국 산부인과학회(ACOG)의 조사(2002년)에 따르면 25~44세 남성의 90퍼센트와 여성의 88퍼센트가 이성 파트너와 구강성교를 경험한 적이 있다고 대답했다. 일본은 각종 설문 조사에서 60~70퍼센트가 경험자였다.

지금까지 구강암의 주요 원인을 흡연으로 홍보하던 미국 과학진흥협회(AAAS)는 급기야 "50세 이하의 구강암은 흡연보다 구강성교로 걸릴 확률이 더 크다"고 발표했다.

미국 의학지에 발표된 논문에서는 구강암 위험은 평생 1~5명의 파트너와 구강성교한 사람은 전혀 하지 않은 사람과 비교하면 약 2배, 6명 이상의 파트너와 구강성교한 사람은 3.5배로 높아진다는 결론을 발표했다.

현재 HPV 백신은 대부분 10대 여성이 접종 대상인데, CDC는 또래 남성에게도 접종해야 한다고 권고했다. 다른 성 감염증과 달리 HPV 예방은 콘돔이 만능이 아니기 때문이다.

토끼 사마귀에서 발견된 발암성 바이러스의 충격

기원전 400년 무렵에 그리스의 히포크라테스가 "자궁경부암은 불치병"이라는 기록을 남겼을 정도로 자궁경부암의 존재는 예부터 알려져 있었다. 그러나 자궁경부암의 원인은 오리무중, 20세기 후반까지 명확하게 밝혀내지 못했다.

자궁경부암 발병이 성행위와 관련 있다는 의혹은 예전부터 있었다. 성매매 종사자에게 많이 발생하고 수녀에게는 거의 찾아볼 수 없었으며 수녀원에 들어가기 전에 성 경험이 있는 여성에게서만 간간이 찾아볼 수 있는 정도였다. 또 아내가 자궁경부암으로 사망해 재혼한 남성의 재혼 상대도 자궁경부암 발병률이 높다는 사실을 근거로 자궁경부암이 성 경험과 관련 있다는 의혹이 제기되었다.

1940~1950년대에는 생식기 위생 불량이, 1960년대에는 '단순헤르페스바이러스'(⑨장 참조)가 각각 용의자로 추정되었다.

바이러스 발견의 선구적 실험은 미국 야생 솜꼬리토끼(학명:Sylvilagus)에게 생기는 사마귀에서 시작되었다. 토끼 사마귀는 토끼의 머리에 생겨 사슴의 짧은 뿔처럼 자라난다. 미국에서 유명한 '뿔 달린 토끼'라는 도시 괴담이 여기서 나왔다.

1935년에 미국 록펠러대학교의 바이러스 학자인 리처드 쇼프(Richard E. Shope)와 동료 병리학자인 프랜시스 페이턴 라우스(Francis Peyton Rous)가 토끼 뿔 조직을 분쇄해 도자기 재질 용기로 여과한 액체를 다른 토끼에게 바르자 돌기 형태의 사마귀가 생긴다는 사실을 확인했다.

이 실험으로 '여과성 병원체'라는 사실이 밝혀졌고 나중에 바이러스로 확인됐다. 라우스 박사는 실험을 계속해 사마귀뿐 아니라 암을 발생시키면 토끼가 사망할 수 있다는 사실도 발견했다. 또 라우스는 바이러스가 닭에게서 암을 일으킨다는 사실을 확인해 지금도 그의 이름을 따서 '라우스 육종(Rous sarcoma)'이라 부른다. 암은 발암 물질로 일어난다고 추정하던 시절이라 발암성 바이러스 증명은 학계에 충격을 안겨주었다. 이 공을 인정받아 라우스 박사는 1966년 노벨 생리학·의학상을 받았다.

이 바이러스는 숙주를 까다롭게 고르기로 유명하다. 유럽산 토끼에게 일부러 바이러스를 감염시켜도 뿔 모양 사마귀는 생기지 않는다. 야생 햄스터와 쥐 등의 설치류에게도 파필로마바이러스(papilloma virus, PV)가 존재하는데, 실험용 쥐에게는 감염되지 않는다.

HPV의 발암성 발견으로
자궁경부암 백신 제조에 박차를 가하다

1976년에 독일 하이델베르크대학교 암연구소의 바이러스 학자인 하랄트 추어 하우젠(Harald zur Hausen) 박사가 이끄는 연구팀이 자궁경부암 사마귀에서 바이러스를 발견해 이 바이러스가 자궁경부암의 원인이라는 가설을 발표했다.

그리고 1983년에 자궁경부암 조직에서 HPV 유전자를 발견해 자궁경부암 발병과 밀접한 연관이 있음을 규명했다. HPV가 성행위로 감염되고 갖가지 암과 사마귀 형태의 양성 종양을 일으킨다는 사실도 밝혀냈다. HPV는 인류에게 널리 퍼진 발암 바이러스였다.

WHO는 1995년이 되어서야 HPV의 발암성을 공식적으로 인정했다. 이 발표를 바탕으로 2006년에는 자궁경부암 백신 제조가 시작되었다. '사람유두종바이러스(HPV)'라는 이름을 붙인 것은 사람 이외의 동물에서도 각각 고유한 파필로마바이러스(PV)가 발견되었기 때문이다. 파필로마는 사마귀라는 뜻으로 사마귀를 전문 용어로 '유두종'이라 쓴다. 그래서 HPV는 '사람유두종바이러스'라 부른다.

하랄트 추어 하우젠 박사는 2008년 에이즈바이러스(HIV)를 발견한 프랑스의 파스퇴르 연구소의 바이러스 학자인 뤼크 몽타니에(Luc Montagnier) 박사와 함께 노벨 생리학·의학상을 받았다. '인류에게 중대한 질병을 일으키는 두 가지 바이러스'를 발견한 공로를 똑같이 인정받아 상금을 공평하게 나누어 가졌다.

그런데 미국과 격렬한 선두 다툼을 벌인 에이즈바이러스 쪽에만 언론의 주목이 쏠리며 하랄트 추어 하우젠 박사는 들러리 취급을 받는 수모를 겪어야 했다.

상처와 점막 세포로 침투하는 HPV,
사마귀와 양성 종양으로 나타나

HPV는 성관계 경험이 있는 여성이라면 50세까지 80퍼센트 가까이 감염을 경험한다고 알려져 있을 정도로 흔한 '상재 바이러스'다. 에이즈바이러스와 마찬가지로 단 한 번의 성관계로도 감염될 가능성이 있다. 미국 여학생을 대상으로 시행한 조사에서는 파트너가 있는 학생은 졸업할 때까지 85퍼센트가 감염되었다.

감염 경로 대부분은 생식기와 구강 접촉으로, 미국에서 25쌍의 커플을 7개월 동안 꾸준히 관찰한 연구에서는 관찰 대상 중 약 30퍼센트에 가까운 7쌍은 손과 생식기 접촉으로 감염되었다. 이는 일상생활에서도 감염될 가능성이 있음을 보여주는 조사 결과였다.

파필로마바이러스는 수많은 '유전형'으로 분화해 지금까지 수백 종 가까운 형이 판명되고 있다. 이중 사람에게 감염되는 HPV는 약 120종의 유전자형이다. 51형이 생식기 점막에 감염되는데 이중 31종의 유형은 발암성이 적고 17종의 유형에는 발암성이 있다. 약 40퍼센트의 유형은 점막 병변에서, 약 60퍼센트는 피부 병변에서 발견되어 각각 '점막형 HPV', '피부형 HPV'라 부른다.

특히 강한 발암성이 있는 '고위험형'은 16·18·31·45형이다. 모두 '점막형'이다. 2·7형은 '양성 사마귀', 1·2·4·63형은 '발바닥 사마귀', 6·11·42형은 '외음부 사마귀', 6·7·11·32형은 '구강내 암'으로 각각 역할을 분담하고 있다.

대개 사마귀와 양성 종양으로 나타나는데 약 70퍼센트의 자궁경부암은 '고위험형'이 원인이다. HPV는 성행위로 생기는 피부의 작은 상처나 생식기 점막 세포로 침입하고 감염된 세포 유전

정보를 조작해 암세포를 끝없이 증식하도록 변이를 일으킨다.

일반적으로 HPV에 감염되어도 90퍼센트는 자가 면역으로 2년 이내에 바이러스가 소멸한다. 그러나 6~10퍼센트는 바이러스가 소멸하지 않고 남아서 전암 단계로 들어가고, 10~15년 후에 0.10~0.15퍼센트가 암으로 이행한다.

이상 세포가 증식하면 주위에 퍼진 '침윤암(infiltrating cancer, 악성 종양이 번지며 인접 조직이나 세포로 침입한 암)'으로 진행한다. 일단 침윤이 시작되면 세력을 확장하고 림프와 혈액을 타고 다른 장기로 전이된다. 초기 자궁경부암은 대부분 자각 증상이 없으나 암이 진행됨에 따라 차츰 생식기의 부정 출혈, 성행위 시 출혈 등 눈에 띄는 증상이 나타날 수 있다.

이 강력한 발암성은 E6와 E7이라는 두 개의 단백질이 원인이다. 이들 단백질은 암세포를 억제하는 역할을 하는 'Rb'와 'P53' 유전자와 결합하면 암 억제 기능이 작동하지 않게 된다. 암 유전자를 자동차의 가속 페달, 암 억제 유전자를 브레이크 페달에 비유한다면 암이란 브레이크가 망가진 상태와 같다.

왜 잠잠하던 바이러스가 엄니를 드러내고 우리를 공격할까? 면역력이 저하되었을 때나 스트레스로 호르몬 균형이 무너졌을 때 바이러스에 감염되면 바이러스와의 동거가 시작되어 이후 바이러스가 우리 몸에 더부살이하며 주인이 한눈을 파는 사이에 집을 빼앗으려고 호시탐탐 기회를 노린다는 가설이 제기되었다.

HPV는 200만 년 전
아프리카에서 시작된 동물 유래 감염병

소, 말, 개, 토끼, 조류 등 수많은 동물에서 파필로마바이러스 (PV)가 발견되고 있다. '소 유방염(Bovine mastitis)', '마육종(馬肉腫)', '갯과 경구 유두종(Viral Papillomas of Dogs)' 등의 원인이 된다. 특히 소의 피부와 소화기와 방광에 유두종을 만드는 소유두종 바이러스(Bovine papilloma virus, BPV)의 일부 유전형은 말에게도 감염되어 축산업계의 대표적 골칫거리다. 이미 백신도 개발되어 있다.

PV가 자연계에 널리 존재한다는 사실은 HPV도 '동물 유래 감염증'이며 유전적으로 가까운 영장류에서 사람으로 옮겨왔음을 방증한다. HPV 중에서도 발암과 관련된 18형은 싱가포르국립대학교의 연구팀이 유전자 분석으로 기원을 찾아냈다. 연구팀은 HPV 18형이 200만 년 전 아프리카에서 왔고 원래 원숭이 유두종 파필로마바이러스가 변이해 사람에게 감염되었다는 가설을 발표했다. 인류의 이동과 함께 이 바이러스는 전 세계로 퍼져나갔다고 어렵지 않게 상상할 수 있다.

아마존 선주민을 대상으로 시행한 연구에서는 그들의 HPV 18형 유전자 배열이 중국인이나 일본인 등 극동아시아인과 매우 가까워 약 1만 2,000년 전에 분기했다고 추정할 수 있다. 이는 인류학이 밝힌 인류 이동 역사와도 일치한다. 시베리아에서 베링 지협(지금은 해협)을 건너 북미로 이동한 무리와 그리로 건너지 않고 남하해 중국과 한반도, 일본으로 이동한 무리의 분기 연대에 가깝기 때문이다.

자궁경부암은 10대 초반 백신 접종으로 70퍼센트 예방 가능

백신 접종 임상 시험은 2000년 무렵에 시작되어 이미 세계 120개국 이상에서 승인받아 접종이 이루어지고 있다. 미국에서는 11~12세 여아에게 정기적인 예방 접종으로, 13~26세 여아와 여성에게도 예방 접종을 권장한다.

일본에서도 2009년 12월에 백신 접종이 받아들여져 2010년 10월부터 백신 무료 접종을 위한 경비가 보정 예산으로 책정되었다. 지방자치단체와 중앙정부가 부담해 2011년에는 중학교 1학년부터 고등학교 1학년까지 4개 학년 학생을 대상으로 공적 기금 조성을 시작했다. 일부 자치단체에서는 남학생 접종도 검토하고 있다.

자궁경부암의 가장 큰 특징은 '예방 가능한 암'이라는 점이다. 전암 단계에서 발견할 수 있고 수술 등의 요법으로 거의 100퍼센트 치료할 수 있다. HPV 대부분이 성관계로 감염되기에 성관계를 경험하기 이전인 10대 초반에 백신을 접종하면 약 70퍼센트 이상을 예방할 수 있다.

현재 사용되는 백신은 두 종류. 미국 머크사(Merck Sharp & Dohme,

MSD)의 '가다실4' 백신은 자궁경부암과 생식기 사마귀 콘딜로마의 원인 바이러스인 6·11·16·18형 예방을 대상으로 한다. 2006년 6월에 FDA의 승인을 받아 WHO도 정식으로 허가했다.

나머지 하나는 영국 제약회사인 글락소스미스클라인(GlaxoSmithKline, GSK)이 개발한 16·18형을 대상으로 한 '서바릭스'다. 2007년 5월에 10~45세 여성용으로 승인되었다. 두 백신 모두 HPV에 감염된 사람에게는 치료와 재예방 효능은 없다.

HPV에 감염되지 않은 여성을 대상으로 한 미국의 대규모 임상시험에서는 80퍼센트 가까이 예방 효과가 있다고 보고되었다. 또 자궁경부암과 마찬가지로 HPV와 관련된 다른 암을 예방하는 효과도 있다.[*]

서구 선진국에서는 자궁경부암 검진율이 평균 60퍼센트 이상이다. 반면 일본에서는 20퍼센트대로 매우 저조하다. 매년 11월을 '자궁경부암 정복 기간'으로 지정해 자궁경부암 예방 운동 보급을 위한 행사가 전국 각지에서 개최되고 있으나 관심은 그다지 높지 않다. 게다가 최근 접종 반대 여론이 높아지며 일본 정부는 2013년 6월 이후 백신 접종 장려를 중지하고 있다.

---

[*] 우리나라는 2016년 6월부터 만 12세 여성 청소년을 대상으로 자궁경부암 예방백신 서바릭스와 가다실 두 종류를 무료로 접종하고 있다. 다만 가다실9의 접종 비용은 개인이 부담해야 한다. 자세한 사항은 질병관리청 '예방 접종 도우미(https://nip.cdc.go.kr/irgd/index.html)' 참고. ― 옮긴이

자궁경부암 백신 접종 반대운동은 왜 일어났을까?

인플루엔자 등의 다른 백신 접종과 마찬가지로 자궁경부암 백신도 접종 여부를 두고 찬반 양론이 팽팽하게 대립하고 있다. 인터넷에서는 지금도 찬반 토론이 끊이지 않는다. 두통, 구역질, 메스꺼움, 복통, 설사, 현기증, 두근거림, 알레르기 등의 갖가지 부작용을 호소하는 사람들이 백신 반대론을 펼친다. 백신 피해자 모임도 조직되어 있다.

그중에서도 접종 후 사망이 가장 심각한 문제다. 백신 반대를 주도하는 미국의 비영리 민간단체인 '국립백신정보센터(NVIC)'는 2011년 5월까지 전 세계에서 HPV 백신 접종 후 1년 이내 94명 사망 사례와 2만 1,722명 부작용 사례를 반대 이유로 들고 있다.

FDA와 CDC에 따르면 미국에서는 가다실을 접종한 2,300만 명 중 32명의 사망이 보고되었다. FDA는 사망자를 전수 부검 조사해 백신이 사망 원인이라는 증거는 없다고 발표했다.

그 밖에도 접종 후 팔다리 통증을 호소하는 사람이 많다. WHO는 2014년 2월에 발표한 보고서에서 "여러 차례 대규모 조사에서 팔다리 통증과 마비가 일어나는 다발성 경화증 등의 부작용이 증가했다는 명확한 증거는 찾지 못했다"고 결론내렸다.

북유럽의 10~17세 여성 약 100만 명을 역학조사해 백신을 접종한 사람 약 30만 명과 접종하지 않은 사람 약 70만 명을 비교한 결과, 다발성 경화증 등의 자가면역 질환, 신경 질환, 혈전증 등의 발생에 차이는 없었다. 프랑스에서 12~16세 여성 약 200만 명을 조사했을 때도 유의미한 차이가 발견되지 않았다.

그러나 백신에 반대하는 단체는 "모든 HPV를 예방하는 게 아니어서 효과는 한정적이다", "HPV에 감염되어도 90퍼센트는 자연 소멸한다", "이미 HPV에 감염되었다면 백신이 오히려 암 발병 위험성을 높인다", "중고등학생에게 성관계를 전제로 한 백신을 접종하는 상황 자체에 거부감이 든다" 등의 이유로 반대 목소리를 내고 있다.

한편 전문가 사이에서는 "젊은 여성 사이에 HPV 감염자가 증가해 70~80퍼센트 정도 자궁경부암을 예방할 수 있다면 정기 접종이 이루어져야 하며 부작용은 행정적으로 구제해야 한다"는 의견이 지배적이다. 다만 부작용이 나타날 확률은 어느 정도인지, 정부와 제약회사의 주장만큼 효과가 있는지, 공적으로 조성한 기금을 사용하는데, 비용 대비 효과는 얼마나 되는지, 예방 효과가 유지되는 기간은 얼마인지 등에 대한 확실한 대답이 나오지 않아 정부 측의 추가적인 설명이 필요하다.

소아마비 백신 개발에 활용된
자궁경부암 환자의 헬라 세포

젊은 여성에게 많은 암이라 자궁경부암 경험자는 제법 있다.

자궁경부암으로 사망한 여성 중 세계적으로 가장 알려지지 않은 '유명인'은 미국 흑인 여성인 헨리에타 랙스(Henrietta Lacks,

1920~1951년)다. 그녀의 이름을 딴 '헬라 세포(HeLa cell)'는 의학 연구자라면 모르는 사람이 없을 정도로 유명하지만, 일반인 중에 그녀의 이름을 아는 사람은 드물다.

그녀가 몸에 이상을 느끼고 의사의 진찰을 받았을 때 병원에서는 자궁경부암 진단을 받기 전인데도 그녀 본인의 동의 없이 세포를 채취해 배양했다. 그녀는 항암 치료를 받다 8개월 후에 사망했다.

그때까지 사람의 세포를 장기간 조직 배양하려고 시도했으나 번번이 실패했다. 그런데 '헬라 세포'가 유일하게 성공해 증식을 거듭했다. 이후 각국 연구자들에게 분양되어 60년이 지난 지금도 전 세계 연구실에서 분열되고 있다.

조너스 소크(Jonas Salk) 박사가 헬라 세포를 소아마비 백신('소크백신'으로 불림) 개발에 활용하는 등 의학 실험과 연구에 없어서는 안 되는 세포로 자리매김했다. 다만 본인과 가족의 동의 없이 무단으로 세포를 채취한 행위를 둘러싸고 윤리적 논쟁이 벌어졌다. 이 무단 채취를 두고 유족이 소송을 제기하기도 했다.

아르헨티나의 여배우이자 정치가인 마리아 에바 페론(María Eva Perón). 흔히 '에비타'로 불리는 그녀는 1945년 후안 도밍고 페론(Juan Domingo Perón) 대통령과 결혼해 퍼스트레이디가 되면서 정치에도 관여했다.

부통령 후보에까지 오르며 인생의 절정을 맞은 에바 페론은 1952년 서른세 살의 나이에 자궁암으로 세상을 떠났다. 부에노스아이레스에서 치러진 장례식에는 수십만 명의 시민이 찾아와 조문했다. 지금도 아르헨티나 국민 사이에서 그녀의 인기는 뜨겁다. 그녀의 인생은 뮤지컬 〈에비타〉(1978년 초연)에 그려졌고 런던과 뉴욕 브로드웨이에서 장기 공연되는 기록을 세웠다.

홍콩 가수이자 여배우로 아시아권에는 매염방(梅艷芳)이라는 이름으로도 알려진 어니타 무이(Anita Mui)는 1980년대 홍콩을 대표하는 슈퍼스타다. 성룡과 주성치 영화에 출연해 이름을 알렸다. 주연과 조연으로 출연한 영화도 많고, 수많은 영화제에서 여우주연상을 받았다. 그녀는 자궁경부암을 공표하고 나서도 계속적인 치료로 병과 맞서 싸우며 예술 활동을 지속했으나 2003년에 사망, 스크린을 빛내던 슈퍼스타에서 홍콩인들의 가슴속에 자리 잡은 별이 되었다.

바이러스계의 '슬리퍼 에이전트'
헤르페스바이러스의 성난 폭주

수두·대상포진·구순포진 모두
헤르페스바이러스의 소행

'헤르페스바이러스(Herpesvirus)'에 감염되어 고생깨나 하는 사람은 차고 넘친다. 어린 시절에는 '수두'. 나이가 들면 입 주위에 작은 수포가 잡히는 '구순포진', 또 생식기에 수포가 잡히며 따끔따끔하고 얼얼하며 가려워 사람을 미치게 만드는 '성기 헤르페스', 나이를 더 먹으면 옆구리나 등에 끔찍한 통증이 생기는 '대상포진'…… 모두 헤르페스바이러스 소행이다.

사람에게 감염되는 '헤르페스바이러스'는 여덟 종류가 알려져 있다. 헤르페스네 가족은 온 식구가 동네를 휘젓고 다니며 온갖 말썽을 부리고 패악질을 일삼는 콩가루 집안이다. 눈, 입, 목 구멍, 피부, 생식기 등에 발진, 궤양, 염증 등을 일으키고 뇌염, 각결막염(keratoconjunctivitis, 각막과 결막에 생기는 염증), 피부암, 상 인두암 등의 원인이 된다. 병원에서는 거의 모든 진료과를 아우른다. 일본 전국에서 연간 약 7만 명이 헤르페스바이러스로 병원 신세를 진다.

헤르페스바이러스는 같은 과에 속한다고는 볼 수 없을 정도로 유전자 크기와 구조가 다양하다. 증상이 잦아든 후에도 바이러스는 겨울잠을 자듯 평생 몸 안에 똬리를 틀고 숨어 있다가 약간의 계기만 생겨도 갑자기 나타나 행패를 부린다. 이런 성질은 헤르페스바이러스의 특기다. 말하자면 바이러스계의 슬리퍼 에이전트(sleeper agent, 잠복 첩보원)다. 즉 적국에 숨어 들어가 평시에는 일반인으로 위장하고 조용히 지내다가 긴급한 상황이 되면 정체를 드러내고 활동을 개시하는 특수 요원인 셈이다.

바이러스가 어떤 타이밍에 재활성화되는지는 알려지지 않았으나 날뛰기 시작했을 때 숙주의 상태를 보면 어느 정도 짐작할 수 있다. 정신적인 스트레스, 자외선, 피로, 임신, 다른 감염병, 면역력 저하 등이 재활성화의 방아쇠를 당긴다고 보고 있다. 한편으로 바이러스에게는 안정적으로 잠복하기 좋은 상태가 아니어서 다른 숙주로 옮겨가려는 시도일 수도 있다.

수두 백신 이외에 효과적인 백신은 아직 개발되지 않았다. 헤르페스는 앞으로도 증가해 중증화하고 난치병으로 발전하리라고 충분히 예상할 수 있다. 몸과 마음이 모두 피폐해지는 사회적

헤르페스바이러스(HHV)의 종류. 모두 질병을 일으킨다.

명칭 (약칭과 굵은 글씨는 정식 명칭)	최초 감염	재발	발암
단순헤르페스바이러스 1형 (HSV-1, **HHV-1**)	치은염, 각막염, 인두염, 소아 뇌염	구순포진 헤르페스 뇌염	
단순헤르페스바이러스 2형 (HSV-2, **HHV-2**)	질효모감염증	성기 헤르페스	자궁암?
수두·대상포진바이러스 (**VZV, HHV-3**)	수두	대상포진	
엡스타인바바이러스 (EBV, **HHV-4**)	전염성 단핵구증, 만성 활동성 EBV 감염증	혈구탐식증후군 (VAHS)?	버킷림프종, 상인두암
거대세포바이러스 (CMV, **HHV-5**)	CMV단핵증	CMV폐렴	전립선암?
사람헤르페스바이러스 6형 (**HHV-6**)	돌발성 발진, 괴사성 림프절염	?	
사람헤르페스바이러스 7형 (**HHV-7**)	돌발성 발진	?	
사람헤르페스바이러스 8형 (카포시 육종 관련 바이러스, **HHV-8**)	?	?	카포시 육종

스트레스, 자유로운 성관계, 고령 인구 증가, 장기 이식 등의 사회 변화에 적응하며 사람을 기만하고 세력을 확대하는 바이러스이기 때문이다.

대출 횟수 많은 인기 서적일수록 HSV-1에 오염

헤르페스바이러스 중에서도 '단순헤르페스바이러스 1형' (HSV-1)은 감염되면 삼차 신경절에 잠복한다. 입술 등의 얼굴과 상반신에 물집이 잡힌다. 흔히 '열꽃'이라 부르는 우아한 별명이 붙었는데, 걸린 사람에게는 짜증 나는 이름이다.*

HSV-1은 일본인 50~60퍼센트가 감염된 흔한 바이러스로, 발병하는 사람은 열 명 중 한 명 정도다. 벨기에의 뢰번가톨릭대학교의 연구자가 공립도서관 소장 도서를 조사해 대출 횟수가 많은 인기 서적일수록 HSV-1에 오염되었다는 사실을 밝혀내 책과 도서관을 사랑하는 사람들에게 충격을 안겨주었다.

1991년, 미국 델라웨어주의 고등학교 레슬링부 학생들에게 이상이 발생했다. 60명의 학생이 포진, 발열, 오한, 두통, 각막염 등의 이상 증상을 호소했다. 검진 결과, 선수들에게서 HSV-1이

---

* 한국인의 경우 60퍼센트가 단순헤르페스 바이러스(HSV) 1형에 감염되어 있고, 10명 중 1명이 구순포진에 걸린 적이 있다고 추정된다. ─ 옮긴이

검출되었다.

얼마 후 함께 경기한 다른 학교 학생에게서도 같은 증상이 나타났다. 원인은 레슬링 경기 방식이었다. 선수끼리 살을 맞대고 몸을 비비고 맞잡는 과정에서 바이러스에 감염되었다고 판명되었다. 이후 럭비와 축구 선수에게서도 유사한 집단 감염 사례가 보고되어 '격투기 바이러스'라는 별명이 붙었다.

세계선수권대회, 올림픽, 아시안 게임에서 모두 금메달을 목에 걸어 일본 레슬링의 간판스타로 자리매김한 요시다 사오리(吉田沙保里) 선수도 2014년 3월 코치였던 아버지가 갑자기 세상을 뜬 직후, 국가별 대항 세계 선수권 경기 전에 헤르페스바이러스가 원인인 구순포진에 시달렸다고 밝혔다.

감염력이 강해 입맞춤이나 침방울이 튀는 등의 직접적 접촉 외에도 수건 등으로도 쉽게 감염될 수 있다. 처음에는 입술과 입 주위가 울긋불긋해지고 며칠 뒤에 작은 물집이 잡히기 시작한다. 신경 쓰이게 근질거리는 느낌이 들고 콕콕 쑤시는 통증을 동반한다. 최초 감염일 때는 고열 등의 심각한 증상이 전신에 동반될 때도 있다.

수포는 2주일 정도 지나면 대개 얼추 가라앉는다. 그러나 감염되어도 자각 증상이 없거나 증상이 전혀 나타나지 않는 사람도 있다. 재발했을 때는 피부 발진이나 수포가 잡히는 범위가 좁아지고 증상도 비교적 가볍다. 아토피성 피부염이 있는 사람은 피부가 약해 이 바이러스에 쉽게 감염되고 중증으로 발전하기 쉽다는 사례가 보고되고 있다.

급증하는 성기 헤르페스,
지나친 성 해방이 원인일까?

'단순헤르페스바이러스 2형(HSV-2)'은 성 접촉에 의한 성감염증이다. HSV-1은 얼굴과 상반신에 증상이 집중되는데, HSV-2는 생식기와 그 주변 피부에 불그스름한 발진과 궤양이 생기고 수포가 잡힌다. 즉 HSV-1과 HSV-2는 상반신과 하반신을 각자의 영역으로 정하고 인간의 몸을 구석구석 나눠 점령하고 있다.

성관계로 감염되고 나서 2~12일 사이에 발생하며 최초 감염일 때는 격렬한 통증과 발열을 동반한다. 재발하면 대체로 가벼운 증상으로 끝난다. 일본에서 1년 동안 성기 헤르페스 치료를 받은 감염자 수는 약 7만 2,000명(2002년 조사 기준). 여성 감염자 수는 남성의 약 두 배로, 특히 20대 젊은 여성 환자가 증가하는 추세다.

성 감염증 중에서 성기 헤르페스 감염 보고 수는 여성의 경우 세균성인 클라미디아 감염증의 뒤를 이어 두 번째로 많고, 남성은 클라미디아와 임질의 뒤를 이어 세 번째로 많다. 감염률은 성관계 횟수와 비례하고 성매매업 종사자는 80퍼센트에 달한다. 낫더라도 바이러스는 신경절에 잠복해 잊을 만하면 한 번씩 재발하는 고질병으로 평생 안고 살아야 한다.

'성기 헤르페스'는 HSV-2가 원인으로 알려졌는데, 최근 환자의 20~30퍼센트는 상반신에 자리를 잡고 텃세를 부리던 HSV-1이 원인이라고 밝혀졌다. 구강성교가 일반화되며 상반신과 하반신 간의 바이러스 교류가 일어나고 있다고 보고 있다.

미국에서는 약 4,500만 명, 성인의 20~30퍼센트가 이 바이러스를 보유하고 있다. 매년 78만 명씩 증가하고 감염자는 남성이 여덟 명에 한 명, 여성이 네 명에 한 명 꼴로 나타나며 남성에게서 여성에게로 옮아가는 경우가 압도적으로 많다. 치료비만 해도 어림잡아 연간 30억 달러에 이른다는 조사 결과가 있다.

미국 CDC는 세계에서 약 1억 명이 HSV-2에 감염되었다고 추정한다. 특히 아프리카에서는 40~70퍼센트, 중남미에서는 30~50퍼센트로 매우 높은 감염률을 보인다. 아시아에서는 태국이 30퍼센트를 넘어섰고, 20퍼센트 이내인 국가가 많다. 일본은 5~10퍼센트로 비교적 적은 편이다.*

HSV-1과 HSV-2 둘 중 하나에 감염된 사람의 3분의 2는 증상이 나타나지 않는다고 알려져 있다. 그래서 자신도 모르는 사이에 바이러스를 퍼뜨리는 전파자가 되는 경우가 많다. 무증상이라도 생식기 점막과 분비액 속에 바이러스가 존재하기 때문이다. 최근에는 성 경험 연령이 낮아지며 젊은 감염자가 늘어나고 있다. 예방도 완치도 어려워 환자에게 정신적으로 큰 고통이 뒤따른다.

성기 헤르페스는 과거 미국에서 사회적 소동을 일으킨 적이 있다. 미국《타임》지가 1982년 8월 2일자에 '오늘의 주홍글씨'라는 제목으로 특집 기사를 다뤘다. 기사는 새로운 성 감염증이

---

* 한국인은 10퍼센트 정도가 HSV-2에 감염된 것으로 추정한다. ─ 옮긴이

이미 창궐해 2,000만 명의 미국인이 감염되었고 24세 이하 성인 여성 세 명 중 한 명이 바이러스를 보유하고 있다는 내용이었다. 원인은 지나친 성 해방 풍조라고 지적했다.

나는 당시 뉴욕에 머물렀는데 이 기사가 일으킨 반향은 엄청 났다. 가는 곳마다 기사의 내용이 사람들의 입에 오르내렸다. 마침 에이즈가 유행하기 시작하던 무렵이라 이 소동을 계기로 미국인의 성문화가 크게 달라질 거라는 말까지 나왔다.

너새니얼 호손(Nathaniel Hawthorne)의 『주홍글씨』(1850년)는 17세기 미국을 무대로 목사와 간통죄를 저지르고 출산한 유부녀가 아이 아버지의 이름을 끝내 밝히지 않고 간통죄의 낙인인 '주홍글씨 A'를 가슴에 달고 살아간다는 줄거리로 성행위의 죄를 짊어지고 살아가는 고통을 묘사한 소설이다. 기사는 이 소설에서 따와 성기 헤르페스가 오늘날의 주홍글씨가 될 거라고 경고하며 무분별한 성관계로 치닫는 사회에 경종을 울리고자 했다.

감염력이 강한 수두,
발생 즉시 신고해야 하는 법정 감염병

수두는 '수두·대상포진바이러스(HHV-3)' 감염으로 발병한다. 주요 감염 경로는 공기 감염과 기침, 재채기로 퍼지는 침방울 감염인데, 수포가 잡힌 환부와 직접 접촉해 감염된 사례도 있다.

감염력이 매우 강해 일본에서는 '감염병 예방 및 감염병 환자에 대한 의료 관련 법률'에서 감염 후 7일 이내에 신고해야 하는 제5종 감염병으로 지정되었고, '학교 보건 안전법'에서는 완치될 때까지 등교할 수 없는 제2종 학교 감염병으로 분류되었다.[*]

잠복기는 10~21일로 온몸에 오돌토돌한 붉은 발진이 생긴다. 발진은 며칠에 걸쳐 서서히 나타나고 수포가 고름을 동반한 염증성 병변으로 발전했다가 딱지가 앉으며 낫는다. 일본 국립감염병연구소의 추정으로 일본에선 연간 100만 명 정도가 발생한다. 이중 적게 잡아도 약 4,000명이 증상이 심각해져 입원하고 약 20명이 사망한다.

감염자의 90퍼센트가 열 살 미만 영유아다. 계절적으로는 12~7월이 가장 많다. 발진이 나타나기 1~3일 전부터 약 70퍼센트의 환자에게서 발열 증상이 나타난다. 한 번 걸리면 다시 걸리지 않는다는 인식이 퍼져 있는데, 증상이 사라진 후에도 바이러스는 신경절 등에 잠복해 어떤 계기가 있으면 잠에서 깨어나 기지개를 켜고 활동을 개시한다.

어린이의 수두는 대개 증상이 가벼운데 성인이 되고 나서 감염되면 중증으로 발전하기도 한다. 드물게 고열이 나거나 폐렴과 뇌염, 간염 등의 합병증이 나타나기도 한다. 수포를 일부러 터트리거나 딱지를 억지로 떼어내 덧나면 상처가 깊어지고 피부가

---

[*] 수두는 우리나라에서도 제2급 법정 감염병으로 발생 시 즉시 신고해야 하는 의무가 있으며, 2005년부터 국가예방접종 대상으로 정해졌다. 자세한 관련 내용은 질병관리본부의 감염병 포털에서 확인할 수 있다. — 옮긴이

원활하게 재생되지 않아 흉터가 남을 수 있다.

대상포진, 몸속에 숨어 있던
수두 바이러스가 기지개를 켜다

고령화 사회가 되면서 발병률이 증가한 대상포진은 띠 모양의 수포가 주요 증상이라 그런 이름이 붙었다. 어린 시절 걸린 수두의 'HHV-3'이 재활성화하며 생기는 병이다. 수두가 나은 후에도 바이러스는 신경절 속에 숨어 있다가 때때로 신경 주변에서 증식해 돌발적으로 튀어나와 한바탕 폭주하고 사라지는 일종의 게릴라 전술을 구사한다.

일본의 경우 평생 발병률은 6~7명에 한 명꼴로 조사되었다.[**] 고령자에게 많은 질병으로 연령대별 발병 빈도는 후생노동성의 환자 조사에서는 연간 1,000만 명당 20~50세는 2.5명, 51~79세는 5.1명, 80세 이상은 10.1명으로 나이가 들수록 증가한다. 최근

---

* 우리나라의 경우 대상포진 환자가 한 해에 70만 명 이상이라고 보고되었다. 국민건강보험공단 건강보험 진료데이터에 따르면 2014년부터 2018년까지 대상포진 환자를 분석한 결과 64만 명에서 72만 명으로 증가해 5년간 증가율이 12.4였으며 연평균은 3퍼센트로 늘었다. 성별로는 남성이 39퍼센트(28만명), 여성이 61퍼센트(44만명)로 여성이 남성보다 1.6배 많았다. 50대 여성은 11만 6,000여 명에 달해 연령과 성별에서 가장 많은 비중을 차지했다. 연령별로는 50대 24.5퍼센트, 60대 21.1퍼센트, 40대 15.7퍼센트, 30대 12퍼센트, 20대 6퍼센트로 나타났다. ―〈서울경제〉 2019-08-01자 참조

에는 젊은 사람에게서도 대상포진이 증가하고 있다.

2014년 일본 스모협회가 주최하는 대회인 오즈모(大相撲) 9월 대회에서 첫날부터 마지막 날까지 우승을 다툰 몽골 출신 스모 선수 이치노조(逸ノ城駿)가 경기 후에 대상포진으로 입원했다. 장사도 '괴물' 바이러스에게는 당해낼 재간이 없는 모양이다.*

일반적으로 몸의 좌우 한쪽에 환부가 나타나는데 면역력이 떨어졌을 때는 온몸에 수포가 잡히기도 한다. 가슴에서 등에 걸쳐 나타나는 사람이 가장 많고, 얼굴과 팔다리, 복부와 엉덩이 아래 등에도 띠 모양의 수포가 잡힌다. 신경에 숨어 있던 바이러스가 증식해 피부로 나타나므로 심한 통증을 동반한다.

나도 복부에 대상포진이 생겨 고생한 적이 있는데, 그때의 통증은 '불타는 듯한', '바늘로 찌르는 듯한', '전기에 감전된 듯한' 느낌이라는 표현이 딱 들어맞는다. 통증이 심해 감각이 둔해지고 살짝 스치거나 건드리기만 해도 무시무시한 통증이 온몸을 내달린다. 통증이 시작되고 딱지가 앉으며 나을 때까지 약 3주에서 1달이 걸리는데 통증도 그 무렵에는 대개 사라진다.

처음 감염되었을 때 몸속에서 바이러스의 정보를 기억했다가 다음 침입에 대비하는 '면역기억세포'가 만들어져 바이러스 증식을 억제한다. 그런데 면역기억세포는 약 20년이면 감소해 바

---

* 우리나라의 경우 남아공 월드컵 당시 축구 국가대표팀에서 뛴 조용형 선수, 프로야구팀 SSG 랜더스의 좌완 에이스 김광현 선수, 프로 골퍼 박성현 선수 등이 대상포진을 앓았다는 기사로 팬들의 안타까움을 사기도 했다. ─ 옮긴이

이러스 활성화를 억제할 수 없게 되어 대상포진에 취약해진다.

수두에 걸린 어린이들과 접촉할 기회가 많은 소아청소년과 의사나 간호사는 면역기억세포가 항상 증식해 있어 대상포진에 잘 걸리지 않는다. 미국에서 약 4만 명을 대상으로 한 연구에서 수두 백신은 대상포진 발병률을 1.3퍼센트 억제한다는 사실이 밝혀졌다.

면역력 약한 에이즈 환자를 공격하는
헤르페스 가문의 망나니

사람헤르페스바이러스 8형(HHV-8)은 여덟 번째로 발견된 헤르페스바이러스로, 카포시 육종의 원인이라 '카포시 육종 관련 헤르페스바이러스'라고 부르기도 한다.

카포시 육종은 1872년 빈대학교에 근무하던 헝가리 출신의 의사 모리츠 카포시(Moritz Kaposi)가 처음으로 발견해 학계에 보고했다. 아주 희귀한 피부암으로 환자 대부분은 그리스, 이탈리아, 스페인 등의 지중해계 또는 유대계 고령자 남성이었다.

이후 사하라 이남 아프리카에서는 흔한 질병이라는 사실이 알려졌다. 원인은 에이즈였다. 1994년 카포시 육종이 발병한 에이즈 환자에게서 HHV-8이 발견되며, 헤르페스 가문의 망나니라는 바이러스의 정체가 밝혀졌다. 에이즈의 영향으로 면역력이 떨어지면 평소에는 해를 끼치지 않던 바이러스가 고삐 풀린 망아지처럼 날뛰기 시작한다.

HHV-8은 다른 헤르페스바이러스와 달리 카포시 육종과 악성 림프종 등의 악성 종양 발병과 관련되어 있다는 특징이 있다. 이 바이러스의 감염 경로는 정확하게 규명되지 않았으나, 남성 동성애자의 감염률이 높고 감염자의 타액에서 HHV-8가 검출되어 전문가들은 남성 동성애자 사이의 항문성교와 타액 감염을 원인으로 의심했다.

미국에서는 남성 동성애자의 8~24퍼센트가 HHV-8에 감염되어 있다. 또 일본에서도 건강한 일반 성인 약 1퍼센트가 이 바이러스에 감염되어 있지만, 정확한 감염 경로는 아직 베일에 싸인 부분이 많아 추가적인 연구가 필요하다.

야근 많은 회사원, 정시 퇴근 회사원보다 헤르페스바이러스 10배 이상 많아

헤르페스가 피부 질환 이외에도 다양한 질병에 관여한다는 의혹이 짙어지고 있다.

예전에는 운동 후에 생기는 근육 피로는 젖산이 축적되기 때문이라고 여겨졌다. 그러나 현재는 피로와 젖산은 인과관계가 없다는 게 학계 정설로 자리 잡았다. 오히려 젖산은 피로 완화 작용을 한다는 사실이 밝혀졌다.

피로의 원인으로 젖산 대신 등장한 범인이 '사람헤르페스바이러스 6형(HHV-6)'이었다. 이 바이러스가 재활성화되며 피로가 생긴다는 가설이 나왔다. 도쿄지케이카이의과대학교의 곤도 가즈히로(近藤一博) 교수 연구팀이 피로할 때 타액 속에 포함된 바이러스의 양이 평상시와 비교하면 몇 배에서 몇십 배로 급증한다는 사실을 발견했다.

연구팀은 정시에 퇴근하는 사무직 회사원 20명과 하루 5시간 이상 야근하는 영업직과 연구직 회사원 40명의 타액을 채취해 바이러스의 양을 측정했다. '정시 퇴근팀'은 타액 1밀리미터 속에 HHV-6 바이러스가 평균 500개, '야근팀'은 그 10배 이상 검출되었다. 야근을 많이 하는 사람일수록 피로도가 높고 피로도와 비례해 바이러스의 양도 많다는 가설을 세울 수 있다.

한창 일하고 있는 직장인의 타액을 검사하자 88퍼센트의 사람에게서 6형 바이러스가 재활성화되었고 바이러스의 양도 증가했다. 휴식을 취한 후에는 재활성화율이 24퍼센트로 급감했고 바이러스의 양도 감소했다. 우리 몸을 보금자리로 삼아 살아가는 헤르페스바이러스는 평소에는 얌전하게 숨어 있다가 피로와 스트레스가 늘어나면 살금살금 기어나와 사부작사부작 말썽을 부리기 시작하는 것을 알 수 없다.

휴식 후에도 바이러스가 여전히 활동 중인 사람은 극심한 피로감을 느꼈고 충분히 휴식을 취하지 못했음을 알 수 있었다. 이 연구로 이 바이러스는 현대인이 안고 사는 갖가지 스트레스가 자극 요인이 되어 재활성화하는 습성이 있다는 흥미로운 가설이 제기되었다.

연구팀은 숙주가 피로로 무방비해진 틈을 타서 바이러스가 기지개를 켜고 깨어나 증식하고, 다른 숙주로 옮겨가 생존 확률을 높이기 위해 시동을 건다는 해석을 내놓았다. 만성 피로 증후군처럼 난치병으로 여겨지는 원인 불명의 만성 질환과 이 바이러스의 관련성을 지적하는 견해도 있다.

6형 바이러스가 재활성화되는 원리를 규명하면 지금까지 밝혀내지 못한 '피로 원인 물질'과 '피로 전달 물질' 해명으로 이어질 수 있으리라 기대해본다.

고대 로마에서는 구순포진 막기 위해 키스 금지령까지 선포했다?

로마 제국의 두 번째 황제인 티베리우스(재위 14~37년)는 당시 로마에서 구순포진이 유행하자 공공장소에서 키스를 금지하는 명령을 내렸다. 그러나 숨어서 입을 맞추면 그만이었던지라 금지 효과는 미미했다. 당시에는 수포를 인두로 지지는, 듣기만 해도 살벌한 무지막지한 방법으로 치료했다.

구순포진은 셰익스피어의 희곡 『로미오와 줄리엣』(1695년경 초연)에도 등장한다. 꿈의 요정인 맵 여왕(Queen Mab's Cave)이 귀부인들의 입술 부근을 지나가면 귀부인들은 입맞춤하는 꿈을 꾼다. 때로 과자처럼 달짝지근한 냄새를 풍기는 입술을 만나면 맵 여왕은 심술이 나서 입술에 물집이 잡히고 짓무르도록 손을 쓴다.

대상포진은 예부터 알려진 질병으로, 1893년에 프랑스의 피부과 의사인 에밀 비달(Jean Baptiste Émile Vidal)이 감염병이라는 사실을 처음으로 밝혀냈다. 수두와 마찬가지로 바이러스가 원인이라는 사실은 20세기에 들어서고 나서야 알려졌다. 바이러스는 광학현미경으로 모습을 포착하기 어렵고, 전자현미경이 발명된 후에야 비로소 정체를 확인할 수 있었다.

헤르페스바이러스는 1950년대에 겨우 정체가 밝혀졌고, 1974년에 최초의 수두 백신이 만들어졌다.

'사람헤르페스바이러스 4형(EBV)'인 엡스타인바바이러스는 1964년에 발견되었다. 서아프리카의 어린이에게 많은 악성 림프종인 버킷림프종(Burkitt lymphoma)에서 이 바이러스를 찾아냈다.

사람에게 발암성이 있는 바이러스로는 최초의 발견이었다. 이 바이러스는 전염성 단핵구증이라는 질병을 일으킨다. 열이 나고 간, 비장, 림프절이 부어오르며 커지는 증상이 나타난다. 감염된 사람의 침으로 전파되는데, 증상이 나타나지 않은 성인이 아기나 어린이에게 입을 맞추면서 옮길 수 있어 주의가 필요하다.

포유류에서 어패류까지 150종의 숙주와 공존해온 헤르페스바이러스

바이러스 학자들은 각각의 종에 고유한 헤르페스바이러스가 있고, 특정 숙주와 공존하며 진화했다고 추정한다. 지금까지 약

150종의 헤르페스바이러스가 발견되었다.

말·소·돼지·양 등의 가축과 개·고양이 등의 반려동물, 원숭이·누(아프리카 영양의 일종)·얼룩말·가젤 등의 포유동물, 조류·양서류·파충류·어패류에도 모두 고유한 헤르페스바이러스가 존재하고 그중에는 치명적인 질병을 일으키는 종류도 있다. 굴과 가리비에 사는 굴 헤르페스바이러스(OHV-1)는 수산업에 막대한 손해를 끼치고 있다. 굴 헤르페스바이러스는 수온이 16℃ 이상일 때 주로 발생하는데, 덜 자란 어린 굴을 먹을수록 치명률이 높아진다. 성인 사망률은 10~30퍼센트로 높은 편이며, 청소년은 60~100퍼센트로 성인보다 높다.

이 바이러스에 걸리면 입 주변이나 생식기 주변에 수포가 잡히는데, 접촉을 통해 쉽게 전염되고 성관계로도 옮을 수 있다. 바이러스를 완전히 없애는 치료법은 아직 없고 연고나 항바이러스 약품을 처방해 불편한 증상을 완화하는 대증요법이 전부다. 아직 밝혀지지 않은 부분이 더 많은 바이러스라 최대한 조심하는 수밖에 없다.

또 헤르페스바이러스가 일으키는 대표적인 질병이 잉어 헤르페스바이러스병(Koi Herpesvirus Disease, KHD)이다. 1998년에 영국과 미국에서 시작된 이 병은 세계 각지로 확대되어 양식 중인 비

---

* 우리나라의 경우 1998년 5~6월 수온 상승기에 국내 저수지 및 호소의 양식장에서 잉어의 대량 폐사가 발생했고, 1999년까지 국내 양식 잉어류의 90퍼센트 이상이 폐사됐다. 발생 원인은 잉어 헤르페스바이러스병에 의한 것으로 밝혀졌다. ─ 〈뉴시스1〉 2012. 06. 01자 참조

단잉어가 대량으로 폐사했다. 일본에서도 2003년 이바라키현 가스미가우라 잉어 양식장에서 발생해 잉어가 대량 폐사함으로써 양식 산업에 엄청난 피해를 주었다.* 잉어 이외에도 무지개송어·산천어·은연어 등의 연어과, 미국메기·장어·광어 등에서도 바이러스가 발견되었다.

각각의 동물 종에는 그 종에 적응한 몇 종류의 헤르페스바이러스가 존재하고, 방대한 수의 헤르페스바이러스가 아직 발견되지 않은 채 세계 어딘가에 존재하고 있다.

신경계에 정착하는 게릴라 전술은
바이러스의 이상적인 생존 전략

헤르페스바이러스는 1억 8,000만~2억 2,000만 년 전에 출현했다. 포유동물이 등장하기 훨씬 전으로 추정된다. 세포에 핵을 지닌 수많은 진핵생물에 존재했고, 변이를 거치며 동물 사이에 퍼져나갔다. 수두는 그중에서 7,000만 년 전 무렵에 분화해 포유동물의 세력 확대와 함께 세력을 확장했던 모양이다.

원숭이에게는 '단순헤르페스바이러스'와 매우 유사한 '헤르페스B바이러스(원숭이B바이러스라고도 함)'가 있다. 이 바이러스도 신경세포에 숨어 때때로 헤르페스 궤양을 일으킨다. 수두·대상포진바이러스와 닮은꼴인 바이러스가 원숭이에게도 있는 셈이다.

사람과 원숭이의 헤르페스바이러스는 영장류의 진화 초기에 양자의 공통 선조에게서 갈라져 나와 각각 전해 내려온 것으로 추정된다. 변이를 거듭하는 과정에서 어떤 계기로 원숭이에서 인간으로 갈아타고 정착했다.

미국 위스콘신대학교의 의료미생물학 및 면역학자인 커티스 브랜트(Curtis R. Brandt) 교수 연구팀이 전 세계에서 '단순헤르페스 바이러스 1형(HSV-1)'의 31개 샘플을 수집, 유전자를 분석해 여섯 가지 유형으로 나뉜다는 사실을 규명했다. 그중 네 가지(III~VI형) 는 아프리카 중부형이고, 나머지 두 가지는 '구미형(I형)'과 '동 아시아형(II형)'이다. 유전자 변이로 살펴보면 바이러스는 제일 먼저 아프리카에서 출현해 현생 인류의 이동을 따라 세계로 퍼져 나갔을 가능성이 높다. 이번에도 역시 인류의 이동 경로와 일치 했다.

인플루엔자 바이러스 등과 마찬가지로 사람이 도시를 형성하 고 밀집해 살게 되며 세력을 확대했고, 인체의 신경세포에서 잠 복 장소를 찾아냈다. 신경세포는 인체에서 특권적으로 보호받은 세포이기에 피부나 입, 소화관에 있는 세포처럼 면역계에서 눈 엣가시로 여겨지지 않는다. 따라서 이 바이러스와 숙주인 사람 은 매우 안정적 관계를 유지하게 된다.

그러나 그대로 신경세포 안에 머물러서는 언젠가 숙주와 함께 사멸할 수밖에 없는 운명이다. 말썽을 부리지 않으면 숙주에게 들키지 않을 수 있다. 면역계 단속반에 적발되어 철퇴를 맞지 않 도록 얌전히 숨어 지내는데, 때때로 수가 틀리면 신경세포에서 피부로 본색으로 드러내고 헤르페스를 발병시켜 새로운 숙주를 감염시킨다. 신경계에 정착하는 게릴라 전술은 바이러스에게는 이상적인 생존 전략이다.

수두 백신 개발한 일본, 백신 행정은 후진국 수준

일단 몸속에 들어온 헤르페스바이러스를 완전히 제거하는 방법은 없다. 그러나 항헤르페스바이러스 약품인 '아시클로비르 (Acyclovir)'의 발명으로 HSV-1, HSV-2, 수두·대상포진 바이러스, 거대세포(사이토메갈로) 바이러스 증식을 억제할 수 있게 되었다.

아시클로비르는 최초로 만들어진 항바이러스 약품으로 미국 제약회사인 버로스 웰컴(Burroughs&Wellcome Company, 지금의 글락소스미스클라인) 연구팀이 개발에 성공해 1988년 노벨 생리학·의학상을 받았다. 이 약품을 처방해 처치가 빨리 이루어질수록 증상이 가벼운 단계에서 수습되어 치료 효과가 있다.

수두 백신은 1949년에 세계 최초로 다카하시 미치아키(高橋理明) 오사카대학교 명예교수가 개발했다. WHO가 승인한 유일한 수두 백신으로 높은 안전성 덕분에 전 세계에서 매년 1,000만 명 이상에게 접종되고 있다.

그런데 세계 최초로 수두 백신을 개발한 바이러스 학자를 배출한 일본은 '백신 행정 후진국'이라는 꼬리표를 달고 국제적으로도 비판을 받으며 망신을 당하고 있다. 일본에는 예방접종법

수두 백신 바리박스
수두 백신은 만 12세 이하 어린이에게 2회 접종이 권장된다.

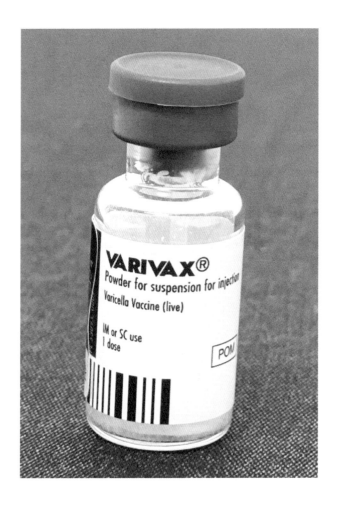

에 따라 전액 공적 기금으로 조성된 '정기 접종'과 자기 부담인 '임의 접종'이 있다. 수두 백신은 2014년 10월에 1, 2세 유아 정기 접종으로 정해졌으나, 나머지 연령대는 아직 임의 접종으로 남아 있어 수두 백신 접종률이 40퍼센트 전후에 머물고 있다. 이 정도 접종률로는 유행을 억제할 수 없다.

부모 중에는 부작용을 염려해 백신 접종을 아예 거부하는 사람까지 있고, 정부 부서 간의 힘겨루기로 광범위한 정기 접종이 이루어지지 않고 있다.

미국과 유럽에서는 수두 백신 접종이 일반화되어 감염률이 크게 내려갔다. 미국에서는 최근 MMRV(홍역·유행성 이하선염·풍진·수두) 4종 혼합 백신이 도입되어 접종률은 90퍼센트에 육박하고 있다. 덕분에 미국 수두 감염률은 2000년에 10만 명당 43.2명, 2010년에는 8.9명까지 급감했다.

유럽 각국에서도 수두 백신 2종 접종을 도입하며 유행의 기세가 한풀 꺾였다. 독일에서는 영유아 발병 수가 줄어들었으나 학령기 아동 사이의 유행이 수그러들 기세를 보이지 않자, 2008년부터 전 연령대 수두 백신 2회 접종을 무료로 시행하고 있다. 2004년에 2,300명을 넘었던 수두 입원 환자는 2007년에는 1,260명으로 절반 수준으로 줄어들었다.*

---

* 우리나라는 2005년부터 수두 백신이 국가 필수 예방 접종으로 도입되어 만 12세 이하 어린이는 전국 보건소에서 무료로 접종받을 수 있다. 수두 백신은 2회 접종이 권장된다. 자세한 내용은 질병관리청의 예방 접종 도우미 사이트 참고. — 옮긴이

헤르페스에 걸린 유명인들,
바이러스 옮겼다며 고소당하기도

미국 NBC 텔레비전 캐스터로 일세를 풍미한 인터뷰의 여왕 바버라 월터스(Barbara Walters)는 2013년 1월에 넘어져서 머리를 다쳐 입원한 후 검사에서 수두에 걸렸다는 사실이 밝혀졌다. 여든세 살 고령에 걸린 것이어서 전 미국을 놀라게 했다. 이 소식을 전하던 뉴스 앵커는 "바버라 월터스는 해마다 젊어져 급기야 아이가 되었다"는 농담으로 보도를 마무리했다.

미국 잡지에 성기 헤르페스에 걸린 유명인 명단이 특집 기사로 실린 적이 있다. 마이클 잭슨의 여동생이자 가수인 재닛 잭슨과 브리트니 스피어스, 주디 갈런드의 딸로 아카데미 여우 주연상을 받은 라이자 미넬리와 사업가이자 모델 등으로 활동하며 사람들의 시선을 즐기는 패리스 힐튼의 이름이 거론되었다.

남성 쪽 목록은 훨씬 화려하다. 빌 클린턴 미국 전 대통령, 연기파 배우인 고 로빈 윌리엄스, 미남 배우 브래드 피트, 전설적인 메이저리거 선수인 데릭 지터가 이름을 올렸다. 세계적인 디바 머라이어 캐리와 미모의 여배우 제시카 알바가 데릭 지터에게서 헤르페스를 옮았다는 소식이다. 또 미식축구팀인 필라델피아 이글스의 마이클 빅은 헤르페스바이러스를 옮겼다며 자신의 여자친구에게 고소당했다.

전 지구를 장악한 인플루엔자의 공포
― 바이러스의 과밀사회 적응기

청정 지역 남극의 펭귄에게서도
조류 인플루엔자가 발견되는 시대

2014년 5월 남극에 사는 아델리펭귄에게서 조류 인플루엔자 바이러스 신형이 발견되었다. 아델리펭귄은 황제펭귄과 함께 지구 최남단에 서식하는 펭귄이다. WHO 소속 전문가가 남극반도에서 채취한 펭귄 분변과 혈액에서 바이러스를 발견했다. 조류 인플루엔자의 유일한 청정 지대였던 남극에서도 바이러스가 발견되며 조류 인플루엔자는 전 지구를 뒤덮은 바이러스라는 사실이 확인되었다.

이 바이러스는 H11N2 아형(subtype)과 닮았으나 H3N8 아형인 말 인플루엔자와 공통 조상을 보유하고 있었고, 50~80년 전에 분화한 새로운 아형임이 밝혀졌다. 다행히 증상이 발현된 펭귄은 발견되지 않았다.

북극권과 남극권을 오가는 극제비갈매기(학명 : Sterna paradisaea) 등의 철새에게 감염되어 남극에 정착했을 가능성이 있다는 가설이 제기되었다.

인플루엔자 바이러스는 본래 시베리아·알래스카·캐나나 등의 북극권 가까이에 있는 얼어붙은 호수와 늪 속에서 잠자고 있다. 봄이 오고 철새인 오리와 기러기 등의 물새가 번식을 위해 돌아오면 바이러스는 물새 몸속으로 숨어 들어가 장 속에서 증식한다.

철새는 한 해에 두 차례 번식지와 월동지를 이동하는 도중에 통과 지점에 분변과 함께 바이러스를 흩뿌린다. 철새 중에는 장거리를 이동하는 종류도 많아 바이러스의 '이동 수단'으로는 가장 광범위한 네트워크를 갖추고 있는 셈이다.

홋카이도대학교의 수의학자인 기다 히로시(喜田宏) 교수와 도쿄의과학연구소의 바이러스 학자인 가와오카 요시히로(河岡義裕) 교수 연구팀의 오랜 공동 연구로 이 바이러스의 생태가 차츰 밝혀지고 있다. 인플루엔자 바이러스는 기러기·오리류·도욧과·물떼샛과·갈매기 등의 물새 이외에도 말·소·개·고양이·쥐·표범·바다사자·고래 등의 포유류에서 분리되었다. 이는 조류에서 다양한 동물을 매개로 사람에게까지 감염될 가능성을 보여준다.

어떻게 조류 바이러스가 돼지에게 감염될까?

이 바이러스는 오랜 세월에 걸쳐 조류와 공생했기에 본래 숙주인 오리 등을 발병시키지는 않는다. 원래 사람을 포함한 다른 동물에게도 거의 해가 없는 존재였다. 그런데 야생 오리에서 가축으로 길들인 집오리에게로 바이러스가 손쉽게 감염되면서 문제가 불거졌다.

바이러스는 감염을 거듭하는 동안에 유전자를 다양하게 변이시켰고 닭 등의 다른 동물에게도 증식할 수 있도록 변이했다. 그중에서 강한 독성(고병원성)을 획득한 바이러스가 나타나 사람에게도 심각한 피해를 주게 되었다.

사람에게 감염될 때는 돼지가 중요한 연결 고리로 매개체 역할을 한다. 돼지 호흡기의 상피세포에는 사람의 인플루엔자 바이러스를 포함해 수많은 아형 바이러스가 감염될 수 있다. 물새가 가지고 있던 아형 바이러스와의 유전자 조합이 일어나면 사람에게 감염될 수 있는 아형 바이러스가 탄생한다. 돼지는 신종 인플루엔자 바이러스의 '제조 공장'인 셈이다.

어떻게 조류 바이러스가 돼지에게 감염될까? 이 물음에 대한 답은 중국 남부에서 찾을 수 있다. 농가 처마 밑에서는 집오리와 거위와 돼지를 함께 놓아 기른다. 중국 남부 농촌에 가면 흔히 볼 수 있는 광경이다. 마당에는 식용 담수어를 기르는 연못이 있고, 그 위에 그물을 쳐서 닭을 키우고, 연못에서는 물고기와 함께 집오리와 거위가 떨어지는 닭똥을 먹이로 삼아 살아간다. 돼지는 자유롭게 풀어놓아 집 주변을 어정거리며 먹이를 찾아 먹는다.

과거 100년 사이에 발생한 세계적인 인플루엔자 유행의 대부분은 중국 남부에서 기원을 찾을 수 있다는 주장은 중국 남부 농촌의 일상을 보면 단번에 이해하게 된다.

사람에게 치명적인 고병원성까지
170종으로 변이를 거듭한 인플루엔자

본래 한 종이었던 조류 인플루엔자가 변이를 되풀이하는 과정에서 수많은 아형으로 나뉘었다. 조류 인플루엔자바이러스 표면에는 두 종류의 가시 모양 단백질, HA(헤마글루티닌, hemagglutinin)와 NA(뉴라미니다제, neuraminidase)가 존재한다. HA는 바이러스막 표면 위에 있는 돌기 형태의 단백질에서 숙주 세포에 부착할 때 사용되고, NA는 바이러스가 다른 세포로 옮겨갈 때 필요하다.

HA는 항원 차이에 따라 1~17종의 아형으로, NA는 1~10종의 아형으로 나뉜다. 바이러스는 이 HA(H)와 NA(N)를 하나씩 가져 이론적으로는 170종이나 되는 바이러스를 만들어낸다.

예를 들어 최근 조류 인플루엔자는 H5N1 아형, 지난 세기 초반에 대폭발을 일으킨 스페인 독감은 H1N1 아형, 1957년 아시아 독감은 H2N2 아형, 1968년 홍콩 독감은 H3N2 아형, 1977년 러시아 독감은 H1N1 아형 조합이다. 여기서 관용적으로 '독감'이라는 표현을 사용했으나, 실제로는 인플루엔자를 말한다.

이 외에도 사람에게 유행한 전력이 있는 바이러스는 H7N3·H7N7·H7N9·H9N2 등이 있다. 그중에서도 촉각을 곤두세워야 하는 유형은 'H5' 계통 아형이다. 특히 H5N1 아형은 때로 사람에게 치명적인 '고병원성'으로 변이한다.

지금까지 아시아와 중동 15개국에서 사육 중인 닭에서 H1N5 아형이 발견되었다. 언제 대유행으로 발전할지 몰라 전 세계 방역과 감염병 전문가들이 촉각을 곤두세우고 있다.

오리 등의 물새는 아형 바이러스 대부분을 가지고 있다. 사람과 새 이외에도 H1N1 아형, H3N2 아형은 돼지에, H7N7, H3N8은 말에게서 발견되었고, 이 H3N8은 말에게서 개로 감염되었다.

20세기에 출현한 신종 인플루엔자

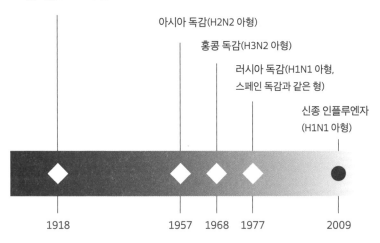

스페인 독감(H1N1 아형)

아시아 독감(H2N2 아형)

홍콩 독감(H3N2 아형)

러시아 독감(H1N1 아형, 스페인 독감과 같은 형)

신종 인플루엔자 (H1N1 아형)

1918   1957 1968 1977   2009

고래에서는 H1N1 · H1N3 · H13N2 · H13N9 감염 사례가 알려져 있다. H17N10은 오로지 박쥐에게서만 발견되었다.

조류 인플루엔자가 사람에게 감염되는 첫 사례 발생, 이후 발병자 꾸준히 증가

1996년 중국 광둥성에서 'H5N1 아형' 조류 인플루엔자에 걸린 거위가 발견되었다. 감염된 거위 40퍼센트가 폐사했다. 그 후 아시아 일대 닭에게 유행이 확대되어 양계업자에게 큰 타격을 주었다.

조류 인플루엔자의 사람 감염은 1997년 홍콩에서 최초로 전모가 드러났다. 거위가 바이러스에 감염된 이듬해였다. 18명이 감염되어 6명이 사망했다. 그때까지 사람에게 감염되지 않는다고 여겨졌던 'H5N1 아형' 조류 인플루엔자가 사람에게 감염되는 사례를 접한 국제 사회는 충격에 휩싸였다.

2001년 5월 홍콩에서 닭이 대량으로 폐사하는 사건이 발생해 감염 확대 방지를 위해 홍콩 전역에서 약 450만 마리의 닭이 살처분되었다. 그러나 바이러스는 방역망을 뚫고 세계적으로 퍼져나가 중국에서 900만 마리, 한국에서 185만 마리, 멕시코에서 210만 마리, 일본에서 약 182만 마리의 닭이 살처분되었다. 가금류 피해는 62개국으로 확대되었고 약 4억 마리가 살처분되었다.

2003년 이후로는 발병자가 꾸준히 상승 곡선을 그렸다. 2013년

WHO와 세계동물보건기구(OIE, 구 국제수역사무국) 조사에서는 서반구와 오세아니아를 제외한 15개국에서 감염자와 사망자가 나왔다.

자세한 감염 상황을 살펴보면 인도네시아 192명(160), 이집트 170명(61), 베트남 620명(61), 중국 45명(28)으로(괄호 안은 사망자 수), 아시아와 일부 중동을 중심으로 확대되어 총 630명이 발병해 374명이 사망했다. 사망률은 60퍼센트에 가까워 높았다. 사망자들은 대부분 닭과 접촉해 감염되었다는 사실이 역학조사로 밝혀졌다.

아시아에 집중된 이유는 시장에서 살아 있는 닭을 거래하는 습관이 자리 잡고 있었기 때문이다. 열악한 위생 상태와 제대로 관리되지 않은 시장 환경이 문제였다. 닭장에 들어가 일하는 사람이 대량의 바이러스를 포함한 닭의 건조된 배설물을 들이마실 위험이 충분했다.

2005년에는 30개국의 정부 고위 공직자들이 모여 조류 인플루엔자 대책회의를 개최했다. 2006년에는 러시아의 상트페테르부르크에서 열린 G8(주요 8개국 정상회담)에서 조류 인플루엔자 대책이 최우선 의제로 채택되는 등 국제 사회는 하나의 질병을 둘러싸고 공동의 위기의식을 조성하게 되었다. 이를 반영해 일시적으로 59개국과 지역에서 닭 수입을 금지하는 조치가 내려졌다.

지금까지의 경험에 비추어 조류 인플루엔자 바이러스가 변이를 일으켜 '닭에서 사람으로'뿐 아니라 '사람에게서 사람으로'

전염되는 사태로 발전하면 '감염 폭발' 위험성이 커진다.

2005년 9월 WHO는 만약 최악의 사태가 일어나 팬데믹이 선언된다면 500만 명에서 1억 5,000만 명의 사망자가 나올 가능성이 있다고 경고했다. 홍콩 아형과 러시아 아형이 출현하고 나서 30여 년이 지났기에, 과거의 유행 추이로 보건대 슬슬 강력한 '신종 바이러스'가 탄생해도 이상하지 않다.

바이러스 변이 속도가 초기 예상보다 훨씬 빠르다는 사실을 고려하면 어딘가에 숨어 사람에게 치명적인 모습으로 변신할 날을 노리고 있을 수도 있다.

'신종 플루'로 불린 돼지 인플루엔자에
전 세계 40만 명이 희생되다

2009년에 들어서고 나서도 다행히 무시무시한 대유행이 일어나지 않았다. 전문가 사이에서도 안도감이 퍼져나갔다. 그런데 4월에 다른 유전자 변이를 일으킨 '돼지 인플루엔자'가 멕시코 3개 지역과 미국 2개 지역에서 국지적으로 발생한 것이 새롭게 확인되었다. 감염자 대다수는 20세 이하 청년이었다. 최초 발생 이후 단시간에 전 세계로 확대되었다. '조류 인플루엔자'의 뒤를 이은 '돼지 인플루엔자'의 출현으로 국제 사회에 혼란이 가중되며 방역에 비상이 걸렸다.

돼지 인플루엔자 바이러스는 'H1N1 아형'으로 정체가 밝혀져

전 세계에 파문을 일으켰다. 이 아형은 과거 발생한 최악의 감염 폭발 '스페인 독감'의 원흉이었기 때문이다. WHO는 6월 11일에 팬데믹 단계에 들어섰다고 선언했고, 경계 수위를 '6단계'로 상향 조정했다. 이는 감염병 경보 단계 중 최고 수준으로 이때 최초로 발령되었다.

돼지 인플루엔자라는 이름이 돼지고기로 감염된다는 오해를 불러일으킬 수 있다는 의견이 나와 '신종 인플루엔자' 또는 '신종 플루'로 부르기로 했다.

미국 CDC가 작성한 2012년 6월 보고서에 따르면 세계 199개국과 지역에서 감염자는 약 6,100만 명, 사망자는 약 1만 8,000명을 넘어섰다고 추정했다. 일본에서는 확진 판정을 받지 않은 사람을 포함해 사망자는 203명이 나왔다.[*]

그러나 미국 조지워싱턴대학교의 론 시몬슨(Lone Simonsen) 교수가 이끄는 국제 전문가 그룹이 2013년에 발표한 자료에 따르면 세계적으로 약 12만 3,000~20만 3,000명이 사망했다. 또 인플루엔자에 걸려 면역이 약해진 상태에서 다른 병으로 인한 합병증으로 사망한 관련사까지 포함하면 수치는 40만 명으로 껑충 뛰어오른다고 주장했다.

---

[*] 우리나라 구 질병관리본부에서는 2010년 10월까지 확진자 76만 명, 사망자 270명으로 추정했다. — 옮긴이

중국에서 줄줄이 나타난 돌연변이 신종 바이러스들

조류 인플루엔자 바이러스는 바이러스 중에서도 특히 돌연변이를 잘 일으켜 신종 바이러스가 출현하기 쉬운 종류 중 하나였다. 인플루엔자가 얼마나 쉽게 변이를 일으키는지는 최근 (2014년) 중국에서 줄줄이 나타난 새로운 인플루엔자를 보면 잘 알 수 있다.

H5N6 아형 쓰촨성 위생 당국은 2014년 5월, 급성 폐렴으로 사망한 49세 남성에게서 'H5N6' 조류 인플루엔자 바이러스가 검출되었다고 발표했다. 이 유형의 바이러스가 사람에게 감염되어 사망한 사례로는 세계 최초였다. 남성은 닭과 접촉했고 인근 양계장의 닭도 모두 살처분되었다. 8월에는 베트남의 사육장에서도 이 바이러스가 검출되었다.

H7N9 아형 'H7N9' 조류 인플루엔자 바이러스가 중국 남부에 출현했다. 2013년 3월의 일이다. 상하이시에서 두 명이 바이러스에 감염되어 사망했고, 안후이성에서 여성이 중태로 입원했다. 이후 감염자가 빠른 속도로 증가해 2014년 10월 말까지 WHO로 들어온 보고에서는 베이징시, 허난성 등의 두 개 시와 세 개 성, 그리고 홍콩과 대만으로도 확대되어 441명이 감염되고 161명이 사망했다. 이 변종 바이러스도 사람에게 감염된 최초 사례로 보고되었다.

H10N8 아형 2013년 12월에는 장시성에서 73세 여성이 중증 폐렴으로 사망했다. 해가 바뀌어 인근에 살던 55세 여성이 두 번째 감염자로 보고되었다. 두 사람 모두 원인은 'H10N8' 조류 인플루엔자 바이러스였다. 이 역시 사람에게 감염된 최초의 사례로 보고되었다. 지금까지 이탈리아 등 7개국에서 야생 오리류에게 발생하는 것으로 분류되었다. 일본에서도 2006년에 홋카이도의 집오리에게서 이 변종 바이러스가 발견되었다.

바이러스로 오염된 환경이 야생동물 급감 부채질

2004년 감염이 발생했을 때 일본 교토의 양계장에서 2차 감염이 일어난 사례가 보고되었다. 닭에서 까마귀로 감염된 사례로, 닭 모이를 훔쳐 먹으려고 까마귀가 양계장에 수시로 드나들었거나 바이러스에 감염되어 폐사한 닭을 까마귀가 쪼아 먹었다는 가설이 유력했다. 또 고니, 논병아리 등 과거에 사례가 보고된 적이 없던 야생 조류 사이에 감염이 확대되었다.

독일 뮌헨공과대학교의 요제프 H. 라이히홀프(Josef H. Reichholf) 교수는 "신종 인플루엔자 바이러스는 이미 먹이사슬에 들어와 자연계에 퍼져나가면서 오염되었을 가능성이 높다"고 발표했다.

바이러스에 오염된 새의 분변이 물고기의 먹이와 비료로 널리 이용되며 하천과 호수, 늪지대로 흘러가 물고기를 오염시키고, 그 물고기를 잡아먹은 새와 그 물고기로 만든 사료를 먹은 가축에게 바이러스가 감염되었다고 추정했다. 유엔환경계획(UNEP)은 야생동물로의 감염 확대에 경고의 목소리를 냈다. 최근 급격한 야생동물 감소와 멸종은 서식지 파괴와 밀렵 등이 가장 유력한 원인이지만, 바이러스가 마수를 뻗쳐 개체수 급감을 부채질했을 가능성도 있다.

14세기 이탈리아에서 이름 붙인 '인플루엔자', 50년 주기로 대유행 반복

고대 그리스 의학자로 의학의 아버지라 일컬어지는 히포크라테스는 기원전 412년에 어떤 질병의 유행에 관한 다음과 같은 글을 남겼다.

"어느 날 갑자기 여러 주민이 고열을 내며 온몸을 사시나무 떨듯 떨었고 기침이 멈추지 않았다. 순식간에 마을 전체로 이 돌림병이 퍼져나가는가 싶더니 언제 그랬나 싶게 순식간에 잦아들었다."

이 병은 CDC의 알렉산드로스 랭뮤어(Alexander Langmuir) 박사팀의 연구로 인플루엔자라는 가설이 유력해졌다.

'인플루엔자'라는 병명은 1504년에 맨 처음 이탈리아에서 붙여졌다. 겨울만 되면 매년 유행하다가 봄이 올 무렵이 되면 수그러들었기에 당시에는 천체의 운행과 추위 등의 영향으로 발생한다고 여겨 '영향'을 의미하는 이탈리아어인 '인플루엔시아

(influenza)'라 불렀다. 1743년에 이 단어가 영어로 번역되면서 '인플루엔자'라는 발음으로 알려지기 시작해 세계적으로 이 명칭을 사용하게 되었다.

14~15세기 르네상스기 이탈리아에서도 이 감염병이 있었다. 그중에서도 1580년의 유행은 요즘 기준으로는 팬데믹으로 볼 수 있다. 인플루엔자의 유행은 아시아에서 시작되어 아프리카 대륙으로 그리고 유럽으로 퍼져나갔다. 당시 로마에서는 8,000명 이상이 사망했고, 스페인에서는 도시 하나가 통째로 사라졌다는 기록이 남아 있다. 이후 유럽에서 신대륙으로 감염의 불길이 번져나갔다.

18~19세기에는 전 세계적으로 25차례의 유행이 있었다. 전문가들은 이중 12차례는 팬데믹이었다고 보고 있다.

1729년에 시작된 인플루엔자 유행은 그해 봄에 러시아에서 서쪽으로 퍼져나가 6개월 사이에 온 유럽을 휩쓸고 지나갔다. 한 번 시작된 인플루엔자는 사그라들 줄 모르고 그 후 장장 3년 동안 세계를 제집 안방처럼 드나들며 호령했다. 첫 번째 유행의 파도가 밀려오고, 첫 번째보다 큰 두 번째, 두 번째보다 큰 세 번째 파도가 밀려오며 사망률은 하늘 높은 줄 모르고 치솟았다. 인류의 3분의 1이 감염되며 스페인 독감 이전 가장 기승을 떨친 인플루엔자 자리를 차지했다.

다음 세계적 유행은 약 50년 간격으로 1781~1782년에 일어났다. 유행은 중국에서 시작되어 러시아를 거쳐 10개월 후에 유럽에 상륙했다. 유행이 최고조에 달했던 시기에는 러시아 상트페테르부르크에서 매일 약 3만 명이, 로마에서는 전 인구의 3분의 2가, 영국에서는 전 인구의 70퍼센트가 발병했다.

그로부터 약 50년 후인 다음 세계적 유행은 1830~1833년에 발생했다. 규모만 놓고 보면 스페인 독감과 맞먹을 정도로 거대한 감염의 물결이 사람들을 덮쳤다. 이번 유행은 중국에서 시작되어 거미줄 모양으로 전 세계로 퍼져나갔다. 바다 건너 필리핀, 인도네시아에 상륙했고 히말라야를 넘어 인도로 건너갔다. 북쪽으로 진출한 감염병의 물결은 러시아를 덮쳤고, 유럽을 집어삼켰다. 1847년 러시아에서 유행해 25만 명의 사망자를 냈다.

1886~1890년 '러시아 독감'은 투르키스탄에서 먼저 나타났고 유럽 전역으로 확대되어 20만~25만 명이 사망했다. 한 세기가 저물고 새로운 세기가 시작되던 무렵인 19세기 말에서 20세기 초에 걸쳐 유럽 전역에서 닭과 칠면조 등의 가금류 대량 폐사가 발생해 양계 산업에 막대한 타격을 주었다. 당시 중세 페스트에 비견될 정도로 피해가 심각해 당시에는 '가금 페스트'(현재는 '가금 인플루엔자'라 부름)라는 말까지 나돌았다. 이 가축 감염병이 곧 닥치게 될 팬데믹의 전조였다.

20세기 이후, 신종 인플루엔자가 10~20년 주기로 다섯 차례 발생했다. 첫 번째는 나중에 다시 설명할 1918~1919년의 '스페인 독감'이다. 두 번째는 1957년 '아시아 독감'으로 동남아시아와 일본, 호주, 나중에는 북미와 유럽 등 세계 각지로 퍼져나갔다. 전 세계에서 100만 명 넘게 사망했다고 추정되며, 일본에서는 약 300만 명이 감염되어 약 5,700명이 사망했다.

그리고 네 번째는 1968~1969년 '홍콩 독감(H3N2, A형 독감)'. 홍콩에서는 6주 사이에 인구의 15퍼센트에 해당하는 약 50만 명이 감염되었다. 사망자는 전 세계에서 100만 명이 넘었다고 추정된다. 미국에서는 3만 3,800명, 일본에서도 14만 명이 감염되어 약 2,000명이 목숨을 잃었다.*

1977년부터 1978년에 걸쳐 소련에서 '러시아 독감(=소련 독감)'이 유행해 약 10만 명이 사망했다. 연구소에 보관되어 있던 바이러스가 알 수 없는 이유로 유출되어 생긴 인재였다.

다섯 번째는 2009년에 멕시코에서 시작되어 세계 199개국과 지역으로 확대되었다. WHO는 세계에서 28만 4,500명이 사망했다고 발표했다.

스페인 독감 '0호 환자'의 출처를 둘러싼 논란

감염병 역사에서 가장 큰 비극은 20세기 초 제1차 세계대전 말기에 발생한 '스페인 독감'이다. 인류 역사상 한 번의 유행으로는 가장 많은 사망자와 감염자를 내어 세계사를 크게 바꿔놓을 정도로 어마어마한 영향력을 발휘했다.

---

* 우리나라에서도 1968년 12월부터 이듬해 1월까지 다수의 환자가 발생했다. 당시 보도에서는 10만 명 정도가 감염된 것으로 추산했다. — 옮긴이

대규모 유행이 일어나면 학계와 정부에서는 '0호 환자' 찾기에 돌입한다. 쉽게 말해 최초의 감염자 찾기가 방역 대책의 기본이다. 미국의 역사학자로 의학사 전반에 통달한 앨프리드 크로즈비(Alfred W. Crosby) 교수는 캔자스주 펀스턴 기지(Fort Funston)를 진원지로 지목했다. 1918년 3월 4일 기지 안 진료소에 발열과 두통 증상을 호소하는 병사가 몰려들었다. 1,000명 이상이 감염되어 48명이 사망했는데, 군에서는 일반적인 폐렴으로 보고 사태를 수습했다.

발병한 병사는 돼지 축사 청소를 담당했다. 그런데 이 일대는 북아메리카에 서식하는 대형 야생 기러기의 일종인 캐나다기러기(학명: Branta canadensis) 무리가 날아와 겨울을 나는 지역으로 알려졌다. 기러기가 돼지에게 바이러스를 옮기고 바이러스가 돼지 몸속에서 변이를 일으켜 사람에게 감염되었다는 설이 유력하다.

한편 유럽 최고의 바이러스 연구 회사인 레트로스크린 바이롤러지(Retroscreen Virology)의 설립자로 신종 플루 특성을 분석해낸 세계적인 바이러스 학자 존 옥스퍼드(John S. Oxford)는 프랑스 기원설을 지지한다. 제1차 세계대전 중 북프랑스 에타플(Étaples)이라는 작은 마을에 영국군 군사 기지가 있었고, 평소 10만 명 안팎의 연합군 장병들이 이곳을 드나들었다.

1916년 12월에 인플루엔자와 흡사한 증상을 보이는 소대가 줄줄이 입원했고, 수많은 장병이 입원해 "전투에서 나온 사망률보다 두 배나 높았다"는 군의관의 증언이 나올 정도로 대대적인 사망자를 냈다.

'스페인 독감' 최초 발생지로 의심되는 미국 캔자스주 펀스턴 기지에서
집단 발생한 환자들과 그들을 돌보는 의료진의 모습

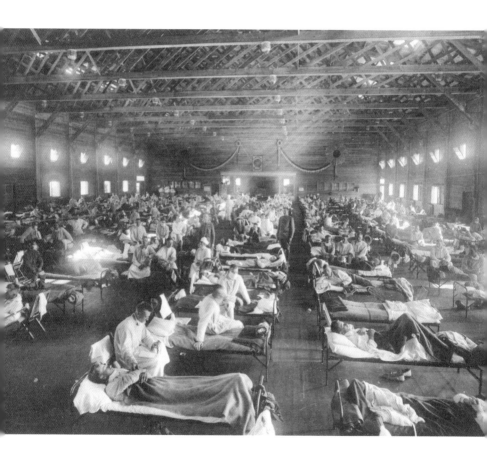

그러다 중국 기원설이 등장했다. 2013년 캐나다 뉴펀들랜드 메모리얼대학교(현재는 윌프리드로리에대학교 재직)의 역사학 교수인 마크 험프리스(Mark Humphries)는 제1차 세계대전 중에 영국과 프랑스군이 서부 전선에서 9만 6,000명의 중국인 노동자를 동원했다는 사료를 발굴했다.

또 미국 군사 기지에 유행하기 전에 스페인 독감으로 볼 수 있는 호흡기 질환이 중국 국내에서 이미 창궐하고 있었다는 기록도 찾아냈다.

중국인 노동자들은 1917년에 캐나다를 거쳐 유럽 전선으로 보내졌다. 노동자 무리에 감염자가 섞여 있다가 군인들에게 병을 옮겼고, 감염된 군인들이 귀국할 때 미국으로 병을 가져왔다는 설명이다. 당시 중국인 노동자 동원은 비밀리에 이루어졌고 또 감염된 일꾼은 일하기 싫어 꾀병을 부린다며 치료와 격리가 이루어지지 않았다는 증언과 자료를 증거로 제시했다.

발생 넉 달 만에 전 세계 장악,
강력한 독성으로 두 번째 유행 시작

펀스턴 기지에서 환자들이 발생한 지 일주일 후 뉴욕에서도 환자가 보고되었다. 1918년 8월까지 매사추세츠주 등의 기지에서는 병사들이 줄줄이 쓰러졌다.

또 유럽 전선 각지로 파병된 병사 중에 감염자가 섞여 있었기에 5~6월에는 유럽 전역에서 유행이 시작되었다. 군대의 이동과 함께 바이러스도 퍼져나갔고, 넉 달 만에 인플루엔자는 전 세계를 장악했다.

일시적인 소강상태를 보이는 듯했으나, 1918년 8월에는 프랑스 서부 브르타뉴반도 서쪽의 항만도시인 브레스트와 미국 동부 중심도시인 보스턴, 서아프리카의 영국 식민지였던 시에라리온의 수도 프리타운 세 곳의 항구에서 동시에 감염 폭발이 일어났다.

바이러스는 유행 초기와는 비교가 되지 않을 정도로 강력한 독성을 획득했다. 이 시점부터 '세컨드 웨이브(두 번째 유행)'가 도래했다.

제1차 세계대전 전장은 유럽이었으나 식민지였던 아프리카 대륙에도 바이러스의 불똥이 튀었다. 프리타운은 유럽과 남아프리카를 연결하는 서아프리카 항로의 석탄 보급 기지로 중요한 항구였다.

1918년 8월, 약 200명의 환자를 태운 군함이 입항해 수백 명의 현지 노동자가 석탄을 배에 실었다. 인부들이 배에 오른 직후부터 노동자들 사이에 인플루엔자 증상이 나타나기 시작해, 시에라리온 인구의 5퍼센트가 단기간에 인플루엔자로 사망했다. 바이러스는 항구에서 항구로 이동했고 배에서 내린 바이러스는 다시 철도와 강을 따라 아프리카 내륙부로 퍼져나갔다.

세계대전 종결까지 앞당긴 스페인 독감,
그 이름의 유래는?

중립국 스페인에서는 5~6월에 약 800만 명이 감염되어 국왕을 비롯한 각료가 쓰러지며 정부뿐 아니라 국가 기능까지 마비되었다. 제1차 세계대전 중에 상당수 국가가 정보를 통제했지만, 중립국이었던 스페인에서는 통제 없이 대대적인 유행을 보도했다. 그런 이유로 이 감염병이이 스페인에서 시작되지 않았음에도 '스페인 독감'이라는 이름이 붙게 되었다. 스페인 정부는 이 명칭에 대해 항의했지만, 이미 사람들의 입에 한참이나 오르내린 뒤라 한번 입에 밴 말을 바꾸기는 쉽지 않았다.

독일군과 영국·프랑스·미국 연합군이 교착 상태에 빠진 서부 전선에서 이상 사태가 발생했다. 바이러스는 이 최강의 방어선을 황당할 정도로 쉽게 넘어갔다. 전투는 군인들이 참호에 콩나물시루처럼 빽빽하게 들어찬 상태로 3년 반 동안이나 계속되었고 그 와중에 인플루엔자 바이러스가 침입했다.

양측 모두 병력의 절반 이상이 감염되어 전투를 벌일 형편이 아니었다. 베를린에서는 매주 평균 500명이 사망했다. 미군 전사자는 5만 3,500명이었던 데 비해 인플루엔자로 사망한 군인은 전사자를 웃도는 5만 7,000명에 달했다.

독일군도 심각한 타격을 입었다. 독일군은 인플루엔자로 약 2만 명의 병력을 잃었다. 최고 사령관 에리히 루덴도르프 장군은 1918년 7월에는 동부 전선에서 마른(Marne)강 80킬로미터 지점까지 전선을 좁히고 들어왔다. 그런데 연합군이 반격에 나서자 싱겁게 후퇴했다.

나중에 장군은 "마른강 방어선 후퇴는 결코 새로 참전한 미군이 두려워서가 아니었다. 군인들이 줄줄이 인플루엔자에 당해 무기를 나를 체력조차 없었기 때문이다"라고 고백했다.

양측 모두 전쟁 지속이 곤란해졌고 대전 종결이 앞당겨졌다. 하지만 각국에서 참전한 군인들은 유럽 전선에서 감염되어 본국으로 바이러스를 가지고 돌아가 전 세계 동시다발적으로 인플루엔자 감염이 일어났다.

1919년 일본 휩쓴 인플루엔자, 의료 붕괴와 사회기간망 마비

일본에서는 헤이안 시대 긴키 지방(지금의 교토·오사카·시가·효고·나라·와카야마·미에를 아우르는 지역)에서 인플루엔자처럼 보이는 질병이 유행했다는 기술이 남아 있고, 에도 시대에는 인플루엔자가 몇 번이나 전국적으로 유행했다. 당시 세태를 반영해 '오시치카제(お七風)', '다니카제(谷風)', '오코마카제(お駒風)' 등으로 불렀다.

오시치카제는 치정극이 방화사건으로 발전했던 야오야오시치(八百屋お七) 사건이 벌어지고 나서 얼마 후에 돌림병이 생기면서 붙여진 이름이다. 당시 사람들의 입에 자주 오르내렸던 방화

사건의 범인인 '오시치'만큼 독한 병이라는 의미였다. 또 다니카제는 스모 장사인 가니노스케 다니카제(谷風梶之助)처럼 강력한 병이라고 해서 붙여진 이름이다. 오코마카제는 인기 연극 등장인물 이름에서 따왔다.

스페인 독감이 미국에서 시작된 직후인 1918년 4월에 대만에서 순회 경기 중이던 스모 역사 세 명이 인플루엔자로 사망했고, 이후 경기를 쉬는 역사가 속출했다. 5월 8일,《아사히신문》은 〈유행하는 스모 감기, 내로라하는 장사들이 줄줄이 자리를 깔고 드러눕다〉라는 제목의 기사를 보도했다.

그해 10월 무렵에는 유럽 전선에서 유행하며 독성을 키운 스페인 독감 바이러스가 일본에 상륙해 군대와 학교처럼 단체생활을 하는 시설을 중심으로 창궐하기 시작했다.

스페인 독감은 차츰 확대되어 10월 24일 신문에는 "최근 도쿄를 덮친 무서운 돌림병으로 어느 학교에서나 몇 명에서 몇십 명이 결석"이라는 제목의 기사를 냈다. 11월에는 환자와 사망자 수가 모두 최대치에 이르렀다. 1919년 2월 신문에는 "입원 사절. 의료 붕괴. 의사와 간호사도 모두 쓰러져"라는 제목의 기사가 실렸다.

1919년 7월에는 기세가 한풀 꺾이는 듯했다. 그러다 1919년 10월 하순부터 이듬해 봄에 걸쳐 두 번째 유행이 시작되었다.《아사히신문》은 〈교통·통신 마비 직전. 철도회사와 전화국에서도 매일 500~600명의 결근자 속출〉이라며 사회 기간망이 마비 상태에 접어들었다는 소식을 전하고 있다. 유행은 일본 전국으로 확대되었다.

정부 공식 기록에 있는 내무성 위생국(후생노동성의 전신)이 1922년에 편찬한 『유행성 감염병-'스페인 독감' 대유행 기록』에 따르면 첫 번째 유행에서는 사망자 수 25만 7,363명, 환자 사망률은 1.22퍼센트였다. 두 번째 유행에서는 사망자 수 12만 7,666명, 환자 사망률 5.29퍼센트로 높아졌다. 당시 일본 인구는 5,666만 명으로 첫 번째 유행에서만 인구의 37.3퍼센트가 감염되었다.

일본 국내 감염자는 2,300만 명을 넘어섰고 사망자는 총 38만 6,000명에 달했다. 다만 이 수치는 일부 지방자치단체의 자료가 빠져 있었다. 이에 인구학자인 하야미 아키라(速水融) 게이오대학교 명예교수는 유행 시점에 사망률이 평년보다 높아지는 '초과 사망'으로 계산해 사망자 수는 45만 명 이상이라는 의견을 제시했다.

1921년에 들어서면 맹위를 떨치던 인플루엔자도 사라지는 듯했다. 1월 6일 지면에는 "나라의 앞날을 걱정해야 할 정도로 무시무시한 병이 나돌아 그 어느 해보다 불안한 마음으로 봄을 맞이했으나, 다행히 올해는 마수를 뻗치지 않고 있다"며 안도하는 분위기를 느낄 수 있다.*

---

* 우리나라의 경우 1918년 조선총독부 통계에 따르면, 인구 1,678만 3,510명 가운데 약 16.3퍼센트인 742만 2,113명이 스페인 독감에 감염되었고 그중 13만 9,128명이 사망했다. 사망률은 전체 인구 수 대비 0.83퍼센트였다. ─옮긴이

스페인 독감 유행 지역마다 마스크로 무장,
거리 풍경 바꿔놓은 바이러스

당시 세계 인구는 약 18억 명으로 적어도 그중 절반에서 3분의 1이 감염되어 사망률은 지역에 따라 10~20퍼센트였고, 세계 인구의 3~5퍼센트가 사망했다고 추정된다. 유럽과 미국 등의 선진국에서 시작해 아프리카와 아시아 개발도상국 지역으로 퍼져나갔다. 저개발 지역에서는 인플루엔자라는 병의 정체조차 알지 못했기에 속수무책으로 당하는 수밖에 없었다.

각국 사망자 수 보고를 종합하면 연구자에 따라 조금씩 편차는 있으나, 미국에서는 인구의 4분의 1이 감염되어 사망자는 국내와 참전 장병을 합해 67만 5,000명, 캐나다에서는 5만 명이었다. 특히 아메리카 선주민 피해가 커서 알래스카에서는 마을에 따라 60퍼센트 이상이 사망해 한 집 건너 한 집이 초상집인 비극이 벌어졌다. 영국에서는 28만 명, 프랑스에서는 360만 명, 독일에서는 58만 명, 스페인에서는 29만 명이 사망했다.

인도에서도 국민의 5퍼센트에 해당하는 1,850만 명이, 중국에서도 1,000만 명, 인도네시아에서도 150만 명이 각각 사망자 명단에 이름을 올렸다. 뉴질랜드에서는 군함이 기항한 직후부터 유행이 시작되어 8,600명이 사망했다. 뉴질랜드에서 시작된 남반구 유행의 불길은 남태평양 섬들로 번져나가, 가장 피해가 심했던 서사모아(오늘날의 사모아)에서는 인구의 90퍼센트가 발병해 3만 8,000명의 섬 주민 약 20퍼센트가 사망했다.

지구상 사람이 사는 거주 지역 중에서 화를 면한 곳은 많지 않았다. 브라질의 아마존강 하구에 있는 스위스 크기와 비슷한 마라조섬, 나폴레옹 유배지로 유명한 남대서양의 세인트헬레나섬, 남태평양의 뉴기니섬 정도만 역병의 습격을 피할 수 있었다.

미국의 세균학자이자 공중보건학자인 에드윈 조던(Edwin O. Jordan)이 1927년에 발표한 대륙별 추정 사망자 수는 북미와 중미가 106만 명, 남미 33만 명, 유럽 216만 명, 아시아 1,575만 명 등 2,000만~2,700만 명이다. 사망자 수는 이 외에도 다양하게 추정되며 2,000만 명에서 5,000만 명까지 그 폭이 크다. 또 사망자가 1억 명을 넘었다는 주장도 발표되었다.

미국 워싱턴대학교의 크리스토퍼 머레이(Christopher J. L. Murray) 변이통계학 교수에 따르면 최근 연구로 아시아와 아프리카 지역 등 여태까지 조사되지 않은 지역에서 감염의 확산 추세가 밝혀졌다. 당시 사망률을 재검토해 사망자 수는 5,100만 명에서 최대 8,100만 명으로 추정했다. 그의 추정치에 따르면 사하라 이남 아프리카 1,800만 명, 남아시아 1,300만 명, 동아시아 2,000만 명이 사망했다.

스페인 독감은 유행한 지역마다 거리의 풍경을 완전히 바꾸어놓았다. 학교와 공공기관은 폐쇄되었고, 외출하는 사람은 모두 입과 코를 꽁꽁 싸매는 마스크로 무장했다. 샌프란시스코에서는 경찰이 마스크를 착용하지 않은 사람을 체포했다. 마을 입구에 자경단 검문소를 설치해 낯선 외부인 출입을 막는 모습도 볼 수 있었다.

수상한 치료법과 엉터리 약물을 팔아 한몫 챙기는, 서민을 등치는 사기꾼들이 극성을 부렸다. 극장 입구에는 '재채기나 기침 증상이 있는 사람 입장 금지'라는 안내판이 내걸렸다. 마치 14세기 페스트 유행 당시를 떠올리게 하는 모습이었다.

스페인 독감이 한바탕 세계를 휩쓸고 난 후 10년 정도는 눈에 띄지 않는 형태로 유행이 계속되었다. 인플루엔자는 그렇게 깊숙이 숨어 모습을 감추었나 싶더니 반세기 이상 지난 1976년 미국 뉴저지주의 포트 딕스(Fort Dix) 기지에서 모습을 드러내 500명 넘게 감염되었고 한 명이 사망했다. 당시 보관되어 있던 바이러스가 시설에서 유출되었다는 가능성이 제기되었다.

백신 개발 속도보다 빠른 바이러스 변이 속도

스페인 독감의 정체는 1933년에 최초로 밝혀졌다. 그때까지 현미경으로는 세균보다 작은 바이러스는 관찰할 수 없었다. 이후 인플루엔자에는 A, B, C라는 세 가지 유형이 있다는 사실이 밝혀졌다. '스페인 독감 바이러스'는 A형으로, 이후 세계적 대유행인 펜데믹을 일으킨 바이러스가 모두 이 유형에 속했다. 스페인 독감 바이러스는 현재 분류로는 'A형 인플루엔자 바이러스 H1N1 아형(H1N1)'에 속한다.

B형 인플루엔자는 사람에게만 감염되는데 증상은 일반적인 감기와 매우 유사하다. 증상이 가벼워 일반적인 감기 정도로 앓

고 지나가는 사람이 많다. C형은 주로 다섯 살 이하 영유아가 감염되며 콧물이 많이 나는 게 특징이다. 계절을 타지 않고 일 년 내내 발생한다.

1990년대 중반에 미국 육군 병리학 연구소의 제프리 타우벤버거(Jeffry Taubenburger) 박사가 스페인 독감 유행 당시 알래스카에서 사망해 매장된 선주민의 시신에서 바이러스를 분리하는 데 성공했다. 이 바이러스를 복원해 실험 쥐에게 투여하자 단시간에 폐사해 강력한 독성이 다시금 증명되었다.

인플루엔자 바이러스는 에이즈바이러스(HIV)와 마찬가지인 RNA 바이러스에 속하며 포유류가 100만 년에 걸쳐 이룬 진화를 1년이면 따라잡을 수 있을 정도로 변이 속도가 빠르다. 끊임없이 변이를 거듭해 백신을 만들어도 완성될 무렵에는 모습을 바꾸어 백신이 효력을 발휘하지 못할 때가 있다.

습지가 사라지면 집단 감염병이 창궐한다?

예전부터 자연계에 존재했던 조류 인플루엔자 바이러스가 왜 최근 들어 부쩍 맹위를 떨치기 시작했을까? 커트 J. 반데그리프트(Kurt J. Vandegrift) 교수가 이끄는 미국 캘리포니아대학교 산타크루즈 캠퍼스 연구팀은 지구 환경 변화가 영향을 미쳤다는 가설을 내놓았다.

습지 보전을 위한 국제기관인 람사르협약 사무국은 농지 전환

기러기와 오리의 월동지, 홋카이도 미야지마 습지

과 개발로 과거 반세기에 세계 습지의 50퍼센트가 사라졌다고 발표했다. 캘리포니아주에서는 지금까지 습지의 90퍼센트가 사라졌다. 일본에서도 50퍼센트의 습지가 소실되었다.

습지가 자취를 감추며 오리 등 물새류의 월동지는 좁아지고 과밀해졌다. 또 아시아의 논 지대에서는 생산량을 늘리기 위해 휴경기를 두지 않고 일년 내내 농사를 짓게 되어 추수 후에 논밭에 떨어진 낟알을 먹고 사는 새들의 먹이가 계속 줄어들고 있다. 먹이 부족에 월동지까지 과밀해지자 예전보다 오리가 바이러스에 감염될 기회가 훨씬 더 늘어났다.

공기 감염으로 확대되는 인플루엔자는 인구 밀도가 높은 '도시'에 적응한 바이러스다. 과거 대발생을 살펴보면 고대 그리스·로마·상트페테르부르크·뉴욕·도쿄 등 대도시에서 주로 발생했다. 그리고 군대·공장·학교 등 사람이 모이는 장소가 바이러스의 온상이었다. 인구 밀도가 낮은 곳에서 바이러스는 오래 버티지 못하고 꼬리를 감추고 사라졌다.

18세기 영국에서 시작된 산업혁명과 공업화로 수많은 사람이 과밀한 대도시에 빽빽하게 모여 살게 되면서 인플루엔자 이외에도 결핵과 콜레라 등의 질병이 대유행했다(④, ⑮장 참조). 게다가 도시의 공장에는 면역력이 없는 노동자가 무방비 상태로 농촌에서 도시로 유입됐다. 교통과 물류 발달로 인간, 동물의 광역 이동이 비약적으로 늘어나 단기간에 세계적 유행으로 발전하게 되었다.

기침과 재채기의 침방울은 바이러스를 옮기는
총알 택배 배달원

바이러스가 기도 점막에 달라붙으면 맹렬한 속도로 증식해 감염자의 '기침'과 '재채기'로 사람이 우글거리는 도시에 흩뿌려진다. 시속 150킬로미터 속도로 흩뿌려진 재채기의 침방울은 바이러스를 옮기는 총알 택배 배달원이나 다름없다. 인플루엔자 잠복기는 매우 짧아 단기간에 대유행을 일으킬 수 있다. 즉 과밀사회에 완벽하게 적응한 약삭빠른 바이러스인 셈이다.

NHK 정보 방송인 '다메시테 갓텐'(2006년 2월 1일 방송)이 재미난 실험을 방영했다. 감염자가 재채기할 때 나오는 침방울이 얼마나 멀리까지 날아가는지, 얼마나 오래 공기 중에서 살 수 있는지를 실험으로 보여주었다. 재채기하는 순간을 고속 카메라로 촬영해보니 여성은 1미터, 남성은 2미터나 침방울이 날아갔다.

밀폐된 공간에는 약 5,000개의 바이러스가 부유한다. 3시간 후 측정하면 12만 개, 6시간 후 5만 개, 9시간 후 5,000개, 12시간 후에는 아주 미량의 바이러스가 검출되었다.

2002~2003년 사스(⑤장 참조) 유행 기간에 전 세계에서 40개 항공편에 감염자가 탑승했다. 이후 CDC의 추적 조사에 따르면 이중 다른 승객에게 감염된 항공기는 5기로, 기내에서 37명의 감염자가 나왔다.

다만 항공사 전문가에 따르면 이후 기내 환기 시스템은 공기가 위에서 아래로 흐르고 앞뒤로는 흐르지 않도록 개선되었고,

기내 공기는 약 3분마다 교환된다고 한다. 또 재환기되는 공기는 고성능 필터를 거치기에 바이러스와 세균 대부분이 제거된다는 다행스러운 소식이다.

'돼지 인플루엔자' 발생원은 과도한 밀집 사육과
비위생적 환경으로 악명 높은 대형 양돈장

이번 4반 세기 동안에 세계적으로 식육 소비가 급증하고 있다. 특히 닭고기 소비량은 6배 가까이 늘어났다. 유엔식량농업기구 (FAO)에 따르면 전 세계에서 사육되는 닭은 2010년에 약 200억 마리로 집계되었다. 최근 10년 사이에 사육 두수가 세 배나 증가했다. 이중 24퍼센트를 중국이 차지하고, 아시아 전체에서는 55퍼센트가 사육되고 있다.

예전에는 주로 신선한 달걀을 얻기 위해 농가 마당에 닭 몇 마리를 놓아 길렀다. 그러다 최근에는 수만 마리에서 수십만 마리를 모아 사육해 한꺼번에 출하하는 공장식 양계장이 대세가 되었다. 세계 최대 양계 공장으로 일컬어지는 브라질 남동부의 만티케이라(Mantiqueira) 농장은 800만 마리를 사육해 하루 540만 마리의 닭을 생산한다. 닭은 자연광과 외부 공기가 거의 들어오지 않는 밀폐식 양계장에서 평생을 산다. 꼼짝도 할 수 없는 좁은 닭장에서 여러 마리의 닭을 몰아넣고 사육하는 방식이다.

닭은 유전자변형(GOM) 옥수수로 만든 먹이를 먹고, 억지로 피둥피둥 살이 찐다. 40~60일 정도 사육하면 컨베이어벨트를 타고 도축 시설로 옮겨져 자동 기계로 도축되어 가공된다. 예전에는 80일 정도 걸렸는데 성장촉진 약물을 투여해 사육 기간을 단축했다. 패스트푸드 업체에 납품되는 닭과 마트용 저렴한 구이용 닭은 대량 생산으로 원가 절감을 다투는 '공산품'으로 변신했다.

돼지 사육 현장도 닭과 별반 다르지 않다. 돼지는 전 세계에서 약 8억 마리가 사육되고, 그중 60퍼센트가 중국산이다. 멕시코에서 최초로 출현한 '돼지 인플루엔자'는 멕시코에 진출한 대형 양돈회사가 경영하는 거대 양돈장이 발생원으로 의심된다. 여기서 연간 100만 마리 가까운 돼지를 출하하는데, 과도한 밀집 사육과 비위생적 환경으로 악명 높은 양돈장이다.

인플루엔자로 쓰러지거나
인플루엔자를 극복한 유명인들

전 세계에서 수많은 저명인사가 스페인 독감으로 사망했다. 스페인 독감 사망자 명단에는 빈에서 활약한 화가로 스물여덟 살에 세상을 떠난 에곤 실레(Egon Schiele)와 쉰다섯 살에 눈을 감은 구스타프 클림트(Gustav Klimt)의 이름이 올라 있다. 실레는 죽기 사흘 전에 부인 에디트를 스페인 독감으로 잃었다. 〈절규〉라는 그림으로 유명한 노르웨이 출신 화가 에드바르 뭉크(Edvard Munch)는 놀랍게도 스페인 독감에 걸렸으나 회복해 '스페인 독감을 앓은 후의 자화상'을 그렸다.

그 밖에 기욤 아폴리네르(Guillaume Apollinaire, 이탈리아 출신 시인), 흔히 막스 베버(Max Weber)로 불리는 막시밀리안 카를 에밀 베버(Maximilian Carl Emil Weber, 독일의 사회·정치학자)도 사망자 명단에 이름을 올렸다.

프랭클린 루스벨트와 우드로 윌슨, 두 미국 전 대통령은 가까스로 목숨을 건졌다. 또 독일 제국 황제 빌헬름 2세와 영국 총리 데이비드 로이드 조지(David Lloyd George), 미국의 영화 제작자인 월트 디즈니도 살아남았다. 에티오피아 국왕 하일레 셀라시에(Haille Selassie), 미국 작가인 캐서린 앤 포터(Katherine Anne Porter)도 생존자 명단에 이름을 올렸다. 캐서린 앤 포터는 자신의 경험을 바탕으로 『창백한 말, 창백한 기수(Pale Horse, Pale Rider)』라는 책을 썼다.

인간면역결핍바이러스가 일으킨
세기말 감염증, 에이즈
― 선진국·개도국 간 치료 격차 줄이기가 과제

느닷없이 나타난 기묘한 질병,
악성 카포시 육종의 정체

전 세계 에이즈 신규 환자 수는 정점을 찍고 가까스로 하락 국면에 접어들었다. 한때 소돔과 고모라처럼 타락한 세상에 내리는 천벌이라며 세상을 떠들썩하게 만들었던 에이즈는 이제 거의 화제에 오르지 않게 되었다. 그러나 여전히 아프리카에서 에이즈는 최대 사망 원인이며 개발도상국 지역으로 한정하면 폐렴의 뒤를 이어 사망 원인 2위를 차지하고 있다.

선진국에서는 급격히 줄어드는 추세지만 일본은 사실상 감염자가 늘어나는 유일한 선진국이다. 2013년 11월에도 인간면역결핍바이러스(HIV)에 감염된 헌혈자의 혈액이 검사에서 걸러지지 못하고 두 사람에게 수혈되어 한 사람이 감염되는 사고가 일어났다.

에이즈는 1979년 어느 날 갑자기 문명사회에 모습을 드러냈다. 미국 로스앤젤레스의 개업의가 내원한 남성 동성애자 환자 중에 발열, 체중 감소, 림프절 부종, 만성적 설사 등의 증상을 보이는 사람이 늘어나고 있다는 사실을 발견하고 보건 당국에 신고했다.

또 일반적으로 보기 어려운 '주폐포자충 폐렴(Pneumocystis pneumonia)'에 감염된 환자가 잇따라 발견되었다. 당시에는 '카리니 폐렴(P. carinii pneumonia)'이라 불렀는데, 이후 다른 원인으로 판명되었다. 이 폐렴의 원인 진균류(곰팡이)인 주폐포자충은 네 살까지 75퍼센트가 감염되는 '상재균'(⑥장 참조)이다.

이듬해인 1980년에는 뉴욕에서도 남성 동성애자 사이에 기묘한 면역 부전 증상 사례가 증가했다. 그중 하나가 '악성 카포시 육종(kaposi's sarcoma)'이라는 사람헤르페스바이러스 8형(HHV-8, 제9장 참조)이 원인인 아주 희귀한 피부암이었다. 이 바이러스에 감염되면 전신에 올록볼록한 혹 같은 반점이 돋아난다. 환자 대부분은 동성애자가 모여 자유롭게 짝을 찾고 관계를 맺는 클럽 단골이었다.

주폐포자충과 HHV-8 이 두 가지 병원체는 건강한 사람에게는 해를 끼치지 않지만, 에이즈뿐 아니라 말기암 환자와 미숙아와 장기 이식 후에 면역 억제제 치료를 받는 사람에게 '기회균 감염'을 일으킨다(⑥장 참조).

1981년 5월에는 뉴욕의 동성애 소식지에 기묘한 폐렴이 퍼지고 있다는 기사가 실렸다. 7월 3일《뉴욕타임스》에 "41명의 동성애자에게서 발견된 희귀 암"이라는 제목으로 1면 머리기사를 장식했다. 에이즈에 관해 최초로 보도하며 신호탄을 터뜨린 기사였다. 첫 기사가 나오고 얼마 지나지 않아 에이즈는 세기말을 상징하는 병으로 자리매김했고 언론이 앞다투어 보도하며 전 세계 신문 지면은 에이즈 기사로 도배되는 사태에 이르렀다.

에이즈의 진원지를 찾아라,
에이즈 의심 사례 색출이 시작되다

연구자들의 관심은 언제 어디서 이 기묘한 질병이 시작되었는지에 집중되었다. 과거에 의학잡지에 발표된 병증 사례와 보관된 보존 혈청과 병리 표본에서 에이즈로 의심되는 증례 색출이 각국에서 시작되었다.

미국에서는 1959년에 뉴욕 선박 회사에서 일하는 마흔아홉 살 아이티계 미국인 남성 사례가 가장 오래된 사례로 보고되었다. 그 남성은 주폐포자충 폐렴으로 사망했다. 또 1969년에 미주리주에서 사망한 열여덟 살 동성애 흑인 소년에게서 카포시 육종이 발견되었다.

1976년에는 노르웨이인 선원 부부와 딸 일가 세 명이 연이어 사망했다. 남편은 사망하기 8년 전에 서아프리카에 머물렀다. 1960년대 초기에 아프리카에서 감염되었다는 추정이 나왔다. 또 1977년에 덴마크인 외과의, 1979년에 독일인 바이올리니스트가 에이즈로 진단할 수 있는 증상으로 사망한 사례가 밝혀졌다.

유럽과 미국의 감염자는 모두 아프리카 여행 이력이 있거나 체류 기록이 있어, 에이즈 진원지로 아프리카에 시선이 집중되었다. 과거 아프리카인에게서 채혈해 보관하던 혈청으로 재검사가 이루어졌다.

옛 벨기에 식민지였던 콩고민주공화국(이하 콩고)에서는 난치병에 걸리면 벨기에 병원까지 원정 치료를 받으러 가는 경우가 많았기에 본국 병원에 혈청과 진료 기록이 남아 있었다.

진료 기록을 이 잡듯 뒤진 결과 아프리카에서 가장 오래된 양성 혈청은 1959년 레오폴드빌(Léopoldville, 오늘날의 킨샤사) 출신 반투족 성인 남성에게서 채취한 샘플로 밝혀졌다. 알려진 바로는 그 남성이 에이즈 초기 환자였다. 그 이듬해에 채혈된 콩고인 여성 혈청에서도 두 번째 감염이 확인되었다. 이 무렵 콩고에서는 에이즈가 상당히 퍼져 있었던 모양이다.

수도 킨샤사에서는 1975년 무렵부터 체중이 급격히 감소하고 아무리 치료해도 낫지 않는 심각한 설사 증상을 보이는 환자가 발견되었다. 1981년 이전에 아프리카에서 발병해 에이즈로 의심되는 환자 서른여덟 명의 감염 경로를 추적한 연구에서는 스물아홉 건의 사례가 콩고와 관련 있었다. 또 1980년대 초에는 잠비아와 르완다에서도 카포시 육종 환자가 보고되었다.

에이즈 양성자 10퍼센트가 태내나 수유 중 감염된 아이들

아프리카에서 최초의 에이즈 집단 발병으로 주목을 모은 사건은 '슬림병(slim disease)'이었다. 1982년 가을에 우간다 남부의 탄자니아 국경 부근 빅토리아 호수 근처에 있는 마을에서 괴질이 발생했다. 이 병에 걸린 사람은 기력이 떨어지며 시름시름 앓다가 살가죽과 뼈가 맞붙을 정도로 깡말라 죽는다고 해서 붙여진 이름이다. 500명 정도의 마을 사람 중 17명이 이 괴질로 연거푸 사망했다. 사망자 대부분은 국경을 넘나드는 밀수꾼이었다.

1987년에 '슬림병' 환자는 6,000명에 달하며 사태가 한층 심각해졌다. HIV 양성률은 우간다 수도 캄팔라의 성매매 종사자 중 70퍼센트가 감염되었고, 트럭 운전사는 33퍼센트 감염률을 보였다. 양성자 10퍼센트가 어머니 뱃속이나 수유 중에 감염된 아이들이었다.

이 무렵 빅토리아 호수 주변에서는 나일 파치(Lates niloticus)라는 몸길이 2미터가 넘는 대형 외래종 물고기 어획이 증가해 일본을 포함한 세계 각국으로 수출하기 시작했다. 어부들의 기지가 된 링기티섬(Ringiti island)은 원래 무인도였는데, 고기잡이로 돈을 벌려는 사람들이 모여들며 6,000명이 사는 마을로 발전했다.

어부들에게 목돈이 굴러들어왔고 그 돈을 노린 성매매 종사자들이 각지에서 몰려들었다. 내가 섬을 찾았던 1988년에는 섬 주민의 30~40퍼센트가 에이즈에 걸렸고 진료소 창고에는 치료 시기를 놓쳐 사망한 사람들의 시신이 쌓여 있었다.

1983년부터 1984년에 걸쳐 아프리카 각지에서 에이즈가 폭발적으로 증가했고, 그 유행의 중심은 콩고에서 르완다에 걸쳐 있었다. 유행은 이 지역에서 거미줄 모양으로 퍼져나가 동쪽으로는 우간다·브룬디·케냐·탄자니아, 북쪽으로는 중앙아프리카, 서쪽으로는 콩고·나이지리아, 남쪽으로는 잠비아·말라위 등의 국가들에서 감염이 폭발적으로 증가하는 상황이었다.

에이즈바이러스 발견을 둘러싼
프랑스와 미국의 치열한 선두 다툼

1982년이 되어 에이즈의 원인은 바이러스로 인한 감염으로 인체의 면역세포가 파괴되며 일어나는 질병으로 확정되었다. '후천성면역결핍 증후군(Acquired Immune Deficiency Syndrome)'이라는 병명이 붙여졌고, 머리글자를 따서 '에이즈(AIDS)'라고 부르게 되었다.

이 바이러스를 누가 최초로 포착할지를 두고 학계에서 경쟁이 벌어졌다. 발견을 둘러싼 치열한 다툼은 과학사 전반에 나타나는 일반적인 현상이다. 에이즈바이러스를 둘러싸고도 소리 없는 전쟁이 벌어졌다. 공명심에 상업주의까지 얽히며 국제전 양상으로 발전했다. 프랑스의 파스퇴르 연구소 뤼크 몽타니에 박사가 이끄는 연구팀은 1983년, 남성 동성애자 환자에게서 분리한 바이러스를 LAV(임파종 결합 바이러스, Lymphadenopathy Associated Virus)

라 이름 붙였고 에이즈 병원 바이러스라고 발표했다. 그리고 샘플을 미국 국립보건원(NIH)의 로버트 갈로(Robert C. Gallo) 박사에게 보냈다.

갈로 박사 연구팀은 1984년 4월에 에이즈 환자에게서 분리한 바이러스를 '인간 T세포 백혈병 바이러스(HTLV) 3형'(⑭장 참조)이라고 명명하고 이 바이러스야말로 에이즈 원인 바이러스라고 발표했다. 이를 바탕으로 미국 제약회사가 특허를 취득해 검사 키트를 발매했다.

이후 추가 시험에서 LAV와 HTLV-3 두 바이러스의 유전자는 완전히 같다는 검사 결과가 나와 프랑스 측은 미국의 '도용'이라고 비난하며 거센 공방전이 벌어졌다. 당시 레이건 미국 대통령과 시라크 프랑스 총리 사이에 정치적 결단이 이루어져 최종적으로 미국 측이 프랑스 측의 주장을 인정했다.

바이러스의 명칭도 'human immunodeficiency virus(인간면역결핍 바이러스)'의 머리글자를 따서 HIV로 통일되었다. 몽타니에 박사 연구팀 소속 두 프랑스 과학자가 HIV 발견자로 인정되어 2008년 노벨 생리학·의학상을 받았다. 오늘날에는 'HIV/에이즈'라는 호칭이 일반적이다. HIV는 바이러스 감염자를, 에이즈는 발병자를 뜻한다.

한편 1978년에 대서양의 세네갈 연안의 카보베르데 제도에서 에이즈를 쏙 빼닮았으나 병의 진행이 느린 포르투갈인 환자가 발견되었다. 1966년에 과거 포르투갈 식민지였던 기니비사우에서 감염되었을 확률이 크다고 봤다. 1985년에 몽타니에 박사 연구팀이 이 환자에게서 바이러스를 분리해 조사한 결과 HIV의 일종이라는 사실이 판명되었다. 훗날 HIV-2형으로 명명되었다.

그 후 서아프리카 각지에서 감염자가 여럿 발견되었다. 이 2형도 면역계를 공격해 1형과 마찬가지로 기회균 감염증을 일으킨다. 다만 병원성과 감염력이 낮아 국소적인 유행에 그치고 있다.

아프리카를 넘어 전 세계로 번질수록
차별과 편견도 깊어져

아프리카에서 유럽으로 에이즈 유행의 불길이 번져나가는 것과 거의 동시에 서반구에서도 HIV는 깊이 잠행하고 있었다. 서반구 침입 지점은 1960년대 말부터 1970년대 초에 걸쳐 카리브해 아이티로 추정되었다.

콩고 등 서아프리카의 프랑스어권 지역에서는 1960년 전후로 독립하고 구 종주국인 프랑스인과 벨기에인을 추방해 인력 공백이 발생했다. 그 구멍을 메우기 위해 같은 프랑스어권인 아이티에서 교사와 기술자 등 약 4,500명의 전문가를 초빙했다. 그 전문가들이 HIV를 모국 아이티로 가지고 돌아가 1966년 무렵에 아이티에서 에이즈가 최초로 발생했다고 보고 있다.

당시에는 혈액을 돈으로 거래하는 매혈이 성행했고, 피를 뽑을 때 사용한 주사기로 감염이 급격히 확대되었다. 게다가 감염된 혈액을 혈액 제제 원료로 수출해 미국과 캐나다, 브라질 등 서반구 전역으로 바이러스가 퍼져나갔다. 한편 아이티에서는 동성애자들이 미국 등의 개방적인 국가로 동성애 관광을 떠났고, 미국으로 밀입국한 동성애자가 HIV를 들여와 퍼졌다고 볼 수 있다.

이 단계에서 감염된 북미 에이즈 환자의 92퍼센트가 남성 동성애자였다. 특히 미국 CDC는 에어 캐나다(Air Canada)에서 객실 승무원으로 일하던 가에탕 뒤가(Gaëtan Dugas)라는 동성애자 남성에 주목했다. 잘생기고 열정이 넘쳤던 그는 근무와 휴가로 북미의 여러 도시를 찾을 때마다 동성애자들이 모이는 장소에서 자유로운 관계를 즐겼다.

추적 조사로 1982년 4월 미국에서 에이즈로 진단받은 248명 중 적어도 40명이 가에탕 뒤가와 접점이 있다는 사실이 밝혀졌다. 미국과 앞서거니 뒤서거니 코펜하겐·런던·제네바·파리·바르셀로나 등의 유럽 7개국 도시에서 남성 동성애자가 면역 부전을 일으켜 사망했다.

1984~1985년에 항체 검사법이 확립되자 아프리카 대륙, 북미, 카리브해, 브라질 등의 중남미, 태국과 캄보디아 등의 동남아시아에서도 환자 급증 보고가 줄을 이었다. 바야흐로 에이즈는 팬데믹 단계에 접어들었다. 남자 동성애자 사이에 감염자가 증가했고, 태내 또는 출산 시에 감염되는 신생아 에이즈도 가파르게 증가했다. '게이 희귀병'에서 '인류 최대의 위협'으로 격상한 것이다.

나는 1980년대 중반에 케냐에 머물렀는데, 아프리카 대륙에서 에이즈가 말 그대로 감염 폭발을 일으키는 상황을 내 눈으로 직접 목격했다. 당시 근무하던 국제기관에서도 현지 직원의 모습이 한 사람씩 사라졌고, 사람들이 모이면 온통 에이즈 이야기뿐이었다. 병원은 환자들로 미어터졌고 복도와 통로에까지 환자가 넘쳐났다. 영안실은 시신을 수용하지 못해 병원 부지에 시신을 쌓아두어 시체 썩는 냄새가 코를 찔렀다.

역병의 대유행은 환자에 대한 편견과 차별로 이어졌고, 에이즈는 유행 시작 때부터 사회적 반감을 초래할 요소를 충분히 갖추고 있었다. 항문성교와 주사기 재사용이 일반적인 남성 동성애자와 마약 중독자 사이에 눈에 띄는 유행이 나타났고, 남녀 사이의 성관계를 통해 가랑비에 옷 젖듯 조금씩 바이러스가 퍼져나갔다. 30년에 달하는 과학자들의 분투에도 불구하고 결정적인 치료법은 나오지 않았다.

나중에 남녀의 일반적인 성행위로는 에이즈 감염 확률이 1.0퍼센트 이하이고, 항문성교로는 3.0퍼센트로 상승하고, 매독 등으로 궤양이 있으면 10배 이상으로 껑충 뛰어오른다는 사실이 밝혀졌다. 이러한 바이러스의 특징이 동성애자 사이에 감염 폭발이 일어난 원인이었다.

에이즈는 발생 초기부터 꺼림칙한 질병으로 사회적 편견의 대상이 되었다. 지금도 감염자의 자살, 이직, 이혼 등의 비율이 일반인보다 높다. 뉴욕주 위생 당국의 2007년 조사에서는 에이즈 감염자의 자살률은 지역에 따라 비감염자의 7~36배에 달했다. 다행히 항에이즈바이러스 약물의 보급으로 자살률은 반으로 줄어들었다.

에이즈의 기원은 아프리카산 영장류
카메룬 침팬지의 '세이즈'로 판명

면역세포라는 인체의 강력한 방어벽을 파괴하는 최강의 바이러스는 어디에서 왔을까? 연구자들은 자연계에서 HIV와 가장 닮은꼴인 바이러스를 찾아 탐색을 계속했다. 연구자들의 끈질긴 추적으로 사바나원숭이·칼라맹거베이·개코원숭이·맨드릴 등 아프리카산 영장류 대부분과 소·집고양이·사자·말·양·염소 등에 HIV와 같은 종류의 바이러스가 존재한다는 사실이 밝혀졌다.

영장류의 HIV는 우연히 발견되었다. 1970년대에 캘리포니아대학교 데이비스 캠퍼스에서 실험동물로 사육하던 아시아산 영장류인 마카크원숭이 네 마리가 악성 림프종과 기회균 감염으로 사망했다.

HIV 발견 2년 후에 이 원숭이들의 사망 원인인 바이러스가 HIV와 흡사하다는 사실이 판명되었다. 영장류의 에이즈를 의미하는 '세이즈(SAIDS, simian AIDS)' 바이러스에는 SIV라는 이름이 붙었다.

그러나 같은 장소에서 사육 중이던 다른 아프리카산 영장류가 발병했다는 흔적은 찾지 못했다. 아프리카산 원숭이는 면역력이 있어서 화를 면했으나 면역력이 없던 아시아산 원숭이에게는 치명적이었다.

유전자 배열을 비교하자 HIV와 SIV는 아주 가까운 관계였다.

에이즈의 기원은 아프리카산 영장류라는 사실이 거의 확정된 순간이었다. 아프리카산 영장류의 SIV를 철저하게 연구해 지금까지 45종의 아프리카산 영장류에서 각각 고유의 SIV가 발견되었다.

현재 아프리카산 영장류에서 관찰되는 SIV는 서아프리카의 카메룬 연안의 비오코섬(Bioko)에서 3만 2,000년 전에 출현했다는 사실이 밝혀졌다. 감염 직후에 아마 많은 숙주가 희생되었을 터이고, 이후 면역을 획득한 개체와 평화롭게 공존했다는 가설이 유력하다.

미국 앨라배마대학교 소속 연구팀은 아프리카 카메룬에서 가봉에 걸친 열대림에 서식하는 침팬지의 아종인 체고침팬지(P. t. troglodytes)와 서부로랜드고릴라의 SIV가 HIV-1형과 유전자의 90퍼센트를 공유하는 가장 가까운 구조의 바이러스임을 명확히 밝혀냈다. 다만 침팬지가 바이러스에 감염되어 발병한 흔적은 찾지 못했다.

한편 HIV-2 감염자는 기니비사우와 시에라리온 등 서아프리카 7개국에 집중되어 있었다. 이 일대에 서식하는 검댕맹거베이(학명 : Cercocebus atys)라는 긴꼬리원숭잇과 영장류에서 분리해낸 SIV와 매우 가까웠다.

이 종은 현지인들이 고기를 얻기 위해 사냥한 탓에 개체수가 급감해 현재 멸종 위기종으로 지정되었다. 야생 검댕맹거베이의 20~30퍼센트가 자연 감염 상태에 있었지만 그들에게서 발병 흔적은 역시 찾지 못했다.

에이즈의 돌발적 유행을 설명하는 가설들

미국 뉴멕시코주 로스앨러모스 국립연구소 연구팀이 에이즈 바이러스 유전자 정보 변화 속도를 슈퍼컴퓨터로 해석했다. 슈퍼컴퓨터는 1910~1950년에 체고침팬지의 SIV가 돌연변이를 일으켜 HIV-1형으로 변이했다는 결론을 내놓았다. 이 바이러스는 침팬지와 공존했으나, 돌연변이를 일으켜 인간에게 감염되었을 가능성이 크다. 한편 HIV-2형은 1940년 전후에 기니비사우에서 출현했다는 가설이 유력해졌다.

이 감염은 아마 옛날부터 현지 주민 사이에 이루어진 침팬지 사냥 때 일어났다고 추정할 수 있다. 서·중앙아프리카에서는 지금도 침팬지 등의 영장류 고기를 일반적으로 섭취한다. 콩고 열대림에서 현지 조사 당시 훈제한 원숭이를 장작더미처럼 길가에 쌓아두고 파는 모습을 흔히 볼 수 있었다. 이 일대가 에이즈 유행의 진원지였다는 게 이상하지 않다.

침팬지를 죽이거나 해체하거나 조리할 때 침팬지 혈액 속의 HIV에 노출되어 돌연변이를 일으킨 바이러스가 인간에게 감염되었나는 '사냥꾼 가설'이 유력하다. 그러나 수수께끼는 여전히 남아 있다. 사람은 훨씬 옛날부터 영장류를 먹었다(⑤장 참조). 그런데 왜 20세기에 느닷없이 HIV가 숙주를 사람으로 갈아타게 되었을까?

이 정도로 단시간에 폭발적으로 유행이 확대된 이유는 바이러스가 감염되어 세력을 확장할 절호의 환경을 인간이 만들어놓았기 때문이다. 다음은 감염의 폭발적 증가를 설명하는 가설들이다.

① Heart of Darkness 가설

중앙아프리카 정글에서 태어난 HIV는 처음에는 인구가 희박한 오지에서 국지적인 풍토병으로 숨죽이고 숙주를 기다리고 있었다. 그러다가 서·중앙아프리카의 프랑스 식민지 농장이 들어서며 에이즈의 온상이 되었다. 이는 캘리포니아대학교 아미트 치트니스(Amit Chitnis) 교수를 비롯한 인류학자로 구성된 연구팀이 제기한 가설이다. 19세기 후반 서구 제국주의의 식민지였던 콩고의 참상을 그린 조셉 콘래드의 소설 『Heart of Darkness』*에서 따와 'Heart of Darkness 가설'이라고 부르게 되었다.

식민지 시대 농장에서는 현지 주민이 열악한 조건에서 노예로 혹사당했다. 경비 절감을 위해 야생동물 고기를 식사로 배급했고, 농장 노동자들을 상대하던 성매매 종사자들도 자유롭게 드나들었다.

1960년 전후부터 줄줄이 독립한 아프리카는 인구 급증기를 맞이했다. 독립 후 얼마 지나지 않아 정치적 혼란의 시대로 접어들었고, 쿠데타가 빈발해 절반 정도의 아프리카 국가들에서 군사정권이 탄생했다. 경제 혼란에 엎친 데 덮친 격으로 심각한 가

---

* 우리나라에는 『암흑의 핵심』, 『어둠의 심연』, 『어둠의 속』 등 다양한 제목으로 출간 — 옮긴이

뭄까지 찾아오며 전통적인 농촌 사회는 아프리카 각지에서 붕괴했다.

농촌에서 일자리를 찾지 못하게 된 사람들은 일자리와 수입을 찾아 대거 도시로 몰려왔다. 도시 빈민가는 날품팔이로 입에 풀칠하는 청년과 빈곤층이 몰리며 북새통을 이루었다. 눈치 빠르게 성매매를 시작하는 여성도 빈민가로 모여들었다. 이러한 상황에서 HIV가 들어와 도시는 바이러스 배양접시로 둔갑했다.

② 대륙 횡단 고속도로가 '감염 도로' 역할

1970년대 말에 아프리카 대륙 횡단 고속도로가 완공되며 인도양 연안 케냐의 몸바사(Mombasa)에서 대서양 연안 콩고의 푸앵트누아르(Pointe-Noire)까지 대륙 중앙부를 동서로 관통하는 길이 뚫렸다. 이 고속도로는 바이러스를 아프리카 대륙 각지로 퍼뜨리는 결정적인 '감염 도로' 역할을 충실히 수행했다.

철도 노선과 국경 근처 마을에는 반드시 성매매 종사자 집결지가 있었고, 그곳에서 여성과 접촉한 장거리 트럭 운전사가 바이러스 배달부가 되어 적재된 화물을 하역하듯 바이러스를 골고루 피뜨렸다. 성매매에 종사하는 여성들이 새로운 매개자가 되어 다시 감염에 박차를 가했다.

나는 잠비아와 짐바브웨 국경 마을에 들른 적이 있다. 이 지역은 화물 통관에 며칠씩 걸려 국경을 끼고 마을이 생겨났고, 통관을 기다리는 운전사와 성매매 종사자가 몇백 명 단위로 모여 있었다. 열두 살 무렵부터 성매매에 나서는 소녀도 많았다. 그중 한 소녀가 "콘돔을 쓰면 5달러밖에 받지 못하지만, 콘돔 없이 관계하면 20달러는 벌 수 있어 가족을 먹여살리려면 콘돔을 쓸 수 없다"고 귀띔해주었다.

③ 성 행동의 변화

1970년대 오일쇼크로 일어난 경제 위기를 계기로 아프리카 각지에서 내전과 쿠데타의 불길이 한층 거세졌고, 각국에서 파견군과 용병 등의 군인, 원조와 기술협력 관계자를 대거 아프리카로 파견했다. 그들은 현지 여성들에게 감염된 바이러스를 본국으로 가지고 돌아갔다.

선진국 지역에서는 1970년대 '성 개방'으로 포르노가 합법이 되었고, 성 산업이 호황을 누렸다. 혼외 성관계나 자유로운 성관계가 대중에게 퍼져나갔고 동성애가 사회적으로 용인되며 바이러스는 번식을 위한 절호의 환경을 찾았다. 빈곤층이 늘어난 개발도상국 지역에서는 성매매로 생계를 유지하는 사람도 급증했다.

④ 하나의 주사기를 수천 명에게 재사용

저개발 지역으로 의료 원조가 진행됨에 따라 주사기는 생활에서 흔히 볼 수 있는 익숙한 물건이 되었다. 그런데 주사기와 주삿바늘이 만성적으로 부족해 사용한 주사기를 소독하지 않고 재사용했다. 선진국에서 원조받은 플라스틱 재질 일회용 주사기는 가열 살균하면 변형되어 소독할 수 없는 경우가 많았다.

WHO는 1986년 11월부터 1987년 3월에 걸쳐 콩고에서 실시한 백신 집단 접종 당시에 16만 5,000명의 주민을 다섯 개 그룹으로 나누어 접종했다. 한 그룹당 주삿바늘 일곱 개와 주사기 네 개밖에 할당되지 않았기에, 주사기 한 개를 수천 명에게 사용했다.

⑤ 무분별한 실험동물 수입

1950년대 이후 소아마비의 유행으로 대량의 백신 제조가 급선무가 되었다. 또 신약 개발을 위해 유럽과 미국에서는 제약회사와 연구 시설이 경쟁적으로 실험용 영장류를 수입했다(⑯장 참조). 무분별한 실험동물 수입으로 마르부르크열 등의 위험한 바이러스 질환이 발생했다.

아프리카에서는 다수의 영장류를 포획한 시기에 에이즈를 비롯해 영장류가 숙주인 강력한 독성을 가진 신종 바이러스가 출몰했고, 이는 영장류 사냥과도 무관하지 않다.

⑥ 흑인 멸종 음모론과 소아마비 백신 인체 실험설

에이즈의 폭발적인 유행은 상식을 넘어서는 수준이었기에 음모론으로 이어졌다. 아프리카에서 HIV는 미국의 CIA가 유전자 조작으로 만들어낸 바이러스를 흑인 멸종을 위한 세균 병기로 살포했다고 믿는 사람도 많았다. 노벨 평화상을 받은 케냐의 왕가리 무타 마타이(Wangari Muta Maathai)와 남아프리카의 타보 음베키(Thabo Mvuyelwa Mbeki) 전 대통령은 공식 석상에서 음모론을 주장했다.

그중에서도 WHO 직원으로도 근무한 영국인 저널리스트 에드워드 후퍼(Edward Hooper)가 1999년 그의 책『The River: A Journey to the Source of HIV and AIDS(강: HIV와 에이즈의 기원을 찾아가는 여행)』에서 언급한 인체 실험설은 세계적인 파장을 불러일으켰다.

미국에서는 1950년대에 3종의 소아마비 생백신 개발이 동시에 이루어졌다. 그중 하나가 소아마비 바이러스를 침팬지의 신장 조직에서 배양해 생산했다. 그런데 그 신장 조직이 원숭이의 SIV에 오염되어 백신에 혼입되었다.

1957~1960년에 벨기에령 콩고에서 약 900만 명의 어린이들을 대상으로 실험 접종했을 때, SIV가 HIV로 변이해 에이즈를 감염시켰다는 설이다. 이 주장의 진위를 둘러싸고 과학자뿐 아니라 언론과 에이즈 지원 단체까지 가세해 격렬한 설전이 벌어졌다. 그러나 이후 검사에서는 백신이 원인이라는 증거는 찾지 못해 지금은 거의 부정되는 주장이다.

거듭된 변이와 반복된 감염으로 패밀리를 늘린 HIV

최근 연구에서 HIV-1의 원인으로 지목된 침팬지의 SIV는 긴꼬리원숭잇과인 흰목맹거베이와 큰흰코원숭이 2종의 SIV가 유전자를 재조합해 나타난 것으로 밝혀졌다.

원래 한 종류였던 HIV-1은 변이를 거듭하며 감염을 반복하는 동안에 'M'·'N'·'O'·'P' 네 가지 유형으로 분화했다. 'M형'은

'Major'에서 머리글자를 따왔고, 세계적으로 가장 많이 유행하는 그룹이다. 'O형'과 'N형'은 카메룬 등의 일부 서아프리카 지역에서만 유행했다. 'P형'은 2009년에 프랑스에 거주하던 카메룬인 여성에게서 발견되어 고릴라에게서 왔다는 사실이 밝혀졌다.

'M형'은 다시 A아형부터 K아형까지 11종류의 아형으로 분류된다. 골치 아프게 아형 간에 유전자 조합이 일어나 새로운 변이 바이러스 '순환 재조합 형태(circulating recombinant forms, CRF)'가 출현했고 다시 세부적으로 분류할 수 있다.

'M형'의 'A아형'과 'D아형'은 질 세포에 많은 랑게르한스 세포에 효율적으로 감염되도록 적응해 이성 간의 성관계로 쉽게 감염된다. 특히 아프리카 횡단 고속도로를 따라 유행한 에이즈는 압도적으로 이 유형이 많다.

'B아형'의 별명은 '구미 아시아 아형'으로 북미와 남미 대륙, 카리브해, 유럽, 일본, 태국, 호주에 많이 퍼져 있고 일본에서는 90퍼센트가 이 아형이다. HIV에 오염된 혈액 제제를 수혈받아 감염되는 '약해 에이즈(藥害AIDS)'가 대개 이 아형이다. 항문 점막 세포와의 친화성이 높아 원래 동성애자의 항문성교로 감염에 적응한 바이러스다.

그러나 유럽과 미국, 일본에서는 HIV의 확산 불길을 어느 정도 잡으며 'B아형'이 익힌 특기를 발휘할 수 없게 되었고, 이후 이성 간의 성관계에 적응하기 시작했다. 그러나 중남미에서는 피임 목적으로 남녀 사이의 항문성교가 성행해 'B아형'이 여전히 맹위를 떨치고 있다.

'C아형'은 남아프리카, 중국, 인도, 네팔에 걸쳐 있다. 에티오피아와 소말리아에서 최초로 발견되었는데 지금도 가장 기세등등한 아형으로 이성 간 성관계로 감염이 확대되고 있다.

'E아형'은 중앙아프리카와 태국, 'F아형'은 브라질과 루마니아, 'G아형'은 가봉과 러시아······. 이런 식으로 예측할 수 없을 정도로 기이한 지역 분포를 보인다. 즉 아프리카와 각 나라를 연결하는 '배달부'가 있다는 이야기다.

아프리카에는 이 모든 '유형'과 '아형'이 존재한다. '최초 발생지를 중심으로 수많은 변이가 축적된다'는 진화론의 원리와도 부합하는 결과다.

숙주를 갈아타는 순간 바이러스는 더욱 흉폭해진다

바이러스가 새로운 숙주에 침입을 완수하는 단계에서 바이러스가 특히 공격적인 행태를 보인다는 사실이 다양한 사례로 밝혀졌다. 아프리카산 영장류에는 해롭지 않은 SIV가 아시아산 영장류에는 치명적으로 돌변하는 게 아주 좋은 예다. 마찬가지로 침팬지의 SIV는 침팬지에게는 세이즈(SAIDS)를 발병시키지 않으나 HIV-1형으로 변이해 사람에게 감염되면서 독성을 강화했다.

이처럼 바이러스가 본래의 숙주와 가까운 별종에 감염되면 이따금 흉악성을 드러낸다. 본래의 숙주였던 동물과 닮은 종은 먹이와 보금자리 등을 둘러싸고 경쟁 관계인 경우가 많다. 서식지

경쟁을 벌여야 하는 동물이 생태계 내부로 들어왔을 때 바이러스가 마구 날뛰며 침입자를 물리쳐주면 본래 숙주에게 이익이다. 결과적으로 숙주가 바이러스를 조종하는 셈이다.

바이러스는 변이 속도가 정신없이 빠르다. 사람 등의 유전자인 DNA는 두 개의 사슬이 얽힌 모양이어서 어느 쪽이 증식할 때 유전 정보 복제 오류를 일으키거나 손상을 입어도 나머지 한쪽이 그 부분을 복구해 유전 정보가 안정적으로 보존된다.

그런데 HIV와 인플루엔자 바이러스처럼 RNA형 바이러스는 사슬이 하나여서 손상이 일어나면 복구할 수 없고 변이를 쉽게 일으킨다. 이것이 백신을 만들기 어려운 이유다.

에이즈 내성 인간의 면역 T세포를 살펴보니

혈우병 환자는 유전적으로 혈액을 응고시키는 인자가 부족하다. 혈우병을 치료하려면 혈액 제제로 응고 인자를 보충할 필요가 있다. 그런데 헌혈이나 매혈로 만든 혈액 제제 일부에 에이즈 바이러스가 섞여 들어가 세계 혈우병 환자의 10~15퍼센트가 약해 에이즈에 감염되었다.

그런데 신기하게도 같은 오염 혈액 제제로 치료받았는데도 감염되지 않은 사람이 있었다. 또 위험한 환경에서 성행위를 하는 동성연애자와 성매매 종사자 중에도 에이즈에 걸리지 않는 사람이 있다는 사실이 알려졌다.

에이즈에 걸리지 않는 사람의 비율은 민족에 따라 차이가 크다. 동아시아, 북미 선주민은 아주 낮고, 서유럽에서는 8~12퍼센트로 높았다. 그중에서도 북유럽에서는 18퍼센트, 러시아에서는 16퍼센트라는 높은 비율을 보였다. 지금까지의 조사로 세계 인구 300명 중 한 사람 비율로 HIV에 내성을 보인다는 사실이 밝혀졌다.

과거 팬데믹에서도 발병하지 않고 살아남은 사람이 있었듯, 그들은 생물 다양성 속에 숨겨진 '신의 사생아'와 같다. 이 내성 인간은 면역에 관여하는 단백질 유전자가 변이해 HIV 침입을 방어한다는 사실이 연구로 판명되었다.

대표적인 예로 미국 록펠러대학교의 애런 다이아몬드 에이즈 연구센터 연구팀이 주장한 '열쇠 구멍 이론'이 있다. HIV는 인체 면역 중추를 관장하는 'T세포'를 표적으로 삼는다. 그래서 면역력이 저하되어 '기회균 감염(=2차 감염)'을 일으킨다. T세포는 CD4라는 단백질이 지킨다. 방어는 이 정도로 충분하지 않아 CCR5라는 단백질이 CD4를 돕는다.

그런데 HIV는 '열쇠'를 가지고 있어 CCR5의 '열쇠 구멍'과 맞으면 문을 열고 들어온다. 에이즈 내성이 있는 사람은 CCR5를 만드는 유전자가 결핍되어 HIV가 침입하려고 해도 열쇠 구멍이 맞지 않아 문을 따고 들어올 수 없다.

또 HIV를 공격하는 'CD8 양성 T세포'라 부르는 면역세포에 HLA-B라는 단백질의 존재가 밝혀져, 이 단백질을 구성하는 아미노산을 조사했더니 특정 아미노산을 가진 사람들이 HIV에 내성이 있다는 사실을 알게 되었다.

즉 바이러스가 돌연변이를 되풀이해 새로운 숙주에 공격을 시도하자, 인간도 면역계 유전자 돌연변이로 대항한 셈이다. 방어에 성공한 사람들이 바로 에이즈에 내성이 있는 사람들이다.

유럽인에게 에이즈 내성 유전자를 길러준
천연두와 페스트

에이즈 내성이 있는 사람이 유럽인 중에 많고 아프리카인 중에 드문 이유는 우리 조상이 아프리카에서 나와 전 세계로 퍼져 나가기 전에는 CCR5 유전자의 결핍이 없었고, 유럽으로 이동한 후에 유전자 변이가 일어났기 때문이라고 추정할 수 있다. 특히 북유럽 출신 중에 내성을 가진 사람이 많다는 사실로 이 돌연변이가 북유럽에서 일어났다고 보는 가설이 타당하다.

그러나 HIV는 기껏해야 100년 전에 출현했다. 유전학에 따르면 특정 돌연변이가 자연선택(자연도태)에 유리하게 작용하지 않는다면 단기간에 이 정도 비율로 집단 안에 퍼지지 않는다.

과거에 어떤 선택 압력을 받았을 때 이 변이가 유리하게 작용했을 가능성이 크다. 의학자와 역사학자가 공동 연구해 '과거의 선택 압력'을 조사했더니 유력 후보가 천연두와 페스트로 좁혀졌다.

천연두 바이러스도 HIV와 마찬가지로 CCR5 열쇠 구멍으로 침입하기 위해 과거에 몇 번씩 대대적인 유행을 일으켰다. 이때 이 열쇠 구멍이 없는 돌연변이로 살아남은 집단이 있었을 가능성이 크다. 신의 선택을 받은 '신의 자녀'나 다름없는 조상인 셈이다.

또 14세기 페스트 유행 양상과 에이즈 내성이 있는 사람의 분포를 대조해보면, 페스트 유행이 극심했던 지역일수록 내성을 가진 사람의 비율도 높다는 사실을 알 수 있다. 페스트 역시 유전자의 돌연변이가 초래한 질병이라고 보는 연구자도 있다.

이 에이즈 내성 원리를 응용해 세계 각국 제약회사에서 항에이즈 약제 개발이 진행되고 있다. CCR5의 작용 기전을 방해하거나 형태를 바꾸어 HIV가 숨어드는 열쇠 구멍을 막으면 에이즈를 예방할 수 있다.

미국 조지메이슨대학교의 레이먼드 웨인스타인(Raymond Weinstein) 교수팀에 따르면 "천연두 박멸로 천연두 백신 접종이 이루어지지 않게 된 사실과 연관이 있어 보인다"는 가설을 학회지에 발표했다. 국제협력으로 백신 보급이 이루어지고 천연두는 1970년대 들어 환자가 급감했다.

다시 말해 천연두 백신으로 HIV-1형 발생이 상당히 억제되었다고 추정할 수 있다. 환자 급감으로 백신 접종자가 줄어들고 1980년 천연두 종식 선언과 함께 백신 접종도 폐지되었다. 이 조치가 에이즈바이러스의 고삐를 풀어준 셈이다.

천연두 백신을 접종한 10명에게서 채취한 세포와 백신 미접종자 10명의 세포를 각각 배양해 HIV를 감염시켰더니 미접종 그룹만 감염되어 이 가설이 실제로 증명되었다. 물론 이 실험에 이견이 많다는 사실도 덧붙여둘 필요가 있다.

HIV와 에이즈에 대한 경계심 부족으로
다시 증가 추세로 전환

유엔에이즈계획(UNAIDS) 보고에 따르면 유행이 시작되고 나서 2012년 말까지 누적 HIV 감염자는 7,500만 명, 누적 사망자는 약 3,600만 명이다. 2012년 연간 신규 HIV 감염자는 230만 명이고, 에이즈 관련 사망자 수는 160만 명이었다. 세계 인구의 0.8퍼센트가 감염자 혹은 환자다. 일본의 HIV 감염자 수는 인구대비 0.1퍼센트다.[*]

최근 치료제와 치료 방법이 눈부시게 발전해 대부분 선진국에서는 이미 1990년대 후반부터 감염자와 환자 수가 감소하기 시작했다. 유행 정점을 찍었던 2001년과 2012년을 비교하면 신규 HIV 감염자 수는 33퍼센트, 에이즈 관련 사망자 수는 30퍼센트, 신규 아동 감염자는 52퍼센트로 각각 감소했다.

선진국 지역에서 에이즈 환자가 계속 증가하는 나라는 일본이 유일하다. 2012년에 새로 보고된 HIV 감염자는 1,002명(남성 954명, 여성 488명)으로 2008년 1,126명을 정점으로 2007년 이후 연간 1,000명 정도 발병하는 추세다. 마찬가지로 에이즈 환자는 447명(남성 418명, 여성 29명)으로 보고되어 역대 3위였다. 남성 동성애자가 약 70퍼센트를 차지하고 전체 3분의 1이 30세 미만

---

[*] 우리나라의 HIV 감염자 수는 2017년 기준 1만 2,320명으로 전체 인구대비 0.02퍼센트다. 그러나 1985년 첫 신고 이후로 지속적으로 증가하는 추세다. ─ 옮긴이

젊은이였다.

일본에서 에이즈 누적 보고 건수(약해 에이즈 제외)는 2012년에 사상 최초로 2만 명을 넘어섰다. 1985~2012년 누적 통계에서는 HIV 감염자가 1만 4,706명, 에이즈 환자가 6,719명에 달했다. 또 '약해 에이즈'는 2012년 5월 31일 기준으로 누적 통계 1,439명(그중 사망자 682명)으로 보고되었다. 이 추세대로 계속 증가하면 5년 후 시점에는 전체 감염자가 자그만치 5만 명에 이를 것으로 예측된다.

증가 배경에는 HIV와 에이즈에 대한 경계심 부족이 자리하고 있다. HIV 검사 건수가 좀처럼 늘지 않고 있는 것이 그 증거다. 좀 더 구체적으로 2008년에 17만 7, 000건이었다가 이후 13만 건 전후에 머물고 있다.

발생 초기보다 병원성 약해진 HIV, 무해한 변종되어 사람과 공존할 가능성 높아

선진국에서는 사망률이 높았던 20~40대 감염자의 평균수명이 건강한 사람과 별반 다르지 않을 정도로 정상 수준을 회복했다. 그러나 감염자의 90퍼센트 가까이가 개발도상국에 집중되어 있다. 가난한 지역에서는 적절한 보건의료 서비스를 받을 기회가 없고 특히 어린이와 여성 등 사회 취약 계층이 감염 위험에 노출되어 있다.

에이즈는 사람들의 건강을 위협할 뿐 아니라 환자 및 감염자와 그 가족에 대한 편견과 차별을 조장해 인권 보호 관점에서도 심각한 문제가 되고 있다.

네덜란드 왕립열대의학연구소(Royal Tropical Institute)의 에릭 아츠(Erik Aerts) 박사는 1980년대 초 유행 초기와 2000년대의 HIV를 비교해 병원성이 낮아지고 약물 감수성이 높아지면서 세력이 약해졌다는 사실을 발견했다. 이 추세대로라면 50~60년 후에는 무해한 변종이 나올 가능성이 크다는 주장이다.

이는 생물 진화로도 설명할 수 있다. 병원체가 숙주인 동물에 감염되고 나서 오랜 시간에 걸쳐 함께 진화하면 마침내 숙주에게 중대한 질병을 일으키지 않고 공존 상태에 접어든다. 강력한 병원성을 유지하면 숙주를 죽여 동반 자살하는 결과를 초래하기 때문에 평화 공존이 서로에게 유리하다.

과거에도 치명적인 바이러스와 세균이 이렇게 이빨이 뽑히고 숙주의 면역 시스템과 접점을 만들어 공존하게 되었다. 매독도 15세기 말에 유럽에 들어왔을 때는 감염력이 강해 단시간에 사망하는 사람이 많았는데, 100년 후에는 증상이 가벼워지고 사망률도 눈에 띄게 줄어들었다. 이질도 하수도 완비 등 대책이 마련되며 차츰 독성이 약해졌다.

전세계적으로 유명한 생물학자 리처드 도킨스가 주장한 '이기적 유전자' 이론에 따르면 바이러스에게 가장 유리한 기생 방법은 숙주(유전자를 실어나르는 이동 수단)를 죽이지 않고 계속 자신을 복제하는 것이다.

시대를 풍미하다 에이즈로 사망하거나 회복 중인 유명인들

에이즈로 사망한 유명인은 그 이름을 죽 늘어놓으면 긴 목록이 만들어질 정도로 많다. 특히 영화배우, 음악가, 디자이너 등예술가와 연극 관계자 이름이 눈길을 끈다. 이들 업계에 동성애자가 많다는 사실과도 무관하지 않으리라. 여기에서는 우리에게도 익숙한 몇몇 사람들만 소개하려 한다.

가장 충격을 주었던 인물은 할리우드의 대스타 록 허드슨(Rock Hudson)이다. 제임스 딘과 함께 시대를 대표하는 미남 배우로 활동하며 대표작 〈자이언트〉, 〈무기여 잘 있거라〉 등 수많은 작품에 출연해 이상적인 미국인 남성상으로 대중에게 사랑받았다. 록 허드슨은 1948년 영화 촬영 기간 동안 몸무게가 줄고 목에 종기가 생겨 병원을 찾았다가 에이즈로 진단받았다. 이듬해에 성정체성을 밝히며 동성애자라고 커밍아웃한 지 두 달 만에 사망했다.

미국 배우로 무대 출연과 각본에도 참여한 앤서니 퍼킨스(Anthony Perkins)도 에이즈로 사망했다. 〈사이코〉, 〈그날이 오면〉 등에 출연했다. 여배우 베리 버렌슨과 결혼했는데 그녀는 이후 9·11 테러로 세계무역센터 건물에 충돌한 비행기에 타고 있다 사망했다.

구 소련에서 태어난 발레리노 루돌프 누레예프(Rudolf Khametovich Nureyev)는 54세에 에이즈로 인한 합병증으로 세상을 떠났다. 해외 공연 도중에 망명해 영국 로열발레단에서 20년 가까이 무대에 서며 발레사에 큰 발자국을 남겼다.

풀리처상을 받은 뮤지컬 〈코러스 라인〉의 대본 작가인 니콜라스 단테(Nicholas Dante)도 에이즈 희생자다. 이 뮤지컬에서도 동성애자 등장인물이 고백하는 장면이 나온다.

미국 프로 테니스 선수인 아서 애시(Arthur Robert Ashe, Jr.)는 흑인 테니스 선수의 선구자로 활약한 인물로 49세에 에이즈로 사망했다. US 오픈이 열리는 경기장은 그의 공적을 기려 '아서 애시 스타디움(Arthur Ashe Stadium)'이라 이름 붙였다.

1991년에는 NBA 농구계의 슈퍼스타인 매직 존슨(Earvin 'Magic' Johnson Jr.)이 HIV 감염을 밝히고 돌연 은퇴를 선언했다. 그는 이성을 통해 바이러스에 감염되었다고 알려지며 미국 사회에 큰 충격을 주었다. 항바이러스 약품을 조합한 칵테일 요법이 효과를 발휘한 덕분에 은퇴 후에는 사업가로 변신했고 현재까지 영화와 TV 출연 등 다양한 분야에서 활동 중이다.

러시아에서 태어난 미국 작가 아이작 아시모프(Isaac Asimov)는 1983년에 심장 관상동맥우회로 이식수술 당시 받은 수혈로 감염되어 에이즈로 사망했다. 과학·언어·역사 분야에서 다양한 작품을 남겼고 특히 SF, 과학 계몽서, 추리소설이 널리 알려졌다. 『바이센테니얼 맨』 등의 작품은 영화로도 만들어졌다.

일본에서는 에이즈에 걸려도 공개적으로 고백하는 사람이 적고 인터넷 등에서 에이즈에 걸린 유명인 이름이 거론되는데 확증은 없다.

2008년 12월에 사망한 탤런트 이지마 아이(飯島愛)의 경우 공식적인 사인은 폐렴인데 에이즈라는 소문이 돌아 외신에 보도되기도 했다. 성인 비디오 여배우에서 작가, 텔레비전 해설자로 전향해 에이즈 퇴치 운동에도 적극적으로 참여했다.

참의원 의원인 가와다 류헤이(川田龍平)는 혈우병 치료를 위해 투여받은 혈액 제제가 HIV에 오염되어 에이즈에 걸렸다. 이후 도쿄 HIV 소송(약해 에이즈 사건) 원고 중 한 사람으로 소송에 참여했고, 2007년 참의원에 당선되었다. 주로 약해, 의료, 인권 등의 문제에 힘을 보태고 있다.*

---

* 도쿄 HIV 소송은 대표적 약해 에이즈 사건으로 1980년대 혈우병 환자 치료에 사용한 혈액 응고 제제로 다수의 HIV 감염자와 에이즈 환자가 발생했다. 일본 전체 혈우병 환자의 약 40퍼센트에 해당하는 1,800명이 HIV에 감염, 그중 약 600명이 이미 사망했다. —옮긴이

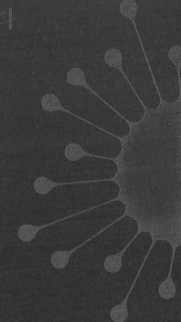

part

4

일본 열도를 휩쓴
악명 높은 감염병의
실체를 밝히다

Infectious Diseases

홍역을 얕보다
홍역 수출국이 된 일본

홍역 퇴치 선언한 캐나다에 홍역 퍼뜨린 수학여행단

'한바탕 홍역을 치른다'는 관용구는 요즘에는 자주 들리지 않지만, 예전에는 '사랑의 열병처럼 젊어서 누구나 한 번은 앓는 병'이라는 의미로 '홍역'을 자주 사용했다. 이처럼 대개는 홍역을 심각한 질병으로 보지 않았는데, 홍역의 정체를 알고 나면 사실 무서운 감염병이라는 쪽으로 생각이 바뀌게 된다.

위생 상태와 의료 수준이 세계 최고임을 자부하는 일본은 홍역 백신 접종률이 낮아 국제적으로 '홍역 방역 후진국' 꼬리표를 달고 있다. 후생노동성 연구반은 2013년 9월 "일본 국내 홍역은 거의 박멸되었다"는 견해를 발표했는데, 다른 선진국보다 거의

10년 이상 늦은 퇴치 선언이었다.*

해외여행을 떠난 일본 관광객들이 홍역을 퍼뜨려 국제적으로 망신을 당하는 사건까지 발생했다. 2007년 6월 도쿄 모 고등학교에서 인솔 교사와 학생을 포함해 133명이 캐나다로 단체 수학여행을 떠났다. 그중 학생 한 명이 홍역에 걸려 캐나다 현지 밴쿠버병원에 입원했다. 나머지는 수학여행 일정을 끝까지 소화하고 귀국길에 올랐는데, 출국 검사에서 미열 증상을 보이는 또 다른 학생 한 명이 발견되어 부랴부랴 전원 검사를 진행했다. 그중 면역이 없는 학생 31명의 항공기 탑승이 거부되며 수학여행단의 발이 묶이는 소동이 벌어졌다.

캐나다에서는 10년 전에 캐나다 국내에서 학생 247명이 집단 발병하는 사건을 겪고 나서, 백신 접종에 힘을 쏟아 2000년에는 홍역 퇴치 선언을 발표했다. 이 사건은 캐나다에서 대대적으로 보도되었고 "애써 홍역을 통제했더니 헛수고가 되었다. 해외 유입을 차단하라"며 성난 캐나다 시민들의 항의가 빗발쳤다.

이 사건을 계기로 일본 외무성은 허둥지둥 30세 미만의 홍역 면역이 없는 출국 예정자에게 백신 접종을 권고하는 이례적인 해외여행 주의보를 발령했다. 그런데 WHO에 따르면 일본은 2007년에만 캐나다 이외에도 미국, 호주, 대만 등 국가로 홍역을

---

* 우리나라는 2006년 '홍역 완전 퇴치'를 선언했고, 2014년에는 WHO로부터 홍역 퇴치 인증을 받았다. 그러나 2019년 들어 해외 여행객이 늘면서 홍역이 재확산하는 유럽 등 해외 유입에 의해 산발적 유행이 확대되고 있다. — 옮긴이

'수출'한 사실이 밝혀졌다.

미국 CDC는 일본인 남학생이 미국에 홍역을 들여와 3차 감염까지 일으켰다고 공표했다. 2008년 2월의 일이다. 미국 펜실베이니아주에서 열린 리틀리그 야구 월드시리즈에 참가한 일본팀 선수(12세)가 현지에서 홍역 진단을 받고 격리되는 사건이 발단이었다.

그 후 줄줄이 2차 감염이 공식적으로 발표되었다. 미국에 올 때 탑승했던 비행기 기내에서 앞줄에 앉았던 여성, 공항에 근무하던 남성, 경기를 관람하러 갔던 미국 소년과 회사원이 줄줄이 홍역 진단을 받았다. 그리고 2주 후에는 텍사스로 불똥이 튀어 남자 대학생 13명이 3차로 감염되었다. 눈 깜짝할 사이에 3개 주에서 총 28명이 홍역에 걸리며 홍역 바이러스의 강력한 감염력을 새삼 실감하게 했다.

CDC가 일련의 홍역 감염을 일으킨 장본인으로 일본 학생을 지목한 데는 그럴만한 이유가 있었다. 일본에서 유행한 홍역 바이러스의 유전자형과 일치했기 때문이다. 미국에서도 백신 접종률이 95퍼센트를 넘어 2000년에 홍역 퇴치 선언을 했기에 이 유행은 충격적이었다.

같은 해 7월에 홋카이도의 한적한 관광도시인 도야코초(洞爺湖町)에서 개최된 'G8 주요국 정상회담'에서는 사무국 홈페이지에 "일본에서 홍역을 들여오지 않도록 백신 접종 여부를 확인하고 아직 접종받지 않은 사람은 접종하라"는 이례적인 주의 문구가 게재되었다.

영유아기 홍역 백신 미접종자를 중심으로
젊은 층에서 대유행

예전에는 홍역을 삼 씨앗 크기의 붉은 발진이 돋는 병이라 해서 '마진(痲疹)' 또는 '마증(痲證)'이라 불렀다. 또 모래처럼 오돌토돌한 발진이 생겨 '사자(痧子)'라고 부르기도 했다.

일본에서는 옛말에 "두창(痘瘡, 천연두를 이르는 옛말)은 용모를 정하고, 홍역은 목숨을 정한다"는 말이 있다. 쉽게 말해 '천연두에 걸리면 얼굴에 얽은 자국이 남고, 홍역에 걸리면 목숨이 오락가락한다'는 뜻이다.

누구나 살면서 한 번은 걸리는데 사망률이 워낙 높아 과거에는 두려움의 대상이었다. 세계적으로 보면 홍역은 5세 미만 아동의 사망 원인으로 폐렴, 설사를 일으키는 이질, 말라리아와 함께 항상 상위권을 차지한다.

홍역 바이러스는 감염력이 높고 기침과 재채기로 퍼지는 침방울과 접촉으로 감염된다. 10~12일의 잠복기를 거쳐 고열, 기침, 콧물, 전신성 발진 등의 증상이 나타난다. 38℃ 이상의 고열이 며칠 동안 이어지는데 이 시기에 감염력이 가장 강하다. 발진은 얼굴에서부터 몸과 팔다리 등 온몸으로 퍼지고 며칠 뒤에 색소 침착을 남기고 회복기에 접어든다.

감염은 1~2세 영아에 집중되는데 일본에서는 최근에 영유아기에 예방주사를 맞지 않아 10대나 성인이 되어 발병하는 사례가 증가하고 있다. 감염자 열 명 중 한 명은 중이염, 스무 명 중 한 명은 폐렴, 1,000명 중 한 명은 뇌염을 일으킨다. 사망률은 1,000명당 한두 명 정도다.

후생노동성이 2013년 2월에 발표한 '홍역 백신 접종 조사'에 따르면 접종률은 전체 95.3퍼센트 이상으로 올랐으나, 중학교 1학년에 해당하는 나이대에서는 88.1퍼센트, 고등학교 3학년에 해당하는 나이대에서는 81.4퍼센트에 그쳤다. 게다가 2008~2011년 4년간 정기 접종 기간에 미접종이었던 사람은 총 225만 명에 달했다.

홍역 환자는 연령대별로는 6~11개월(13퍼센트)과 1세(24퍼센트)의 뒤를 이어 3세 이하가 49퍼센트를 차지한다. 영양 상태가 개선되고 대증요법이 발달하며 사망률은 홍역을 퇴치한 선진국과 마찬가지인 0.1퍼센트 정도로 낮다. 이런 상황이 도리어 위기의식이 낮아지는 데 일조했다.

안전 불감증이나 다름없는 수준으로 위기의식이 점점 낮아지며 2007~2008년에 1만 1,013명의 감염자를 낸 홍역 대유행이 발생했다.

발병자는 10~29세라는 비교적 높은 연령층에 몰려 있는 특징을 보였다. 영유아와 비교해 청소년과 청년은 행동반경이 넓어 미나미칸토(南関東) 지방을 중심으로 지역적 유행이 전국으로 확대되었고, 해외로 홍역을 퍼뜨리며 일본에 홍역 수출국이라는 오명을 안겼다. 고등학교 73곳, 특성화 고교 4곳, 전문대학 8곳, 대학 83곳이 휴학했고 고등학생 이상만 줄잡아도 1,657명의 환자가 발생했다.

무균성 뇌척수막염과 자폐증 유발 등
MMR 백신 부작용 소동

일본에서는 1966년에 홍역 예방 백신 접종을 시작했다. 이후 1978년에 정기 접종이 시작되었다. 1988년 4월부터 3종을 혼합한 'MMR 백신'으로 전환했다. 홍역(measles), 흔히 볼거리라 부르는 유행성 이하선염(mumps), 풍진(Rubella)의 영어 머리글자를 따서 붙여진 이름이다.

1~4세 영유아를 대상으로 세 가지를 한 번에 접종할 수 있는 편리함으로 환영받았다. 그런데 백신 접종이 시작되고 얼마 지나지 않아 부작용을 보도하는 언론 보도가 줄을 이었다. MMR 백신 접종 후에 무균성 뇌수막염에 걸린 아이들이 있다며 언론에 대대적으로 보도되었다.

1993년 4월에 후생노동성이 중지를 결정할 때까지 4년 동안 1,682명의 발병자가 확인되었다. 원인은 유행성 이하선염 백신에 사용된 바이러스의 독성을 충분히 약화시키지 않아서였다.

언론에서 부작용을 대대적으로 보도하자 불안해진 부모들은 접종을 꺼리게 되었고, 1979년 4월 2일~1987년 10월 1일에 태어난 6세 미만 12세 이상 중학생 접종률은 크게 내려갔다. 결국, 이 3종 백신에서 유행성 이하선염을 뺀 'MR 백신'으로 교체했다.

1998년에는 3종 혼합 백신 접종과 자폐증과의 관련성을 지적하는 논문이 영국에서 발표되며, 줄소송이 벌어졌다. 영국·미국·캐나다·호주·뉴질랜드에서 접종이 급감했고 이와 반비례하듯 홍역에 걸린 아동이 급증했다. 2010년에는 영국 정부의 위원회가 조사를 벌여 백신과 자폐증의 관련성을 부정했다.

다양한 문제를 안고 있었지만, 일본에서도 1978년 백신의 정기 예방 접종 시작 이후 홍역 발생 수는 극적으로 감소했다. 그런데 2000~2010년에 대량의 홍역 환자가 쏟아져나오며 일본 사회를 떠들썩하게 만들었다. 'MMR 백신' 중지 이후 백신 접종자 수가 감소하며 생긴 사회 문제였다.

전국 3,000곳의 소아청소년과 전문의 보고에 따르면 2000~2001년에 3만 3,812명의 발병자가 나왔다. 발병자 통계로 추산하면, 일본 전국에서 발생한 환자 수(병원을 찾는 내원자 수)는 20만~30만 명에 이를 것으로 생각된다. 이 숫자는 다른 선진국 지역과 비교하면 훨씬 많아 국제 사회에도 충격을 주었다.

1세 영아에게 확실하게 백신을 접종하면 발생 수를 큰 폭으로 줄일 수 있다. 소아청소년과 의사, 의료기관, 어린이집, 보건소, 행정기관 등이 2001년 유행을 계기로 '우리 아기 돌잔치 선물로 백신을 접종하자'는 캠페인을 벌이기 시작했다. 덕분에 백신 접종률은 꾸준히 상승했고, 발생 건수는 확실하게 감소했다.

전체 환자 수가 보고된 2008년 1만 1,015명에서 2009년에는 732명으로 급감했고, 2011년은 443명, 2012년 293명, 2013년 282명으로 순조롭게 줄어들었다. 그러다가 2014년에는 4월 6일까지 집계된 감염자 수가 253명이 되면서 다시 상승세로 돌아섰다. 중국 등 아시아 각국에서 일본으로 홍역이 들어왔기 때문으로 분석된다.

선진국의 사망률은 0.1퍼센트로 감소했지만,
홍역 사망자의 95퍼센트가 가난한 나라에 집중

WHO는 2013년 1월, 2000~2012년 13년 동안에 홍역으로 인한 사망자 수는 세계에서 71퍼센트나 감소했다고 발표했다. 발표에 따르면 2003년에 약 54만 2,000명이었던 사망자 수는 2012년은 12만 2,000명으로 급감했다. 발병자 수도 같은 기간에 반으로 줄어들었다.

백신이 보급된 1980년대 이전에는 매년 약 260만 명이 사망했다는 사실을 상기하면 인류의 크나큰 진보였다. 영유아의 백신 접종률이 2000년에는 72퍼센트였는데 2012년에는 84퍼센트까지 오르며 사망자 수 감소에 크게 이바지했다.

그러나 여전히 세계 곳곳에서는 연간 약 2,000만 명 이상이 홍역에 걸린다. 사망률은 선진국에서는 0.1퍼센트 이하로 저조하나, 개발도상국에서는 20~30퍼센트로 높고, 사망자의 95퍼센트가 가난한 국가들에 집중되어 있다.

2009~2010년에 여러 나라에서 아웃브레이크(Outbreak, 감염 폭발)가 발생했다. 말라위에서는 약 11만 9,000명, 부르키나파소에서는 약 5만 4,000명, 이라크에서는 약 3만 명, 불가리아에서는 약 2만 2,000명, 남아프리카공화국에서는 약 1만 8,000명의 감염자가 보고되었다.

그중에서도 베트남은 홍역 다발 지역으로 시각장애인 약 60만 명 중 홍역 후유증이 원인인 사람의 비율이 높다. 우크라이나에서도 홍역 유행이 이어져 2012년 1~5월에 약 9,200명의 환자가 보고되었다. 우크라이나에서도 부작용을 우려한 백신 접종 반대 운동이 집단 감염에 일조했다.

2013년부터 2014년에 걸쳐 다시 홍역이 유행했고, 중국에서는 약 2만 7,000명이 감염되어 27명이 사망했다. 또 필리핀을 방문했던 미국인 관광객이 본국으로 홍역 바이러스를 가지고 들어가는 바람에 감염이 확대되어 20년 만에 전미 20개 주에서 585명의 환자가 나왔다.

유전자형에 따라 분화한 홍역 바이러스 패밀리, 국경을 넘나들며 퍼지다

홍역 바이러스는 유전자형에 따라 A형에서 H형까지 여덟 가지 군(群)으로 나뉘며, 지역에 따라 23종의 유전자 아형으로 진화했다. 아형에는 번호가 붙어 군과 아형 번호의 조합으로 분류된다.

2011년 이후 국제적인 감시체제가 갖추어져 'B2'·'B3'·'D4'·'D8'·'D9'·'D11'·'G3'·'H1' 8종의 발생이 확인되고 있다. 이밖에도 11종이 1990년 이후 발견되고 있다. 사람과 오랫동안 관계를 유지한 만큼 복잡하게 나뉘었다.

이들 유전자형은 지역적으로 편중된 분포를 보인다. 일본에서는 대부분 'D형'이 발생했다. 앞에서 소개한 미국에서 발병한 리틀리그 야구 월드시리즈 일본인 소년에게서도 'D형'이 검출되었다.

중국에서는 'H1형', 인도에서는 'D4형'·'D8형', 유럽에서는 'D7형'·'D8형', 아프리카에서는 'B2형'·'B3형'·'C형'·'D2형'·'D3형'·'D4형' 등이 마치 서로 경쟁하듯 유행했다. 그러나 사람의 이동과 더불어 다른 지역에서 유행하는 아형도 국경을 넘나들고 있다.

일본 국립감염병연구소에 따르면 일본 국내 유행은 2006~2008년에는 'D9형'에서 'D5형(방콕형)'이 우세해졌다. 또 2009년 이후로는 'D5형'을 대신해 태국에서 들어온 'D9형'(야마가타현에서 발견), 인도에서 유입된 것으로 추정되는 'D8형'(오키나와현)이 보고되었고 2010년에는 중국에서 'H1형'(홋카이도와 이바라키현), 인도에서 D4형(홋카이도), 필리핀에서 D9형(아이치현, 미에현) 등이 보고되었다.

2012~2013년에는 'D8형'이 일본 하늘길의 관문인 나리타 국제공항에서 근무하는 여성에게서 퍼져나간 것으로 추정되는 감염 사건이 발생했다. 아이치현에서 해외 체류 이력이 없는 어린이에게서, 그리고 기후현과 야마나시현에서도 감염이 보고되었다. 이들에게서 채취한 검체에서 발견된 유전자 배열은 모두 일치했다.

또 배열이 같은 'D8형'은 최근 유럽, 미국, 호주, 중동, 인도 등 세계 각지에서 보고되어 사람의 이동과 함께 동반구에 상당히 퍼져나간 것으로 추정된다.

우역 바이러스에서 변이한 홍역 바이러스,
일정 규모 인구 집단이 있어야 정착

홍역 바이러스는 파라믹소바이러스(Paramyxoviridae)과의 모빌리바이러스(morbillivirus)속이다. 이 바이러스의 친척 중에는 인간뿐 아니라 가축과 야생동물에게도 감염되어 대량 폐사를 일으키는 병원성 질병이 많다.

모빌리바이러스의 숙주는 개·여우·너구리 등 갯과 동물뿐 아니라 페럿(ferret)·밍크 등의 족제빗과 동물, 아메리카너구리(라쿤)·판다·레서판다·강치·바다표범·물개 등의 해양 동물류, 사자·호랑이·표범 등 대형 고양잇과 동물에 이르기까지 자연계에 광범위하게 분포한다.

예전에는 '홍역 바이러스', '개홍역 바이러스', '우역(牛疫) 바이러스'가 모빌리바이러스속의 주인공이었다. 최근에는 여기에 닭 등의 조류에 감염되는 '뉴캐슬병 바이러스', 호주에서 말에게서 사람에게 전염된 '모빌리바이러스 폐렴 바이러스' 등의 질병이 추가되었다.

1987년에는 러시아의 바이칼호수에 서식하는 민물 물범인 '바이칼 물범(Phoca sibirica)' 약 1만 마리가 폐사한 채로 발견되었다. 이들에게서 '물범 모빌리바이러스'가 검출되었다. 1988년에는 유럽 북부 북해에서 발트해에 걸친 지역에 서식하는 잔점박이 물범(Phoca vitulina)에게 감염이 확대되어 약 1만 8,000마리가 폐사해 연안에 떠밀려 왔다.

또 1987~1988년에는 미국 뉴저지주에서 플로리다주에 이르는 대서양 연안에 700마리를 웃도는 큰돌고래(Tursiops truncatus) 사체가 해변에 떠밀려 왔다. 이 연안 지역을 회유하는 큰돌고래 절반에 해당하는 숫자였다. 1990~1993년에는 지중해 연안에서 약 1,000마리가 넘는 흰돌고래(Delphinapterus leucas)가 떼죽음을 당했다. 이들을 죽음으로 몰고 간 바이러스에는 '돌고래 모빌리바이러스'라는 이름이 붙여졌다.

모빌리바이러스속 중에 홍역 바이러스는 가장 유전자 배열이 가까운 소의 감염병인 우역(Rinderpest) 바이러스다. 이 바이러스가 변이해 사람의 홍역 바이러스가 되었다고 추정하고 있다.

소는 기원전 8,000년 무렵에 인도, 중동, 사하라 이남 아프리카에서 야생 오록스(Bos primigenius)를 길들여 가축으로 만들었다는 가설이 유력하다. 이 지역의 유전자형이 다양하다는 사실이 이 가설을 뒷받침한다. 이후 인간에게 소는 가장 중요한 가축이 되었다. 고기, 우유, 가죽, 뿔 등 식량과 일용품 재료를 공급하고 또 농사일과 운반 등을 맡는 힘 센 일꾼 역할까지 톡톡히 해냈다.

지금까지 우역 바이러스가 변이해 홍역 바이러스가 출현한 시기는 가축화의 역사로 보아 약 5,000년 전으로 추정되었다. 확실하게 홍역 증상으로 볼 수 있는 병이 옛 기록에서 나타난 시기로 보아 7세기 무렵이라고 추측하는 연구자도 있다.

도호쿠대학교 대학원 의학계 연구과의 후루세 유키(古瀬祐気) 교수가 이끄는 연구팀은 유전자를 비교해 두 바이러스는 11~12세기에 분기했다는 이론을 발표했다.

홍역 바이러스는 25만~30만 명 정도의 인구가 있어야 그 집단에 정착할 수 있다. 소에서 사람으로 우연히 몇 번의 전염이 일어났으나 단발적 유행으로 끝났고, 일정 규모의 인구 집단이 발달한 11~12세기 이후가 되어서야 정착할 수 있었다는 주장이다. 그이전에도 홍역 집단 발생으로 볼 수 있는 유행은 있었으나, 이 주장에 따르면 세계 홍역의 역사는 재검토가 이루어져야 한다.

150년 동안 2억 명의 목숨을 앗아간 홍역, 전쟁이 대유행을 뒷받침하다

홍역이 나타난 기록은 7세기까지 거슬러 올라간다. 10세기 무렵에는 세계 각지에서 어린이들이 이 병에 걸렸다. 홍역을 최초로 보고한 페르시아의 철학자이자 의학자였던 알 라지(Muhammad ibn Zakariyā Rāzī, 865~925년, 유럽에서는 라제스로 불림)는 홍역은 감염병이 아니라 젖니가 빠지고 영구치가 나듯 어린이가 경험하는 자연적인 성장 과정에 불과하다고 주장했다.

14세기 중국 명나라 때 출간된 의학서『고금의감』에는 홍역을 뜻하는 마진(痲疹)이라는 문구가 등장한다.

천연두와 함께 신세계에 홍역을 들여간 이들은 콜럼버스 일행이다. 구대륙에서 신대륙으로 넘어간 홍역은 면역력이 없었던 선주민들에게 파괴적인 영향력을 행사했다. 쿠바에서는 스페인인이 들여온 홍역으로 1529년에 선주민의 3분의 2가 사망했다.

그 2년 후에는 온두라스에서 인구를 반토막 낸 대대적 유행이 일어났고, 멕시코와 기타 중남미 지역으로 확대되었다(⑤장 참조).

미국에서는 17세기 후반부터 18세기에 걸쳐 동부 연안에서 2~3년 주기로 유행해 수많은 사망자를 냈다. 1912년에 최초로 대유행이 일어나 1만 2,000명이 사망했다.

1757년에는 스코틀랜드 의사가 환자의 혈액으로도 홍역에 걸릴 수 있다는 사실을 발견했다. 이후 국지적인 유행을 되풀이했다. 아이슬란드, 그린란드, 알래스카 등의 고위도 지역과 북유럽의 페로 제도, 하와이와 사모아, 호주, 뉴질랜드 등 남태평양 지역의 '처녀지'에서 주민의 90퍼센트 이상이 감염되는 심각한 사태가 벌어졌다.

1850년대에는 하와이 인구의 20퍼센트, 1875년에는 피지 인구의 30퍼센트, 19세기에는 인도양의 안다만 제도 인구를 거의 궤멸 수준으로 급감시켰다.

전란에는 홍역 유행이 덤으로 따라붙었다. 제1차·제2차 세계대전, 걸프 전쟁, 콩고 내전, 시리아 내전에서도 홍역이 유행했다. 역사가 윌리엄 맥닐(William H. McNeill)의 『감염병의 세계사』에 따르면 홍역은 과거 150년 동안 2억 명 이상의 목숨을 앗아갔다.

1954년에 미국 하버드대학교에서 바이러스 분리에 성공했고, 1963년에 미국에서 최초로 홍역 백신 인가를 받아 홍역 역사의 판도를 뒤바꾸어놓았다. 그때까지 미국에서는 2~3년마다 주기적으로 홍역이 유행했고, 그때마다 300만~400만 명이 발병해, 500명 안팎으로 사망했다. 백신 보급으로 발병자는 99퍼센트나 급감했다.

그러나 1985~1988년에 백신을 맞은 어린이들이 홍역에 걸리는 사례가 증가했다. 1989~1990년에는 5만 5,600명의 감염자가 나와 123명이 사망했는데 사망자의 90퍼센트가 5세 미만 아동이었다. 1회 접종으로는 효과가 떨어진다는 사실이 밝혀지며 5세부터 19세는 2회 접종이 표준이 되었다.

WHO는 전 세계 홍역 실태를 파악한다는 목표를 내걸고 있다. 남북 아메리카 대륙에서는 이미 2000년부터 국내 홍역 발생 건수가 0이 되었다. 일본이 속한 WHO 태평양 사무국에서는 2012년을 목표로 홍역 퇴치에 힘썼는데, 중국과 일본 등 인구가 많은 국가가 다수 속해 있어 목표를 달성하지 못했다. 지중해 연안 지역, 유라시아 대륙에서도 2010년을 기점으로 발생 건수를 0으로 만든다는 목표를 내걸었는데, 백신 구매 자금이 부족해 목표를 달성하지 못했다.

일본의 전통 명절 '시치고산'은 홍역 때문에 생겼다?

홍역은 평생 한 번은 걸리는 감염병으로 두려움의 대상이었기에 일본 각지에 홍역에 관한 기록과 전승, 민간 신앙이 여럿 전해지고 있다. 헤이안 시대 이후 '赤斑瘡 / 赤瘡(아카모가사)'라는 이름으로 문헌에 등장하는 역병이 오늘날의 홍역이라는 게 통설이다. 일본에서 최초의 홍역 유행은 헤이안 시대 역사 문학인『에이가모노가타리(榮花物語)』에 998년의 일로 기록되어 있다.

"올해도 예의 두창이 나타나 붉은 부스럼이 자잘하게 생겼네."

'두창'이란 천연두를 가리키고, '붉은 부스럼'이란 홍역을 가리킨다. 오늘날의 교토인 헤이안쿄(平安京)를 직격한 홍역으로 귀족들이 줄줄이 쓰러지며 정치적 혼란이 발생했다.*

에도 시대에 들어서고 나서도 홍역은 25~30년 주기로 유행을 거듭했다. 문헌에 남은 것이 이 정도로 에도 시대에만 무려 13번의 대유행이 있었다. 에도 서민은 천연두·홍역·수두를 '3대 역병'이라 불렀고, 무병장수하려면 이 세 가지 병을 무사히 넘겨야 했다.

특히 천연두와 홍역은 사망률이 높아 유행할 때마다 수많은 인명이 희생되었다. 그중에서도 1803년의 유행은 규모가 컸다. 한 해 전인 1802년에 한반도에서 유행한 홍역은 쓰시마를 거쳐 나가토(長門) 지방에 상륙해 서일본으로 확대되었다.

1862년 6~7월 대유행은 지방 관청과 각 사찰에서 올라온 보고

---

* 『조선왕조실록』과 『승정원일기』를 보면 우리나라의 과거 홍역은 대체로 20년 주기로 발생했음을 알 수 있다. 현종 9년[1668년]에 8도에 홍역이 크게 유행하여 죽은 자가 매우 많았다. 숙종 33년(1707년)에는 평안도에서 1만 수천 명이 죽었고, 서울과 다른 지방 역시 수만 명이 홍역으로 인해 사망했다. 이듬해에는 하삼도에서 발생한 홍역이 크게 유행하면서 1만 명 이상이 사망했다. 영조 5년(1729년)에도 홍역이 크게 일어나 1만 명가량이, 이듬해에는 함흥에서만 홍역으로 죽은 자가 500여 명이나 되었다. ─ 김동진, 「홍역(紅疫), 선물[牛]에 실려 온 고통」, 한국역사연구회 참조

를 집계한 기록에 따르면 수도인 에도에서만 약 24만 명의 사망자가 나왔다. 홍역 1회 발생으로 생긴 사망자로는 사상 최고 수준이다. 당시 에도의 지리 정보와 자연현상, 유명인의 사망 등을 알 수 있는 『부코넨표(武江年表)』에 "역병은 남녀노소를 가리지 않는다. 이 역병에 당하지 않은 집이 없다"라는 기록에서 그 규모를 짐작할 수 있다.

홍역으로 사망한 역사적으로 가장 유명한 인물은 에도막부 3대 쇼군인 도쿠가와 쓰나요시(德川綱吉)다. 그는 성 깊숙한 곳에서 외부와 거의 접촉하지 않고 온실 속의 화초처럼 자랐기에 어린 시절에 홍역 감염을 피할 수 있었다. 1708년 겨울, 수도 에도에 홍역이 창궐했다. 섣달그믐이 되자 에도 성안에는 감염자가 속출했다. 최고 권력자였던 도쿠가와 쓰나요시도 64세에 홍역 합병증으로 추정되는 질환으로 세상을 떠났다.

어린아이의 무병장수를 비는 일본의 전통 명절 '시치고산(七五三)'은 1681년에 도쿠가와 쓰나요시가 장남의 건강을 기원한 게 시초로 여겨진다.* 이날은 지방에 따라 다양한 행사가 열린다. 당시에는 감염병과 영양 부족으로 유아 사망률이 높아 일곱 살까지 살 수 있을지 알 수 없었다. 일곱 살까지 무탈하게 자라면 건강하게 자랄 수 있다고 보고 일곱 살이 되던 해에 축하하

---

* 남자아이가 3살·5살, 여자아이가 3살·7살이 되는 해의 11월 15일에 아이의 무사한 성장을 감사하고 축하하는 행사. — 옮긴이

64세에 홍역 합병증으로 사망한 3대 쇼군 도쿠가와 쓰나요시(德川綱吉)

는 행사를 치렀다.

당시에는 천연두와 홍역 환자의 옷에서부터 이불까지 모조리 붉은색을 사용함으로써 병마를 퇴치한다는 신앙이 서민에서부터 권력자인 쇼군 집안에까지 널리 퍼져 있었다.

완쾌하면 성대한 축하 잔치를 열었는데 당시 모습을 담은 그림이 기후현 박물관에 여러 점 소장되어 있다. 이런 그림은 '하시카에(麻疹絵)'라고 하는데, 19세기 초에 등장한 홍역과 관련해 완쾌를 축하하는 그림뿐 아니라 홍역을 퇴치하기 위한 다양한 문구와 그림이 첨부된 것도 있다. 이 그림에 등장하는 인물들은 어른이 많아 홍역이 어린아이만 걸리는 병이 아니었음을 알 수 있다.

태아 사망과 선천성 장애 일으키는
선천 풍진 증후군

임부들을 공포에 떨게 한 풍진
재유행의 중심은 예방 접종 공백 세대

임부가 일상생활에서 걸리는 감염병 중 가장 무서운 병이 풍진이다. 임신 4주째 무렵에 걸리면 태어나는 아기의 절반이 '선천 풍진 증후군(congenital rubella synd- rome, CRS)'에 걸리며 태아가 사망해서 유산하거나 귀나 눈에 선천성 장애를 가지고 태어날 위험성이 늘어난다.

2012년부터 시작된 풍진 재유행은 가임 세대에 그야말로 직격탄을 날렸다. CRS 출산이 급증했고 일본 국립감염병연구소에 보고된 사례는 35명에 달했다. 통계가 있는 1999년 이후 가장 많은 수치로, 여태까지 최대였던 2004년 10명과 비교해도 무려 세 배나 많다.

풍진은 감염되면 태아에게만 심각한 영향을 미치고, 모체에서는 가벼운 증상만 나타난다. 가벼운 감기 증상처럼 시작되고 발열도 그다지 높지 않다. 온몸에 붉은 발진이 나타나고 림프절이 붓고 관절통, 관절염 등의 증상을 보인다.

증상이 나타나는 기간은 사흘가량으로 짧아 예전에는 '3일 홍역'이라고 부르기도 했다. 바이러스 방출 기간은 발진 출현 전후 약 일주일 정도다.

일본 국내 풍진 환자 수는 2004년에 누계 4만 명에 달한 후에 감소 추세로, 연간 수백 명 정도로 안정적인 상태를 유지하고 있었다. 그런데 2011년 아시아에서 유행이 시작된 풍진에 감염되어 귀국한 남성이 직장에 옮기는 사례가 증가해, 2011년에는 약 2,400명으로 급증했다.

또 2013년에는 약 1만 4,000명에 달해 전년 대비 여섯 배나 증가했다. 전국적인 통계를 내기 시작한 2008년 이후 최대 환자 수를 기록했다. 수도권과 간사이 등 대도시 권역에서 시작되어 도카이와 규슈 등 지방으로 확대되었다. 이들 풍진 감염자의 80퍼센트가 풍진 예방 접종을 하지 않은 20~40세 남성이었다.

그해 프로레슬링 단체인 '노아'는 경기 시작 전에 장내 안내방송으로 풍진 백신 접종을 촉구했다. 소속된 10명의 선수 중 3명이 연달아 감염되어 결장했기 때문이다. 기운 넘치는 프로레슬러도 풍진에게는 당해낼 재간이 없었다.

각 나라에서 일본 여행 주의보 발령, 관광 대국 일본의 굴욕

일본의 풍진 대유행은 각국에서 보도되었다. 미국 CDC는 2013년 6월에 풍진 유행이 계속되는 일본 입국 주의보를 발령했다. 백신 접종을 하지 않았거나 풍진에 걸린 경험이 없는 임부는 유행이 잠잠해질 때까지 일본 방문을 연기하라고 권고했다. 이 주의보는 위험도가 낮은 순으로 레벨1에서 레벨3까지 3단계가 있고, 이번에는 레벨2가 내려졌다.

미국의 뒤를 이어 캐나다 보건부도 일본 여행 주의보를 발령했다. 공중 위생에 문제가 있는 개발도상국처럼 취급되었다. 이는 관광 대국을 목표로 하는 일본에 굴욕적인 처사였다.

WHO는 2014년 2월에 발표한 주간 보고에서 세계적인 풍진 유행을 언급하며, 일본을 폴란드, 루마니아와 함께 '풍진 유행 워스트 3'로 지목했다.

2013~2014년에 세계 84개국에서 발생 보고가 있었고, 감염자 1,000명 이상인 나라는 WHO가 언급한 3개국 이외에 러시아·우크라이나·인도네시아·남아프리카공화국·우간다·중국으로 총 9개국이었다. CRS 발생 수도 일본은 베트남과 잠비아 등의 뒤를 이어 일곱 번째로 많았다. 선진국 중에서는 거의 유일한 풍진 유행국이라는 오명을 차지했다.

풍진 대유행 사태에 직면한 일본 후생노동성의 전문위원회는 2014년 1월에 유행을 저지하기 위한 지침안을 발표했다. 면역력이 없는 성인 남성들에게 예방 접종을 중점적으로 실시하고, 도쿄 올림픽이 개최되는 2020년까지 풍진 근절을 목표로 한다는 계획이었다.

1941년에야 임부에 미치는 풍진의 악영향이 밝혀지다

20세기에 들어서고 나서 풍진으로 추정되는 감염병은 미국에서는 6~9년마다, 유럽에서는 3~5년마다 유행했다. 그러나 오랫동안 홍역 및 성홍열과 혼동되었다.

1740년 독일 의사인 프리드리히 호프만(Friedrich Hoffmann)이 풍진을 최초로 독립된 질병으로 규명했다. 1752년과 1758년에 독일 의사가 유행을 보고해 '독일 홍역(German Measles)'이라 부르게 되었다. 1866년에 독일에서 대유행했을 때 영국 왕립 포병부대의 군의관 헨리 빌(Henry Veale)이 '루벨라(Rubella)'라는 이름을 붙였다. 라틴어로 '작은 붉은 반점'이라는 뜻이다.

호주에서 대유행한 이듬해인 1941년 육군 안과의사 노만 그렉(Norman Gregg)이 78건의 선천성 백내장을 조사해 68건의 사례에서 어머니가 임신 중에 풍진에 걸렸다는 사실을 밝혀냈다.

그 밖에도 심장 이상 등이 다발하는 사례로 노만 그렉은 풍진이 태아에게 장애를 일으킬 가능성을 경고했다. 처음에는 부정적이었던 의학계도 차츰 그의 의견을 받아들여 풍진이 임부에게 미치는 영향이 크다는 사실을 널리 인정하게 되었다.

항체가 없거나 항체 수치가 낮은 여성이 임신 초기에 풍진에 걸리면 선천 풍진 증후군에 의해 태아에게 장애가 나타날 확률은 임신 4주차까지 50퍼센트, 5~8주에 35퍼센트, 9~12주에 15퍼센트, 13~16주에 8퍼센트, 20주 이후로는 거의 영향이 없다고 알려져 있다. 선천성 이상은 '청각'에서는 내이성 난청, '눈'에서는 백내장과 녹내장, '심혈관계'에서는 심장 중격 결손, 폐동맥 협착 등이 있다.

**1960년대 세계적 유행,
미국에서는 인공중절 찬반 논란까지 불러와**

1962~1965년에 유럽에서 시작된 풍진의 세계적 '감염 폭발'은 미국으로도 불씨가 번졌다. 1965년에 미국에서 1,250만 명이 감염되어 조기 유산이 1만 1,250건, 임신 중절은 2만 건, 신생아 사망이 2,100건에 이르렀다.

뉴욕주에서만 신생아의 1퍼센트에 이상이 발생했고, CRS를 갖고 태어난 아기는 미국 전역에서 2만 명이 넘었다. 청각 장애 1만 2,000명, 시력 장애 3,580명, 정신 장애 1,800명 등이다. 경제 손실은 1억 5,000만 달러로 추정되었다.

마침 '입덧' 특효약으로 처방된 탈리도마이드(Thalidomide)로 생긴 선천성 이상이 엄청난 사회적 문제를 일으켰던 시기로, 임신부에게는 수난의 시대였다.

미국에서는 풍진 장애아가 증가함에 따라 인공중절 찬반을 둘러싼 논쟁의 열기가 뜨겁게 달아올랐다. 당시 중절 수술 찬반을 둘러싸고 격렬한 대립이 벌어졌고 반대파가 중절 수술을 집도한 의사를 살해하고 병원을 파괴하는 등의 과격한 운동을 전개하며 '내전' 수준으로 발전했다.

그러나 1973년 1월, 미국 연방대법원은 중절을 합법이라고 판결했다. CRS의 빈번한 발생이 이 판결을 뒷받침하는 근거로 채택되었다. 백신이 보급되지 않은 개발도상국에서 검역을 뚫고 들어온 감염병은 선진국에서도 돌발적인 유행을 일으켰다.

영국에서는 1993년과 1996년에 풍진이 유행했다. 외국인 이민자들이 감염을 확산시켰다는 의혹이 제기되었다. 1996년에 캐나다에서 4,000명, 1996년에는 멕시코에서도 7,000명, 1998~2001년에 이탈리아에서 2만 명 이상이 발병했다.

2013년 1월 이후 폴란드에서는 2만 1,200명의 풍진 환자가 보고되어 6년 만의 대유행 사태가 발생했다. 2004년에 풍진 백신 2회 접종을 시행할 때까지 여아에게만 예방 접종이 이루어진 게 영향을 미쳤다고 추정할 수 있다. 이 유행으로 2015년까지 풍진 근절을 내건 EU의 목표 달성이 위태로워졌다.

오키나와에 퍼진 CRS, 청각 장애아 학교 설립으로 이어져

미국에서 유행한 풍진으로 1964년 당시 미군 통치하에 있던 오키나와에 불똥이 튀었다. 베트남전쟁에 파병된 미군이 본국에서 오키나와로 이동했는데 이때 바이러스가 같이 들어온 것으로 추정된다. 이 유행으로 오키나와에서는 1965년에 408명의 장애아(그해 출생 수의 약 2퍼센트)가 태어났다.

1969년에는 오키나와현 각 학교에서 풍진 장애아를 위한 학급이 편성되었다. 이 학급이 1978년에 독립해 청각 장애 아동을 위한 '기타시로 농학교'가 되었고 총 19개 학급에 140명이 입학했다. 이후 보통과와 직업과로 이루어진 고등부가 개설되었다. 1984년 3월에는 전교생이 졸업해 6년간의 짧은 역사가 막을 내렸다.

일본에서도 풍진 유행으로 인공중절 수술 증가와 주위에서 중절 수술을 강요받았다는 소식이 보도되었다. CRS로 태어난 아이의 열 배가량의 아기가 중절 수술로 태어나지 못했다고 추정하는 전문가도 있다. 감염된 임부에게는 무거운 결단이었다.

풍진은 옛날부터 알려져 있던 질병이다. 가마쿠라 시대 역사서 『아즈마카가미(吾妻鏡)』에는 1244년에 오늘날의 차관에 해당하는 고위 관직자 집안과 최고 권력자인 쇼군 집안에서도 환자가 속출한 '삼일병(三日病)'에 대한 기술이 있다. 가벼운 홍역과 혼동했을 가능성도 있으나 대부분 풍진으로 추정된다. 이후 문헌에도 이 병이 유행했다는 기록을 이따금 찾아볼 수 있다.

명의의 유서와 문헌 발견에 힘쓴 의사 후지카와 유(富士川游, 1865~1940년)의 저서 『일본 질병사(日本疾病史)』에 따르면 1378년부터 1779년까지 다섯 번의 눈에 띄는 풍진 유행이 있었다.

역사학자인 나카지마 요이치로(中島陽一郎)가 쓴 『질병 일본사(病気日本史)』에는 풍진과 기근이 같은 시기에 발생한 사례가 많다는 기록을 발견할 수 있다. 1378년 남북조 시대의 고관인 산조 긴타다(三条公忠)는 『고구마이키(後愚昧記)』에 "최근 전국에 삼일병이 돌아 귀천을 막론하고 한 사람도 남김없이 병에 걸렸다"고 남겼다.

또 1408년부터 1463년에 걸쳐 유행한 사례에 대해서는 "아사자 수천 명, 병사자는 그 수를 헤아릴 수 없다"는 참상이 기록에 남아 있다. 1779년 전국적인 유행으로 사망자는 수십만 명에 달했다.

1835년에는 사망자가 10만 명이 넘었고, 이듬해부터 일설에 따르면 약 100만 명의 아사자가 나온 대기근이 시작되었다. 당시 풍진 증상은 오늘날과 비교하면 중증이었다. 시름시름 앓으며 몸이 점점 약해져 농사를 지을 수 없게 되었다. 일손이 사라져 사람의 손길이 닿지 않게 된 논밭은 황폐해져 수확량이 줄어들었고 기근이 한층 심각해졌다. 당시에는 풍진을 '3일 홍역'이라 부르며 홍역과 구별했다.

이후 '풍진'이라고 부르게 되었다. 중국어로 병을 일으키는 나쁜 기운인 '풍(風)'과 피부 표면에 나타나는 작고 붉은 반점과 부스럼을 뜻하는 '진(疹)'을 합쳐 '풍진'이라는 병명이 만들어졌다. 참고로 중국어로는 '风疹(fēngzhěn)'이라고 쓴다.

메이지 시대 이후로도 5~9년 주기로 봄에서 초여름에 걸쳐 대대적으로 유행했고, 최근에는 1964년부터 2004년까지 다섯 번의 유행이 반복되었다. 한 번 풍진에 걸린 사람은 면역력이 생겨 두 번 다시 걸리지 않는다고 알려져 있는데, 면역력이 떨어진 사람이나 항암 치료 등으로 일시적으로 면역력이 저하된 사람은 드물게 풍진이 재발하는 사례도 있다.

사람에게만 유행하고 기원은 베일에 싸인 풍진바이러스

풍진바이러스는 토가바이러스(Togaviridae)과의 루비바이러스(Rubivirus)에 속하는 RNA 바이러스다. '토가(Toga)'란 고대 로마인이 몸에 두르던 긴 천을 가리킨다. 이 바이러스가 두꺼운 외피로 덮여 있어 '덮는다'를 뜻하는 라틴어 '토가'에서 이름을 따왔다. 자연계에서는 풍진바이러스와 친척 바이러스를 발견하지 못했고 사람에게만 유행한다. 그래서 기원은 밝혀지지 않았다.

풍진바이러스는 유전자 배열에 따라 크게 '1형'과 '2형' 두 가지 군으로 나뉘며, 다시 13개 아형으로 세분화된다. 유행한 지역에 따라 바이러스의 '형'이 달라져 그것을 분석해 유행 과정을 추적할 수 있다. 현재 세계에 퍼진 풍진은 '1형'으로 유전자 변화로 보아 1940년대에 유행이 시작되었다고 보고 있다.

일본에서 2004년에 유행한 풍진의 유전자형은 '1j'가 많았다. 이 형은 일본과 필리핀에서만 발견되었다. 그런데 2012년 유행에서 유전자형을 조사한 150개 검체 중 '2B' 유전자형이 82퍼센트로 가장 많았고, 뒤를 이어 '1E'가 17퍼센트였다. 이 유전자형은 중국과 베트남에서 유행했다. 2012년부터 시작된 재유행이 아시아에서 시작되었음을 뒷받침하는 증거다.

전쟁 등으로 인구 대이동이 일어나면 세계적 유행을 불러올 수 있다. 제2차 세계대전 중인 1940년에 오스트리아에서 일어난 대유행은 군대를 중심으로 발생했다. 오키나와에서의 유행도 베트남 전쟁과 관련이 있다. 미 육군은 군대의 이동으로 집단 발생해 병사를 위험에 빠뜨릴 수 있는 감염병으로 홍역, 유행성 이하선염과 함께 풍진을 꼽고 있다.

'2형'은 아시아와 유럽보다 좁은 영역에서 유행했는데, 아마 19세기 중반에 퍼져 그 이전에 존재한 형과 세대교체가 이루어졌을 가능성이 제기되었다.

백신 부작용과 접종 대상을 둘러싼 혼란

미국에서는 1962년에 풍진바이러스 분리에 성공해 약독성 백신을 제조했다. 이후 백신이 보급되어 2004년에 CRS 퇴치를 선언했다. 그러나 관광객과 이민자들이 해외에서 바이러스를 들여오며 산발적 발생이 이어지고 있다.

유럽과 미국보다 8년 늦은 1970년에 일본에서도 환자에게서 분리한 바이러스로 약독성 백신을 개발했다. 처음에는 접종 대상을 둘러싸고 설전이 오갔다. 모든 남녀 유아에게 접종하는 미국 방식이냐, 여자 중학생에게만 접종하는 영국 방식이냐를 두고 공방전이 벌어졌다. 일본은 1977년에 영국 방식을 채택해 여자 중학생에게만 백신 접종을 시작했다.

이 두 가지 방식의 우열은 얼마 지나지 않아 가려졌다. 미국에서는 풍진 환자가 급감했고 CRS 출생이 0에 근접해 근절 선언을 할 정도의 수준에 도달했다.

한편 영국과 일본에서는 남아에게 면역이 없어 유행이 단속적으로 발생했다. 결국 소 잃고 외양간 고치는 격으로 모든 유아에게 접종하는 미국식 방식으로 전환할 수밖에 없었다.

1989년 4월부터 생후 12~72개월 영유아에게 홍역 백신을 정기 접종할 때 홍역·유행성 이하선염(볼거리)·풍진 3종 혼합 MMR 백신을 선택할 수 있게 되었다.

유아 백신 접종으로 전국 규모의 유행은 사라졌다. 그런데 MMR 백신을 접종받은 아이들이 증가함에 따라 백신에 포함된 유행성 이하선염 백신 성분이 원인이 되어 생기는 '무균성 뇌수막염'이 늘어났다. 아이를 기르는 가정에서 불안의 목소리가 터져나왔고, 4년 후인 1993년 4월에 MMR 백신 접종이 중지되었다 (⑫장 참조).

발열, 두통, 메스꺼움 등의 증상이 나타나는 무균성 뇌수막염은 후생노동성 연구반의 보고(2007년)에 따르면 2,282명의 접종 중 1명이 발병한다. 다른 조사에서도 약 1,000~2,000명 중 한 명의 비율로 발생했다. 다행히 심각한 후유증이 나타나는 비율은 상당히 낮다는 조사 결과가 있다.

1994년 예방접종법 개정으로 풍진 백신은 1~7세 반(12~90개

월) 아동 전원에게 접종하게 되었다. 이후 풍진의 대대적인 유행
은 사라졌고, 2010년 환자 수는 87명으로 CRS도 연간 0명 수준
으로 내려갔다.

현재 어린이 백신 접종은 2회가 효과가 높다고 알려져 있는데,
1990년 4월 1일 이전에 태어난 사람은 어린 시절에 한 번만 접종
했기에 감염 위험이 여전히 남아 있다. 전문가는 "임신을 희망하
는 여성은 반드시 2회차 접종을 해야 한다"고 주의를 촉구하고
있다.*

2013년 대유행의 중심은
어린이가 아닌 백신 미접종 어른

풍진뿐 아니라 '백신으로 예방할 수 있는 감염병'(VPD) 예방
에 관해 일본의 국제적 평가는 다른 선진국과 비교하면 상당히
낮은 수준이다. 다른 선진국과 백신 행정 차이는 '백신 갭Vaccine
gap)'이라는 새로운 국가 간 격차를 만들어내고 있다. 미국에서

---

* 우리나라의 경우 1982년부터 기본접종으로 생후 15개월에 MMR 백신을 1회 접종하는 방
법을 시행하였다. 그러나 1980년대 말부터 MMR의 효과가 떨어지고 있다는 증거가 여럿 나
타나고 실제로 MMR을 접종한 4세가 넘은 아이들이 홍역에 걸리는 경우도 생겼다. 그런 까닭
에 MMR을 한 번만 접종하던 것에서 4~6세 사이에 한 번 더 접종하도록 1997년 5월 접종방
법이 개정되었다. 2회 접종을 통하여 99퍼센트 이상의 항체 양전율(항체 농도)을 얻을 수 있
다고 한다. — 네이버 지식백과 참조

는 일원적으로 백신 행정을 담당하는 예방접종자문위원회(ACIP)라는 기관이 있으나 일본에는 아직 없다. 홍역·수두·유행성 이하선염·결핵 등이 유행하는 선진국은 일본 정도밖에 없다.

2013년 4월에는 Hib 백신(뇌수막염 예방 접종), 폐렴구균 백신, HPV(자궁경부암) 백신, 세 가지가 임의 접종에서 정기 접종으로 변경되었다. 2013년 연말에 소아 수두 백신과 고령자의 폐렴구균 백신을 예방접종법에 근거해 정기 접종으로 추가했다.

그러나 3세 이상 수두 백신과 유행성 이하선염 백신, B형 간염 백신 등은 아직도 임의 접종 백신으로 자기 부담으로 접종하려면 상당한 지출을 각오해야 한다. WHO가 1992년 이후 B형 간염 백신 정기 접종을 권장하고 있다. 이미 세계적으로 약 180개국에서 정기 접종을 시행하고 있다.

일본에서는 임신 중에 B형 간염 보균자라는 사실을 알게 되면 건강보험으로 접종할 수 있다. 일본에는 약 110만~140만 명의 보균자가 있다고 후생노동성이 추정하고 있다.

WHO에 따르면 B형 간염 보균자는 세계에서 약 2억 4,000만 명 이상으로, 연간 약 78만 명이 사망한다. 특히 사하라 이남 아프리카, 중국, 동남아시아에 집중되어 있다. B형 간염 백신으로 95퍼센트는 예방할 수 있다. 다만 C형 간염 백신은 아직 개발되지 않았다.

2006년 4월부터 부작용이 문제가 된 유행성 이하선염 백신을 제외한 홍역·풍진 혼합 백신(MR) 접종이 시작되었다. 중지 기간, 즉 1979년 4월 2일부터 1987년 10월 1일에 태어난 세대는 풍진 예방 접종을 하지 않아 공백기가 생겼다.

이 시기에 태어난 1,250만 명에게는 경과 조치로 접종이 이루어졌으나, 실제로 접종을 받은 사람은 약 40퍼센트인 490만 명에 머물렀다. 즉 49세 이하 일본인 중 풍진 면역이 없는 사람은 약 760만 명으로 추정된다. 이 나이대의 여성이 결혼과 출산 시기에 접어드는 2000년 이후, 임신 도중 풍진 감염으로 인한 CRS 발생이 우려되고 있다.

2011년 정부 조사에서는 20~40대 남성의 15퍼센트(20대 8퍼센트, 30대 19퍼센트, 40대 17퍼센트)가 풍진 항체를 가지고 있지 않았다. 한편 20~40대 여성의 4퍼센트가 풍진 항체가 없었고, 12퍼센트는 항체가가 낮아 감염 예방 효과가 희박하다는 사실이 판명되었다.

해외여행에 필요한 백신 목록에 풍진 백신이 들어 있지 않아, 이들 세대가 해외에서 감염되어 일본 국내에서 유행시키는 사례도 있을 수 있다. 이 백신 공백 세대가 2012~2013년 풍진 대유행으로 이어졌을 가능성이 크다.

2006년에 시작된 현행 제도에서는 1세와 초등학교 입학 전 2회, 개별 접종이 이루어지고 비용은 공적 부담이다. 그러나 과거 제도로 예방 접종을 받지 않은 사람은 자기 부담이 원칙이다. 남성이 여성에게 옮기는 경우가 많아 전문가들은 남성 접종이 급선무라고 지적한다. 일본 국립감염병연구소에 따르면 현재 풍진 백신은 부작용이 적고 안전성이 높다.

일본 국립감염병연구소가 2013년에 보고된 환자의 감염 경로를 조사했다. 역학조사 결과, 직장이 31.6퍼센트, 가족이 18.9퍼센트, 학교 4.0퍼센트, 의료기관 0.4퍼센트로 밝혀져, 풍진은 어린이가 아니라 어른이 유행의 중심이었음이 증명되었다.

영화로 만들어진 풍진 장애아 야구부 이야기

풍진에 걸린 유명인 하면 제일 먼저 메이저리거 선수였던 커티스 프라이드(Curtis Pride)가 떠오른다. 1993년 몬트리올 엑스포스에서부터 2006년에 로스앤젤레스 에인절스 오브 애너하임을 마지막으로 은퇴할 때까지 보스턴 레드삭스(Boston Red Sox)와 뉴욕 양키스(New York Yankees) 등 여덟 개 팀에서 외야수로 활약했다.

프라이드 선수는 메릴랜드주에서 태어나 어린 시절 풍진에 걸려 후천적으로 난청이 생겼다. 그가 태어난 1968년은 풍진 대유행 여파가 남아 있던 시절이다. 미국에서는 이듬해인 1969년에 최초로 풍진 백신이 도입되었다. 운동에 두루두루 재능을 보인 그는 열여섯 살에 축구 선수로 U-17 월드컵 제1회 대회(중국)에 출전해 2골을 넣었다.

도베 요시나리(戸部良也)의 책인 『머나먼 고시엔 — 들리지 않는 구음에 승부를 걸었던 16인(遥かなる甲子園ー聴こえぬ球音に賭けた16人)』(双葉社, 1987)은 오키나와의 '기타시로 농학교' 야구부가 1983년 여름 고교 야구 오키나와현 대회에 출전한 이야기를 그린 논픽션이다.

영화로 만들어진 기타시로 농학교 야구팀 이야기의 비디오 테이프 표지

오사와 유타카(大澤豊) 감독이 영화로 제작한(1990년) 이후 야마모토 오사무(山本おさむ)의 만화 작품과 텔레비전 드라마로 제작되었고 연극 무대에도 올려졌다. 신체적 장애로 참가 자격을 인정받지 못하는 제도적 장벽을 극복하고 오키나와현 예선 출전권을 따냈으나 안타깝게도 콜드 게임으로 패배한다는 청춘물이다.

풍진이 등장하는 소설로는 1962년에 출간된 애거서 크리스티의『깨어진 거울(The Mirror Crack'd from Side to Side)』이 유명하다. 참고로 1962년은 유럽에서 풍진이 대유행한 해다. 크리스티의 대표 캐릭터인 미스 마플 노부인이 주인공으로 등장하는 최고 걸작으로 팬들 사이에 사랑받고 있다.

작품의 무대는 미스 마플이 사는 작고 조용한 영국의 시골 마을 세인트 미드메리. 마을에 이사 온 미국 유명 여배우가 어느 파티에 초대되고 그 파티에 참석한 지역 여성이 독살당한다. 알고 보니 두 사람은 예전에 만난 적이 있었는데, 그때 임신 중이었던 여배우는 그녀에게 풍진이 옮아 중증 장애가 있는 아기를 낳았다. 이 악연이 사건의 배경이 된 소설이다.

면역중추 파괴하는 바이러스 감염병, 성인 T세포 백혈병

숙주의 DNA에 자기 RNA를 끼워넣고 더부살이하는 뻔뻔한 바이러스

'성인 T세포 백혈병(ATL)'이라는 혈액암은 일본인에게 유독 많다. 성인이 되어 발병하는 백혈병의 일종으로 면역을 관장하는 T세포 이상이 증가하며 생기는 질병이다. 원인은 '사람 T세포 림프친화 바이러스 1형(Human T-lymphotropic virus 1, HTLV-1)'이라는 바이러스다. 여기서는 알기 쉽게 'T세포 백혈병 바이러스'라고 부르자.

그다지 알려지지 않은 사실인데 일본에는 1,000만 명이 넘는 바이러스 보균자가 있다. 발병하는 사람은 소수이나 일단 병에 걸리면 사망률이 높아 두려움의 대상이 되고 있다.

이 바이러스 보균자는 세계적으로 보면 이상하게도 일본에 많이 분포하고 있다. 인류의 역사에 숨겨진 일본인의 기원을 푸는 실마리를 제공하고 있다.

그런 이유로 세계에서 이 성인 T세포 백혈병 연구 분야를 일본인 연구자가 이끌고 있다. 1973년 교토대학교 의학부 부속병원 다카쓰키 기요시(高月清) 의사에게 규슈에서 백혈병에 걸린 여성이 진료를 받으러 왔다. 일반적인 백혈병은 림프구에서 시작되는데 그 환자의 백혈병 세포는 T세포가 원인이었다. 다카쓰키 교수는 1977년에 '성인 T세포 백혈병'이라고 보고했다.

교토대학교 바이러스 연구소의 히누마 요리오(日沼頼夫) 교수 연구팀이 이 백혈병의 배양세포에서 바이러스를 발견했다. 또 암연구회 산하 암연구소의 요시다 미쓰아키(吉田光明) 박사가 유전자 구조를 해명해 '사람 T세포 백혈병 바이러스(HTLV)'라고 이름 붙였는데, 바이러스의 정체까지는 밝혀내지 못했다.

바이러스는 에이즈바이러스(HIV)를 발견하기 3년 전인 1980년에서야 정체가 밝혀졌다. 에이즈바이러스 발견을 두고 1위 경쟁을 벌인 미국 국립보건원(NIH)의 로버트 갤로 박사가 카리브해의 흑인에게서 원인 바이러스를 분리했다.

갤로 박사는 HIV를 'T세포 백혈병 바이러스 3형'이라고 이름 붙일 정도로 둘의 공통점이 많다고 생각했다. 두 바이러스 모두 RNA형 레트로바이러스에 속하는 '암 바이러스'다. HTLV를 발견한 덕분에 에이즈 연구도 속도를 낼 수 있게 되었다.

레트로바이러스는 RNA 유전자를 가지고 있다. 숙주에 감염되면 RNA를 숙주의 DNA에 끼워넣어 자기복제(증식)를 시작한다. 남의 집에 들어가 멋대로 더부살이를 시작하고 자식까지 주렁주렁 낳아 그 집밥을 축내고 재산을 거덜내는 염치없는 짓을 태연히 하는 뻔뻔한 바이러스다.

한편 나가사키대학교의 히노 시게오(日野茂男) 교수 연구팀이 1984년에 감염 경로를 규명해 바이러스에 감염된 어머니에게서 모유를 통해 아기에게 감염되는 '모자 감염'이 주요 경로임을 밝혀냈다. 이 감염 경로 규명으로 유아의 90퍼센트가 모유에서 분유로 바꾸는 간단한 방법으로 감염에서 해방될 수 있게 되었다.

잠복기 길고 발병률 낮아 가볍게 취급받은 감염병

T세포 백혈병 바이러스는 감염되어도 발병 확률은 20~25명에 한 명 정도로 높지 않은 편이다. 잠복기가 수십 년인 경우도 드물지 않고 발병 나이 평균은 61세. 50세 이상 사는 사람이 많지 않았던 시대에는 환자가 드물었다. 사회적 문제가 된 건 수명이 길어진 1945년 이후다.

'T세포 백혈병'은 화학요법 효과를 기대할 수 없어 치료가 어려웠다. 발병하면 평균 생존 기간은 1년 남짓, 2년 생존율은 20퍼센트 정도로 위험한 감염병이었다. 그런데도 여태까지 주목받지 못했던 건 잠복기가 워낙 길고 발병률이 낮기 때문이었다.

후생노동성이 1991년에 정리한 'T세포 백혈병 바이러스'에 관한 보고서에서는 "지역 차가 커서 정부가 전국을 일률적으로 관리하기보다 지방자치단체의 재량에 맡기는 게 바람직하다"며 풍토병과 같은 수준으로 취급하고 있다.

에이즈와 비교해도 너무 가볍게 여겨졌다. 에이즈 발병자와 감염자는 누계 약 2만 명. 보고되지 않은 감염자가 많아 어림잡아도 총 5만 명가량이다. 한편 T세포 백혈병 바이러스 감염자는 100만 명을 훌쩍 넘어, 에이즈보다 20배나 많다.

그러다 나고야시립대학교의 우에다 류조(上田龍三) 교수 연구팀이 효과적인 치료제를 개발해 환자 절반이 완치되거나 증상이 호전되는 수준으로 상태가 개선되었다. 오사카대학교 면역학프론티어연구센터의 사카구치 시몬(坂口志文) 교수 연구팀은 백신 개발을 진행하고 있다.

모유 통한 모자 감염 위험 높고 발병하면 사망률도 높아져

혈중 백혈구는 질병에 대한 방어, 즉 면역을 담당하는 세포다. 백혈구에도 다양한 종류가 있고, 그중 20~40퍼센트를 림프구가 차지하고 있다. 림프구는 골수에서 생성되는데 그중 70~80퍼센트가 면역 반응 전체를 지휘하는 'T세포'다.

'T세포 백혈병 바이러스'라는 이름대로 이 T세포에 주로 감염되어 백혈병을 일으킨다. 즉 면역계의 중추를 파괴한다. 주요 감염 경로는 ①모자 감염(약 60퍼센트), ②성관계 감염(약 20퍼센트), ③수혈과 기타 경로 감염(약 20퍼센트) 세 가지다. 한 번 감염되면 바이러스는 평생 사라지지 않는다고 여겨졌다.

모유에는 어머니의 림프구가 다량 포함되어 있어 모유로 바이러스가 감염될 위험이 높다. 다만 T세포 백혈병 바이러스는 에이즈바이러스와 달리 혈액 제제 등으로는 감염되지 않는다. 성관계로는 남성에게서 여성으로 감염되어도 반대로는 감염되지 않는다. 이는 남성의 정액에 있는 림프구에 바이러스가 섞여 있기 때문이라고 추정하고 있다.

이 바이러스는 백혈병 이외에도 척수와 호흡기계 등에 갖가지 질병을 일으킨다.

2009년 후생노동성 조사에서는 감염자 수는 일본 전국에서 약 108만 명으로 집계되었다. 20년 전(1997년) 조사에서 약 120만 명이었던 것에 비해 적게나마 감소 추세로 돌아섰다. 한편 2006~2007년에는 최초로 헌혈 경험이 있는 전국의 약 119만 명을 대상으로 조사가 이루어져 0.3퍼센트인 3,787명의 감염이 확인되었다.

양성자의 지역별 비율이 가장 많았던 규슈, 오키나와는 20년 전의 50.9퍼센트에서 41.4퍼센트로 줄어들었다. 한편 수도권은 (괄호 안은 지난 조사 결과) 17.3퍼센트(10.8퍼센트), 나고야권 8.2퍼센트(4.8퍼센트), 오사카권 20.3퍼센트(17.0퍼센트)로 대도시권에서 증가 추세가 두드러졌다.

대도시권으로 확대된 이유는 감염자가 도시로 이주했기 때문인지 아니면 대도시에서 감염이 확대되었기 때문인지 알 수 없다. 감염자가 발병하는 비율은 40세 이상으로 보면 1년 동안에 1,000~2,000명에 한 명 정도다. 다만 감염된 영유아의 발병률이 5~10퍼센트로 교통사고 사망 위험률의 몇 배 정도라 절대 무시할 수 없는 수준이다.

백혈병이 발병하면 사망률이 높아져서, 2007년에는 전국에서 1,075명이 사망했다. 일반적으로 효과적인 치료법이 없는 질병은 '난치성 질환'으로 지정되어 환자의 의료비 부담이 큰 폭으로 경감되었다. 그러나 'T세포 백혈병 바이러스'는 아직 지정되지 않아 환자의 경제적 부담이 크다.

다만 예방 대책이 차근차근 추진되어 감염률이 상당히 감소했다. 나가사키현에서 발표한 자료를 보면 1950년 감염률은 지역 인구의 6.05퍼센트였는데, 1980년에는 1.4퍼센트로 줄어들었고, 모자 감염 방지 대책이 시작된 1990년에는 0.35퍼센트까지 내려갔다. 최신 자료인 2010년에는 0.06퍼센트로 급감했다.

기원은 서아프리카 '원숭이 T세포 백혈병 바이러스', 인류 진화와 함께 다양한 유형으로 분화

유전자 비교로 지금까지 서아프리카 영장류가 가지고 있던 '원숭이 T세포 백혈병 바이러스(STLV-1)'가 '사람 T세포 백혈병'(HTLV-1)의 기원이라고 여겨졌다.

프랑스 몽펠리에대학교의 발레리 쿠르노(Valerie Courgnau) 박사 연구팀은 아프리카에서 '원숭이 T세포 백혈병 바이러스'를 탐색했다. 서아프리카의 카메룬 열대림에서 고릴라, 콧수염원숭이(학명 : Cercopithecus cephus), 맨드릴개코원숭이(학명 : Mandrillus sphinx) 등 18종 524마리 영장류의 혈액을 채취했다. 이중 328마리는 식육용으로 포획되었고 나머지는 원주민이 반려동물로 기르던 개체였다.

이들의 혈청을 모아 HTLV-1 항체와 교차 적합 시험을 시행했더니 59마리(11.2퍼센트)가 반응해 두 바이러스가 매우 가까운 관계임을 밝혀냈다. 특히 날쌘맹거베이(학명 : Cercocebus agilis)는 89퍼센트의 개체에서 '원숭이 T세포 백혈병 바이러스'가 검출되었다.

반려동물로 기르던 원숭이의 감염률은 1.5퍼센트지만, 식육용에서는 17.0퍼센트로 높은 감염률을 보여 야생 원숭이 사이에는 상당히 감염이 퍼져 있음을 알 수 있다.

또 교토대학교 연구팀의 조사에서는 일본원숭이(학명 : Macaca fuscata)에서도 양성률이 50퍼센트가 넘고, 그중에는 90퍼센트 이상의 집단이 있다는 사실을 알아냈다. 다만 이들 원숭이는 바이러스와 공존해 감염되어도 발병하지 않는다.

'원숭이 T세포 백혈병 바이러스'에는 몇 가지 계통이 존재하고, 각각의 계통군은 종의 벽을 넘어 다른 종 원숭이에게도 감염된다. 이종 간의 감염으로 원숭이를 자연 숙주로 삼는 바이러스가 사람에게 우발적으로 감염될 가능성이 크다고 해석할 수 있다.

다만 교토대학교 연구팀은 사람과 다양한 종류의 원숭이의 'T

세포 백혈병 바이러스' 유전자를 비교해 영장류 진화의 초기 단계부터 비교적 최근까지 원숭이에게서 사람으로 몇 차례나 감염이 일어났다는 가설을 발표했다. 즉 현재 '사람 T세포 백혈병 바이러스'에는 오랜 세월에 걸친 진화와 더불어 유전된 바이러스와 이후 원숭이에게서 감염된 바이러스 둘 다 존재한다는 뜻이다.

서아프리카 어딘가에서 사람에게로 옮겨온 '원숭이 T세포 백혈병 바이러스'는 '사람 T세포 백혈병 바이러스'로 변신했고 진화를 거듭하며 다양한 유형으로 분화하며 인류의 이동과 함께 전 세계로 퍼져나갔다.

세계의 '사람 T세포 백혈병 바이러스'는 유전자로 세 가지 형으로 나눌 수 있는데, '코스모폴리탄형'이 압도적으로 넓은 범위에 분포한다. 나머지는 소수형인 '중앙아프리카형'과 '메소포타미아형'이다.

또 '코스모폴리탄형'은 네 가지 아형으로 세분화하는데 남아프리카공화국·인도·중동·카리브해에 걸친 넓은 지역에서 확산하는 '아형 A'(대륙 횡단형), 일본과 일본에서 브라질로 이주한 이민자에게 주로 나타나는 '아형 B'(일본형), 서아프리카와 노예로 끌려온 카리브해 주민에게 국지적으로 나타나는 '아형 C'(서아프리카형), 모로코와 알제리 등에 많은 '아형 D'(북아프리카형)로 크게 나눌 수 있다.

HTLV-1형 이외에도 1982년에 콩고민주공화국의 피그미로 알려진 음부티(Mbuti)족에게서 'HTLV-2형'이, 2005년 카메룬의 원숭이 사냥꾼에게서 'HTLV-3형'과 'HTLV-4형'으로 명명된 친척뻘 바이러스가 각각 발견되었다.

유전자 근접성으로 보아 모두 '원숭이 T세포 백혈병 바이러스'에서 비롯되었다고 추정되고 있다. 2형은 약하지만 감염력이 있어 미국 북부, 중남미, 유럽에서 주사기를 사용하는 약물 중독자에게서 산발적으로 발견된다. 3형, 4형에 대해서는 아직 밝혀지지 않은 부분이 많다.

바이러스 변이와 계통 추적으로
인류의 기원과 이동 밝히는 바이러스 인류학

'T세포 백혈병 바이러스' 대부분은 어머니에게서 아이에게로 수직 감염되고 감염력이 낮아 특정 지역과 민족에게서만 국지적으로 나타나는 경향이 있다. 이 불가사의한 병의 분포는 숙주가 된 사람의 집단 이동과 관련 있다고 여겨졌다. 요컨대 이 바이러스의 변이를 추적하면 인류 이동 경로를 밝혀낼 수 있다는 말이다.

바이러스 계통 분석으로 인류의 기원과 이동의 역사를 추측하는 '바이러스 인류학'이 최근 학계에서 주목받고 있다. 예전에는 뼈와 도구, 토기 등을 단서로 삼아 연구하는 형태 인류학과 고고학으로 인류의 기원과 이동을 추측했는데, 최근에는 DNA 분석 등 새로운 기술 도입으로 인류의 과거를 알아내는 데 새로운 광

명이 비추고 있다. 바이러스 인류학도 DNA 분석 기술 진보에 힘입은 바가 크다.

1981년에는 사람 세포 내의 미토콘드리아 DNA의 전체 배열을 해독했다. 이 DNA는 어머니에게서 딸에게로 모계로만 유전된다. 미토콘드리아는 세포 안에서 에너지를 만들어내는 역할을 한다. 원래 별개의 세균이었는데 세포로 편입되었기 때문에 다른 유전자를 가지고 있다.

DNA에 의한 친자 감정이 몇만 년이나 거슬러 올라갈 수 있는 것처럼 어느 여성의 미토콘드리아 DNA를 분석하면 그 사람의 모계를 선조까지 더듬을 수 있다.

1987년에는 캘리포니아대학교의 레베카 칸(Rebecca Cann) 교수 연구팀이 이 DNA 변이를 추적해 현생 인류는 16만 년 전(±4만 년)에 동아프리카에 살던 여성이 인류 공통의 기원이라는 '미토콘드리아설'을 주장해 큰 반향을 불러일으켰다.

한편 2000년대에 들어서자 남성만 가지고 있는 Y염색체 유전자 분석이 진행되었다. 이 Y염색체는 아버지에게서 아들로 부계로만 유전된다. 이 염색체도 변이를 거슬러 올라가면 인류의 이동이 약 7만~14만 년 전 한 아프리카 남성, 즉 'Y염색체 아담'에 이른다. 학계에서 이견이 나왔으나 지금은 지지자가 많아 인류의 아프리카 기원이 거의 학계 정설로 굳어졌고, 전 세계로 퍼져 나간 발자취도 추적할 수 있게 되었다.

약 20만 년 전에 동아프리카에서 탄생한 현생 인류는 12만~13만 년 전에 아프리카를 나와 5만~6만 년 전부터 다양한 길을 따라 세계 각지로 진출했다. 아프리카를 나온 후에 '동방 경로'를 택한 집단은 그대로 인도양 연안의 동남아시아에 도착했고, 일부는 북쪽으로 올라와 일본 열도로 들어왔다.

다른 일부는 그대로 오세아니아까지 이동해 오스트레일리아 원주민(Aborigine)의 선조가 되었다.

'북방 경로'를 택한 집단은 중앙아시아까지 진출해 거기서 서쪽으로 향한 집단은 유럽으로, 동쪽으로 향한 집단은 시베리아를 횡단해 그대로 계속 나아가 당시에는 땅으로 이어진 베링 해협을 건너 북미에서 남미로 이동했다.

T세포 백혈병 바이러스 감염 분포로
일본 민족의 이동 경로를 밝힌다

'T세포 백혈병 바이러스'(코스모폴리탄형)는 이 장대한 인류의 대여정에 편승해 아프리카를 나와 인류와 함께 세계적으로 감염이 확대되었다.

'T세포 백혈병 바이러스'에 감염된 고(古)몽골로이드(proto-Mongoloid)는 두 계통이 일본으로 들어왔다. 먼저 구석기 시대 말부터 조몬 시대 초기에 걸쳐 '북방 경로'로 사할린과 한반도를 거쳐 '대륙 횡단형'(아형 A) 바이러스가 일본 열도에 드문드문 퍼졌다. 또 조몬 시대 전기에는 '남방 경로'로 한반도를 거쳐 새로운 집단이 유입되었다. 그들이 '일본형'(아형 B)을 퍼뜨렸고, 조몬인의 이동과 함께 분포가 확대되었다.

'일본형'(아형 B)은 유전자 차이로 보아 약 1만 4,000년 전 무렵에 침입했다. 즉 일본 열도에 새로운 집단이 이주한 조몬 시대 초기에 그들이 바이러스를 들여왔을 가능성이 크다.

야요이 시대가 되어 한반도를 거쳐 발전된 벼농사 기술을 지닌 집단이 건너왔고, 규슈에서 시코쿠, 혼슈로 퍼져나갔다. 이 제3의 물결 집단은 'T세포 백혈병 바이러스'를 가지고 있지 않았고 그들이 세력을 확장하는 과정에서 바이러스 양성률은 낮아졌다고 추정된다.

인류 이동과 'T세포 백혈병'의 연관성을 추적하는 아이치현 암센터연구소의 다지마 가즈오(田島和雄) 전 소장은 이 일본형 아형 바이러스가 감염력이 낮아 조몬인에게서 야요이인으로 퍼져나가지 못했다는 가설을 제기했다.

일본 국립유전연구소가 2012년에 일본인의 기원에 관한 새로운 연구 성과를 발표했다. 아이누족·본토 일본인·류큐인·한국인·중국인 다섯 개 집단 약 500명의 유전자를 분석한 결과, 일본인은 주로 조몬인과 야요이인으로 형성되었다는 '이중 구조설'을 뒤집는 결과를 발표했다.

에도 시대 학자인 아라이 하쿠세키(新井白石) 이후 아이누족과 류큐인의 공통점을 지적하는 주장이 일본 학계에서 지지를 얻어왔다. 종합연구대학원대학교(소켄다이) 연구팀이 다시 한번 약 500명의 아이누 민족과 류큐인의 DNA를 비교한 결과 아이누 민족과 유전적으로 가장 가까운 이들은 류큐 출생자로, 홋카이도와 오키나와에는 조몬 계통 자손이 많이 남아 있다는 사실을 밝혀냈다. 본토 출신자는 오히려 한국인에 가까웠다.

선주민인 조몬인이 널리 정착한 열도에 야요이인이 중앙부에서 밀어내듯 세력을 확장했고, 조몬인은 분단되어 북쪽과 남쪽으로 밀려났다는 유전자 해독 결과와 같은 결론이었다. 다만 아이누 민족이 시베리아 북방 민족과 일부 유전자에서 공통점이 있고, 일본인은 단일민족이 아니라는 사실도 알게 되었다.

일본 국내 'T세포 백혈병 바이러스' 양성자 분포는 서쪽 끝인 규슈, 오키나와, 시코쿠 남부, 기이반도와 동쪽 끝인 도호쿠, 홋카이도에 과도하게 치우쳐져 있고, 열도 중앙부는 아주 적다는 사실도 이번 연구로 설명할 수 있게 되었다. 바이러스 양성률은 규슈 8.0퍼센트, 긴키 1.2퍼센트, 홋카이도 1.2퍼센트, 도호쿠 1.1퍼센트였다.

특히 오키나와·가고시마·미야자키·나가사키 각 현의 감염률은 약 5퍼센트로, 전 세계적으로 보아도 'T세포 백혈병 바이러스' 보균자가 집중된 지역이다. 이 네 개 현의 인구는 일본 전국의 5퍼센트 남짓한 수준임에도 감염자의 약 3분의 1을 차지할 정도로 감염률이 높다. T세포 백혈병의 발견자인 히누마 도리오(日沼賴夫) 교수는 예전부터 "T세포 백혈병 바이러스는 고 몽골로이드인 조몬인이 들여왔다"는 가설을 주장했는데, 이를 뒷받침하는 연구였다.

사람의 이동이 복잡해짐에 따라 바이러스 분포도 복잡해졌다. 규슈 외딴 섬의 바이러스 양성률은 40퍼센트인데, 산을 끼고 이웃한 마을에서는 5퍼센트인 예도 있다. 나가사키현의 경우 시마바라반도 주변에는 T세포 백혈병이 드문 지역도 있다.

에도 시대 시마바라의 난* 이후 지역 농민은 민란을 토벌하러 온 중앙군에 학살당했고, 각 지역에 나누어 강제로 이주되었다. 그런 이유로 감염률이 낮아졌다고 추정할 수 있다.

왜 안데스 선주민과 일본인이 같은 T세포 백혈병 바이러스를 갖고 있을까?

전 세계 'T세포 백혈병 바이러스' 양성자는 1,100만~2,000만 명으로 추정된다. 이 분포의 큰 특징은 '변경성(邊境性)'에 있다. 일본 아이누 민족, 또 필리핀과 말레이시아, 인도, 파푸아뉴기니, 솔로몬 제도, 하와이 제도, 남북미 대륙, 호주, 스칸디나비아, 대만 등의 지역에 각각 거주하는 선주민과 서아프리카 일대 등 격리된 집단에서 주로 발견된다. 반면 한반도나 중국에는 양성자가 거의 발견되지 않았다.

이 '변경성'은 민족 이동 당시 경로를 따라 남아 있던 바이러스의 잔재로 추정된다. 이러한 변경 지역에서 몇백 세대에 걸쳐

---

* 1637~1638년, 일본 최대 봉기로 일본 토착 기독교인들이 주도했다. 가혹한 세금 수탈에 항의하는 주민들과 종교의 자유를 요구하는 기독교 신자들이 합세해 일으킨 민란으로 4개월 만에 진압되었고 이후 기독교 탄압이 더욱 심해졌다. ─옮긴이

어머니에게서 자식에게로 감염이 이어졌다.

　마에지마 전 소장 연구팀이 남미 안데스 지방 선주민의 혈액을 분석했더니 일본인과 같은 계통의 'T세포 백혈병 바이러스' 감염자가 다수 발견되었다. 남미 선주민(인디오)은 육지로 이어졌던 베링 해협을 건넌 고 몽골로이드다. 선주민 13개 부족을 대상으로 한 조사에서는 17퍼센트라는 높은 수치가 나타났다.

　연구팀이 카리브해 연안, 아마존 열대우림, 파타고니아(아르헨티나와 칠레 양국에 걸친 남미 최남단 지역) 등 벽지 남미 선주민을 대상으로 대규모 채혈 조사를 시행해 안데스 고지대에서만 감염자가 분포한다는 사실을 확인했다.

　칠레 연구팀과 공동으로 칠레 북부의 아타카마 사막에서 안데스 지역에 현존하는 몽골로이드 집단의 선조로 추정되는 미라를 조사했다. 연구 결과 약 1,500년 전에 매장된 미라 약 100구의 척수에서 'T세포 백혈병 바이러스' DNA가 검출되었다.

　염기 서열을 분석해 아이누 민족과 같은 계통의 바이러스에 감염되었다는 사실을 밝혀냈다. 이들의 이주도 몇천 년 전에 이루어졌다고 추정할 수 있다.

　자메이카, 트리니다드 토바고 공화국 등의 카리브해 국가에서도 감염자가 6퍼센트 나옴에 따라 'T세포 백혈병 바이러스' 발견자인 갤로 박사는 노예무역으로 아프리카에서 끌려온 흑인 노예를 따라 바이러스가 유입되었다는 가설을 발표했다. 그러나 실제로는 그보다 훨씬 먼 옛날에 고 몽골로이드를 따라 들어왔다는 사실이 이번 연구로 알려지게 되었다.

유명인 발병 계기로 임신 검진에 HTLV 검사 추가

1984년 재일교포 작가인 조충래와 결혼해 한국으로 신혼여행을 가겠다고 당차게 밝혔던 일본 여배우 나쓰메 마사코(夏目雅子)는 1985년 1월 무대 공연 도중에 몸 상태가 좋지 않다고 호소해 긴급 입원했다. 입원 후 검사에서 성인 T세포 백혈병 진단이 내려졌으나 병명을 숨기고 치료에 전념했다. 그녀는 투병 생활 도중 치료 부작용으로 머리가 빠지며 마음고생을 심하게 했다. 약 7개월의 투병 생활을 마치고 순조롭게 회복하는 듯했으나, 8월 하순부터 고열이 계속되다 9월 11일에 세상을 떠났다. 스물일곱 살의 젊은 나이였다.

1993년에 그녀의 유산으로 유족이 암 환자에게 무료로 가발을 대여해주는 조직인 '나쓰메 마사코 히마와리 기금'을 설립했다. 또 '히마와리 컵'이라는 자선 모금 골프대회를 기획해 장기 기증 희망 등록, 골수 이식, 에이즈 계몽 활동을 병행했다.

아사노 시로(浅野史郎) 전 미야자키현 지사는 지사 시절인 2005년에 감염 사실을 알게 되었다. 처음에는 치료가 필요하지 않다고 의사가 판단했으나, 2009년에 악성도가 높은 급성형으로 진행해 치료를 시작했다.

일반적인 치료로는 완치가 힘들어 일본 국립암센터에서 골수 이식을 받았다. 골수 이식 후 상태가 호전되어 2001년에 퇴원, 예후가 양호해 게이오대학교 교단으로 돌아왔다. 그의 어머니도 백혈병이 발병해 모자 감염 가능성도 있다.

아사노 전 지사의 발병을 계기로 대중의 기억 속에서 희미해진 성인 T세포 백혈병 대책에 정부가 발 벗고 나서 2010년에 '특명 팀'을 설치하고 '종합 대책'을 결정했다. 이듬해부터는 모자 감염 대책으로 임신 검진에 HTLV 검사가 추가되었다.

'빈곤병'으로 불리는 결핵,
20년 만에 감염자 증가 추세

젊은이들을 좀먹은 결핵, 일본인 3대 사망 원인 차지

1945년 이전 일본에서 결핵은 '국민병'이나 '망국병'이라는 말이 나돌 정도로 맹위를 떨쳤다. 1933년 당시, 15~34세 청년 결핵 사망자는 한 해에 8만 명이 넘어 이 나이대 사망자의 60퍼센트를 차지했다. 젊은이들에게 결핵은 인생 최초의 난관이었다.

후생노동성의 인구 동태 통계에 따르면 결핵 사망자가 가장 많았던 1918년에는 약 14만 명이 사망해 인구 10만 명당 사망률은 257명에 이르렀다.

1950년 전후까지 연간 신규 등록 결핵환자 수 약 60만 명, 사망자 10만 명을 넘겼다. 인구 10만 명당 사망률은 약 150명으로,

폐렴·위장염과 함께 일본인 사망 원인 3대장 자리를 차지했다.

그러나 1951년에 개정된 '결핵 예방법'에 기초해 결핵의 감염 여부를 판정하는 투베르쿨린 검사(Tuberculin test), BCG 접종, 의료비 공적 부담 등의 시책으로 사망자 수는 꾸준히 감소하기 시작해, 2012년에는 결핵환자 수 약 2만 100명, 사망자 2,100여 명, 사망률은 1.7명대까지 내려갔다. 바야흐로 '결핵은 과거의 질병'으로 여겨지며 기억 속에서 희미해진 존재가 되었다.

그런데 그 그늘에서 1970년대 후반부터 감소 속도가 더뎌지더니 1997년 연간 환자 수는 38년 만에, 감염률은 43년 만에 각각 증가했다. 1998년에도 증가 추세는 멈추지 않았고 이후 3년 동안 계속 늘어났다. 집단 발생, 병원 내 감염, 내성균 등장 등 심란한 뉴스가 속속 보도되었다.

이 사태를 지켜보던 후생노동성은 1999년 '결핵 긴급 사태 선언'을 발표하며 "일반 국민뿐 아니라 의료 관계자와 행정 담당자까지 결핵은 극복된 과거의 질병이라고 착각해서는 안 된다"고 경고했다.

과거 반세기 동안 꾸준히 감소했다고는 하나, 일본 결핵 감염률은 여타 선진국에 비해 높은 상태를 계속 유지했다. 결핵 예방회가 모은 각국의 자료(2011년)에 따르면 일본 인구 10만 명당 17.7명이 결핵환자로, 미국의 4.3배, 독일의 3.7배, 프랑스의 1.9배, 영국의 1.4배에 해당하는 수치다. 즉, 미국의 40년 전 수준이다.

사망률에서도 미국의 8.5배, 독일과 이탈리아의 4.0배로 선진국 중에서 매우 높은 수준이다. '빈곤병'으로 불리는 결핵의 이환률(morbidity rate, 집단 중에서 병에 걸린 환자의 빈도를 백분율로 표시한 것)이 높아 다른 선진국들에서 곱지 않은 눈길을 보내고 있다.*

고령화와 사회 변화 등으로
꼬리에 꼬리는 무는 집단 발병

WHO의 '2013년 세계 결핵 백서'에 따르면 전 세계에서 2012년에 860만 명이 결핵에 걸려, 130만 명이 사망했다. 단일 감염으로는 에이즈의 뒤를 이어 세계에서 두 번째로 높은 사망자를 내는 질병이다.

1990년 이후 사망자 수는 40만 명으로 감소했으나 감염자 수는 거꾸로 80만 명이나 증가했다. WHO는 "결핵을 과거 20년 넘게 경시한 결과, 많은 국가에서 결핵 대책 조직이 약해졌고 국가에 따라 조직 자체가 와해된 곳도 있다"며 각 회원국에 결핵 대책 강화를 촉구했다. 백서에 따르면 전 세계 신규 환자의 29퍼센

---

* 질병관리청 발표에 따르면, 우리나라는 2020년 기준 OECD 회원국 중 인구 10만 명당 결핵 환자 수가 49명(2011년에는 100.8명으로 조사기간인 2010~2020년 중 가장 높았음)으로 결핵 발생률 1위, 인구 10만 명당 결핵 사망자 수가 3.8명으로 사망률 3위를 기록했다. 이에 2010년 이후 국가 결핵 관리 정책을 적극적으로 추진해온 결과, 국내 신규 결핵환자 수는 2011년 정점을 찍은 후 연평균 7.4퍼센트씩 줄어드는 추세다. 하지만 전체 환자 중 65세 이상이 절반을 넘었다. 이는 2011년(30퍼센트 비중)보다 대폭 상승한 것이다. ─ 옮긴이

트가 아시아, 27퍼센트가 아프리카, 19퍼센트가 태평양 지역에서 발생할 정도로 개발도상국에 편중된 지역 분포를 보인다.

여전히 고령자 시설과 학교 등에서 집단 감염이 끊이지 않고 있다. 2000~2012년에는 매년 37~49건이나 되는 집단 감염이 보고되었다. 초등학교, 고등학교, 장애인 시설, 병원 등에서 결핵이 집단 발병했다.

후생노동성에 따르면 결핵이 다시 증가한 원인으로 다음과 같은 네 가지를 꼽는다.

① 고령화 — 젊은 시절에 결핵에 걸려 면역이 생긴 사람이 고령화와 당뇨병 등의 기저질환으로 체력과 저항력이 약해져 발병하는 사례. 신규 등록 환자 절반 이상은 70세 이상 고령자다.

② 미감염자 증가 — 결핵이 유행하던 1950년대에는 20대의 50퍼센트가 자연 감염 상태였는데, 최근에는 1퍼센트까지 떨어져 면역력을 가진 사람이 줄어들고 있다. 20대 감염 위험은 40대보다 4~5배나 높다.

③ 빈곤층 증대 — 노숙자 등 사회 취약 계층과 저소득층은 건강검진을 받을 기회가 거의 없어 발병 위험에 노출되어 있다. 쪽방촌이 몰려 있는 오사카 니시나리구(西成区) 이환률은 인구 10만 명당 292명으로 높아 전국 평균의 13배에 달하는 수치다. 세계적인 유행 지역인 사하라 이남 아프리카와 맞먹는 수준이다.

④ 외국인의 증가 — 이환률은 일본 내에 거주하는 한국인은 일본인의 6배, 중국인은 4배다. 에이즈와의 합병증도 늘어나고 있다. 20대에 새로 발병한 결핵환자 세 명 중 한 명은 외국에서

태어났다.

⑤ 다발성 결핵균 확대(뒤에서 설명함)

기원은 6만~7만 년 전 아프리카,
인구 밀도 높아지자 공기 감염으로 세력 확장

지금까지 결핵은 가축인 소가 앓는 질병에서 비롯되었다고 믿어왔다. 소결핵균(Mycobacterium bovis)에 감염된 소는 소결핵에 걸린다. 소가 가축화되어 사람과 밀접하게 접촉하는 동안 변이를 일으켜 우유와 소고기 등을 통해 사람에게 감염된 질병이 결핵이라고 여겨졌다.

그런데 런던 국립의학연구소와 스위스 열대공공건강연구소(Tropical and Public Health Institute, TPH) 등 유럽 연구자 공동 연구팀이 2013년에 새로운 기원설을 전문지에 발표했다. 세계 각지에서 수집한 259종의 결핵균 유전자 변이를 해독해 사람에게 특이하게 감염되는 결핵균이 아프리카에 약 6만~7만 년 전에 출현했다고 추정했다.

이 가설에 따르면 그 무렵 아프리카를 나와 세계 각지로 흩어진 현생인류와 함께 변이를 거듭하며 먼저 인도와 오세아니아 지역으로 퍼져나갔고, 이어서 유라시아 대륙과 유럽, 동아시아 등 지구 전역으로 세력을 확대했다.

스위스 열대공공건강연구소의 세바스티앙 가뉴외(Sébastien

Gagneux) 박사가 이끄는 연구팀은 유전자 차이에 따라 결핵균을 ① 아프리카 공통 선조 ② 인도·오세아니아계 ③ 동아시아계 ④ 중앙아시아계 ⑤ 유럽계 ⑥ 서아프리카계 ⑦ 에티오피아계라는 일곱 가지 계통으로 분류했다.

변이를 비교하면 먼저 약 6만 7,000년 전에 아프리카 공통 선조에서 '인도·오세아니아계'가 분기했다. 이어서 4만 6,000년 전에 '동아시아계'가 갈라져 나왔고, 3만 2,000년 전에 '유럽계', 이어서 다른 계통이 차례차례 분기했다. 이 분기는 미토콘드리아 유전자 등으로 밝혀진 인류 확산 경로와도 일치했다.

결핵균은 인구 밀도가 낮은 시대에는 긴 잠복기 동안 조용히 다른 숙주로 갈아탈 때를 기다리고 있었다. 그러다 6,000년 전 무렵부터 도시 문명이 발전하고 인구 밀도가 높아지며 공기 감염을 통해 폭발적으로 감염자 수를 늘렸다고 추정할 수 있다.

유골에 새겨진 결핵의 흔적, 카리에스

가장 오래된 사람의 결핵 흔적은 약 9,000년 전에 동지중해 이스라엘 연안 해저 유적에서 인양된 어머니와 유아 유골의 카리에스(caries, 질병이나 영양 결핍 등으로 뼈가 괴사한 상태. 결핵이 원인인 경우가 많아 '골결핵'과 같은 의미로 쓰임)였다. 결핵 감염이 진행되면 척수 뼈 조직이 파괴되어 뼈가 변형되는 '카리에스'가 발병한다. 독일 하이델베르크에서 발굴된 같은 시대 인골에서도 흉

추에 카리에스를 앓은 흔적이 있었다.

2,500~5,000년 전 이집트 미라 41구를 부검했더니 그중 20구에서 결핵 특유의 카리에스가 확인되었다. 당시 이집트에서는 이미 결핵이 상당히 퍼져 있었던 모양이다. 2,200년 전 영국, 1,700~1,800년 전 헝가리에서 발굴된 인골에서도 카리에스 흔적이 검출되었다.

중국 후난성에서 1972년에 발견된 기원전 2세기 전한 시대 '마왕퇴(馬王堆, 마왕이 묻힌 흙무더기) 유적'에서는 양호한 보존 상태로 세상을 떠들썩하게 만든 미라가 출토되었다. 무덤에서 발견된 '마왕퇴의 귀부인'이라고 알려진 신분 높은 여성 미라에도 결핵 병변이 확인되었다. 후한 말 장수로 『삼국지』에 등장하는 조조의 사인도 결핵이라고 주장하는 학자가 있다.

세계 각지의 인골 화석에서도 과거 인류가 결핵을 앓았다는 증거가 속속 발견되고 있다. 페루 남부에서 발견된 약 2,000년 전의 미라에서도 폐 조직에서 결핵균 흔적을 찾아냈다. 시대를 거슬러 올라감에 따라 유행이 상당히 퍼져 있었음을 알 수 있다.

일본에서 발견된 가장 오래된 결핵 흔적은 1998년에 발굴이 시작된 돗토리현 아오야카미지치 유적에서 발견되었다. 기원전 300년부터 기원후 300년 야요이 시대 초기 인골이었다.

출토된 약 100구의 인골 중 2구는 척수 카리에스로 척추가 굽어 있었다. 이 유적에서 출토된 두개골 세 개에 뇌 조직 일부가 남아 있었고, 10구에는 처형당한 것으로 추정되는 외상 흔적이 남아 있어 학계의 비상한 관심을 모았다.

야요이 시대 이전 조몬 시대 유적에서 발견된 인골에서는 결핵을 앓은 흔적이 전혀 발견되지 않았다. 야요이 시대에 이어지는 고분시대(250~600년) 이후 결핵은 상당히 퍼져나가 도쿄와 지바 등 오늘날 일본 수도권과 미야자키현 등 전국에서 발굴된 유골에서 카리에스 흔적이 발견되었다.

경상남도 사천시에 있는 사천 늑도 선사 유적에서 발굴된 기원전 2세기~기원전 1세기 무렵의 젊은 여성의 인골에서도 척수 카리에스 흔적이 나왔다. 한국과 일본 유적에서 출토된 인골에서 발견된 결핵은 중국에서 들어왔다고 볼 수 있다. 중국에서는 마침 춘추전국 시대(기원전 770~기원전 221년)에 해당하는 시기로, 중국 국내 대혼란으로 엄청나게 발생한 난민이 한반도와 일본으로 대거 이동한 시기와 일치했다.

헤이안 시대에는 결핵을 '가슴앓이'라고 불렀다. 헤이안 시대 가인인 세이 쇼나곤(清少納言)의 『마쿠라노소시(枕草子)』에도 결핵으로 추정되는 병을 노래한 구절이 있다.

"가슴앓이, 모노노케(物の怪)*, 각기병, 딱히 아프지 않은데 그저 식욕이 없네."

학자들은 이 '가슴앓이'를 주로 결핵으로 추정한다. 같은 시기 집필된 소설 『겐지모노가타리』에도 여주인공 무라사키노우에(紫の上)가 병을 앓자 남자 주인공 히카루 겐지(光源氏)가 슬퍼하

---

* 사람에게 씌어 병을 일으키거나 죽게 만든다는 귀신의 일종 — 옮긴이

는 모습을 그리고 있다.

일본에서 비극적 영웅으로 사랑받는 미나모토노 요시쓰네(源義経)를 비호했다고 알려진 헤이안 시대 말기의 무장 후지와라노 히데히라(藤原秀衡)는 미라로 만들어져 절에 묻혔다. 1960년 이 미라를 발굴 조사했을 때 미라 척수에서 결핵 감염 흔적을 찾아냈다.

가마쿠라시 유이가하마(由比ヶ浜) 유적에서는 무장 닛타 요시사다(新田義貞)가 이끈 가마쿠라 공성전(鎌倉の戦い, 1333년) 전사자로 추정되는 수천 구의 인골이 출토되었다. 이 유골 중에 카리에스로 변형된 뼈가 섞여 있어 검체를 채취해 결핵균 DNA를 확인할 수 있었다.

한국과 중국, 일본 등 동아시아 국가에서는 예전에 폐결핵을 노채(勞瘵)라고 불렀다. 노채는 기력이 쇠하여 죽는 병으로 결핵 말기 증상과 비슷하다. 당시 결핵은 원인 불명의 질병으로 가족 내 감염이 많아 유전이라고 의심하는 사람이 많았다. 효과적인 치료법이 발견될 때까지 결핵환자가 있는 집은 '폐병 환자 집안'이라고 차별의 대상이 되었다. 이 편견은 개발도상국에서는 아직도 사라지지 않은 현재진행형 악습이다.

감자 기근과 결핵의 상관관계는?

폐결핵은 14세기 이후 도시 인구 집중과 함께 유럽 각지에서 눈에 띄게 유행하기 시작했다. 17세기 유행의 정점에 도달한 후, 18세기에는 잠시 소강상태에 접어드는 듯했다. 그러나 19세기에 들어서자 이전보다 훨씬 대규모 유행이 반복되었다. 17세기부터 19세기에 걸쳐 유럽과 북미의 전체 사망 20퍼센트가 결핵으로 추정될 정도다. 당시 결핵은 '하얀 페스트(White Plague)'라는 별명으로 불렸다.

프랑스 출신의 미국 생물학자인 르네 듀보(René Jules Dubos)는 『건강이라는 환상(Mirage of Health)』에서 결핵과 감자 기근의 관계를 언급했다. 주기적으로 기근에 시달리던 유럽을 구원한 구세주는 콜럼버스가 중미에서 들여온 감자였다.

처음에 감자를 먹으면 콜레라에 걸린다는 미신이 퍼져 사람들은 감자를 먹지 않으려 했다. 그러나 폴란드 남서부의 실레시아(Silesia) 영유권을 둘러싸고 프랑스·러시아·오스트리아와 프로이센·영국·포르투갈이 싸운 '7년 전쟁'(1756~1763년) 당시 전쟁이 장기화 국면에 접어들며 프로이센이 국내 식량 부족으로 감자에 의지하게 되었고, 이를 계기로 유럽 전역에 감자가 보급되었다.

애덤 스미스는 『국부론』에서 "경작지 면적이 같다면 감자를 수확하는 것이 훨씬 많은 사람을 먹여 살릴 수 있다"고 말했다.

감자 보급으로 영양 상태가 개선되자 결핵이 감소했고 18세기 말부터 19세기에 걸쳐 인구가 급증했다. 한랭기 아일랜드에서는 감자 덕분에 인구가 1700년 350만 명에서 1840년에는 800만 명으로 두 배 가까이 늘어났다.

1845년부터 1849년에 걸쳐 유럽 전역에서 곰팡이가 원인인 감자 역병이 창궐해 피해가 막심했다. 특히 아일랜드에서는 이상 기후와 겹쳐 감자 흉작이 이어졌다.

인구 증가는 먹여살려야 하는 입이 그만큼 늘어났음을 뜻한다. 식량 부족으로 굶주림에 지친 사람들은 수시로 폭동을 일으켰다. 약 100만 명이 굶어 죽었고, 19세기에만 400만 명이 넘는 사람들이 아사를 피해 미 대륙으로 이주했다. 그중에는 케네디와 레이건 전 대통령의 증조부도 포함되어 있었다.

영양 결핍으로 미국으로 건너간 이주민들 중에는 결핵·홍역·콜레라·티푸스·트라코마 등에 감염된 사람이 많았고, 케네디 대통령의 증조부인 패트릭도 미국으로 건너간 후 콜레라로 사망했다. 당시 결핵이 폭발적으로 유행해 이민자들이 병을 들여왔다며 이민자 배척 운동이 벌어지기도 했다.

19세기는 그야말로 '결핵의 세기'가 되었다. 도시 인구 유입, 비위생적이고 가혹한 노동 환경이 사회적 배경에 자리하고 있었다. 영국에서 시작된 산업혁명은 농촌에서 도시로 노동자들을 빨아들였고 장시간 노동을 강요했다. 기계는 인간과 달리 쉬지 않고 일한다. 노동자도 기계에 맞추어 쉬지 않고 일해야 했다. 탄광 노동자들은 결핵을 고질병으로 달고 살았다.

카를 마르크스가 『자본론』에서 강조했듯 특히 저임금으로 부리기 쉬운 여성과 아동에게 가혹한 노동이 강요되었다. 공장과 광산의 비위생적이고 과밀한 노동 환경, 중노동과 저임금, 열악한 빈민가 주택 등의 환경은 결핵이 기승을 부리는 온상이었다.

독일의 사상가 프리드리히 엥겔스(Friedrich Engels)는 스물네 살에 『영국 노동자 계급의 상태(Die Lage der Arbeitenden Klasse in England)』라는 책을 썼고, 19세기 노동자가 겪어야 했던 비참한 상황을 생생하게 묘사하며 결핵에 관해 이렇게 언급했다.

"런던 노동자 구역의 나쁜 공기가 결핵이 발생하기 딱 좋은 환경이라는 사실은 거리에서 만나는 수많은 사람의 얼굴만 봐도 알 수 있다. 결핵에 걸려 병색이 짙은 사람들의 얼굴을 마주치는 게 놀랍지 않은 일상이다."

산업혁명이 각국에서 확대되고 보급되며 결핵의 유행도 영국에서 전 세계로 확대되었다. 메이지 초기 일본에서 유럽으로 건너간 유학생은 결핵으로 쓰러져 학업을 중단하고 귀국하거나 이국에서 눈을 감았다. 작곡가인 다키 렌타로(瀧廉太郎)는 독일에서 결핵에 걸려 귀국하고 얼마 지나지 않아 스물세 살에 요절했다. 결핵에 대한 편견으로 사후 그가 작곡한 수많은 음악 악보가 소각되는 비극이 벌어졌다.

가혹한 노동에 시달리다 사망한
여공 70퍼센트가 결핵환자

『여공애사(女工哀史)』는 방적 공장에서 일한 경험이 있는 호소이 와키조(細井和喜藏)의 작품이다. 부국강병을 부르짖던 시대 방적 공장의 가혹한 노동을 고발한 르포르타주 문학이다. 1872년

국책 사업으로 시작된 방적 공장에서는 여공 모집으로 시골에서 상경한 어린 소녀들이 밤낮으로 불을 밝히고 일했다. 주야 2교대 근무를 하는 여공들은 쥐꼬리만 한 월급을 받고 중노동에 시달렸다. 당시 일본의 여공들은 영국 식민지였던 인도의 여공들보다 낮은 임금을 받았다.

중노동, 영양 상태 불량, 과밀한 기숙사 생활로 심신이 피폐해져 대부분 2년 이내에 결핵에 걸려 해고되거나 병든 몸으로 농촌으로 돌아갔다. 알선책들은 빈자리를 메우기 위해 면역력이 없는 여공을 농촌에서 모집해 끊임없이 공장에 공급했다. 정부는 여공들의 열악한 노동 환경을 1911년이 되어서야 인정하고 공장법을 제정했다. 공장 노동자의 작업 시간 제한과 업무상 질병과 사망에 대한 부조 제도가 골자였다.

산업의학 개척자로 오사카제국대학교 의학부의 이사하라 오사무(石原修) 교수가 1913년에 지은 『여공과 결핵(女工と結核)』에 따르면 방적 공장 노동자 80만 명 중 50만 명이 여공이었다. 나이대는 16~20세가 가장 많았고, 공장법이 생길 때까지는 12세 미만도 일했다. 질병으로 해고되어 귀향 후에 사망한 여공 중 70퍼센트가 결핵이었다. 일본 여성의 평균수명은 1902년 최초 조사 시점에 44.3세에 불과했다.

『여공애사』는 야마모토 시게미(山本茂実)가 『아! 노무기고개(あゝ野麦峠)』라는 소설로 각색했고, 이후 〈Oh! The Nomugi pass〉라는 영화로도 만들어졌다.

여공의 결핵 유행과 같은 시기에 군에 징집된 젊은 남성 사이에서도 군대라는 단체생활에서 감염이 확대되었다. 공업 도시인 스와 지방에는 "남자는 군인, 여자는 여공, 실을 잣는 것도 나라를 위해"라는 노래가 남아 있다.

결핵에 걸려 쓸모없게 된 여공과 군인은 하나둘 고향으로 돌려보내졌고 농촌에도 빠른 속도로 결핵이 퍼져나갔다. 시인 이시카와 다쿠보쿠(石川啄木)의 노랫말은 이런 불행한 운명을 훌륭하게 표현했다.

"해마다 폐병만 자라나는 마을에서 환영받는 건 젊은 의사이려나."

암시장에서 비싼 값에 거래된
결핵균 항생제 스트렙토마이신

유럽과 미국에서는 20세기에 들어서 결핵이 급감했다. 그러나 일본에서는 태평양 전쟁의 여파로 그보다 10~20년가량 늦은 1940년대 중반 이후에야 감소 국면에 들어섰다. 전쟁이 길어지며 각종 물자가 부족해지자 국민의 영양 상태는 나날이 부실해졌고 결핵이 만연했다.

패전 후 영양 상태 및 노동 조건이 개선되고 미군의 결핵 대책으로 미국에서 항생제인 스트렙토마이신(Streptomycin)이 수입되면서 결핵이 급감했다. 스트렙토마이신 효과는 극적이었다. 하지만 미국에서 수입된 스트렙토마이신의 양으로 200만 명이 넘는 일본 결핵환자를 감당하기에는 태부족이었다.

사람들은 스트렙토마이신을 얻기 위해 암시장으로 몰려들었다. 교사 봉급이 300엔이던 시절, 미군에게서 흘러나온 군수물자를 사고팔던 암시장에서는 5,000엔 가격에 팔렸다. 그나마 형편이 넉넉한 가정에서만 약을 구할 수 있었고, 서민에게는 그림의 떡이나 다름없었다. 그러다 1949년 스트렙토마이신의 일본 국내 생산이 시작되고 건강보험이 적용되면서 많은 사람이 약물의 혜택을 누릴 수 있게 되었다.

결핵균은 보균자가 기침하면 침방울 속에 섞여 공기 중으로 퍼져나가 그 균을 들이마신 사람이 감염된다. 환기 상태가 불량한 방에서는 공기 중에 결핵균이 장시간 머물러 자신도 모르는 사이에 감염될 수 있다. 특히 인구가 집중된 주거시설과 직장, 대중교통이 밀집한 대도시에서는 감염 위험이 높다. 병원, 노인 요양시설, 학교, 교도소에서 집단 발병이 수시로 일어났다.

결핵균이 증식하려면 시간이 걸린다. 일반적인 세균은 분열을 반복해 단시간에 천문학적 숫자로 늘어난다. 결핵균은 분열에 시간이 필요해 감염되어 발병할 때까지 1~2년이 걸리는 게 일반적이다. 감염되어도 발병하는 건 열 명 중 한두 명 정도다. 나머지는 발병하지 않고 평생 무탈하게 지낼 수 있다.

최근 문제가 된 고령자 결핵은 저항력이 떨어져 갖가지 질병에 걸리기 쉽고, 병을 계기로 균 증식이 시작되어 발병하는 경우다. 그 밖에도 영양 상태 불량, 당뇨병, 암, 에이즈, 면역 억제제 사용 등 면역 저하를 초래하는 요인으로도 발병할 수 있다.

결핵균 발견으로 신속한 진단과
유일한 결핵 백신 BCG 접종 실용화

3월 24일은 '세계 결핵의 날'이다. 1882년 독일의 세균학자 로베르트 코흐(Robert Koch) 박사가 결핵균을 발견한 날을 기념해 WHO가 1997년에 제정했다. 코흐 박사는 결핵균을 발견하고 8년 후에 감염 여부를 조사하는 진단을 위한 투베르쿨린 반응 검사를 개발했고 덕분에 결핵을 신속하고 정확하게 진단할 수 있게 되었다.

1921년에는 파스퇴르 연구소의 알베르 칼메트(Albert Calmette) 박사 연구팀이 소결핵균을 바탕으로 BCG 백신을 실용화했다. 지금도 사용되는 유일한 결핵 예방 백신이다.

일정 나이대 이상인 사람이라면 초등학교에 입학해 BCG 예방 접종을 하던 날을 기억할 것이다. 주사를 맞고 나서 주사를 맞은 자리가 곪고 고름이 나며 좀처럼 낫지 않았다. 예전에는 투베르쿨린 반응 검사 결과를 확인하고 나서 접종했는데, 2005년 50년 만에 결핵 예방법이 개정됨에 따라 영유아의 투베르쿨린 반응 검사가 폐지되고 생후 6개월까지 BCG 접종을 하도록 변경되었다.

유아 발병률을 50퍼센트 줄이는 정도로 높은 효과가 있으나, 길게 잡아도 15년 정도밖에 효과가 유지되지 않는다. BCG를 접종하면 평생 결핵에 걸리지 않는다고 생각하는 사람이 많은데, 현실적으로 결핵 면역은 까다로워서 접종해도 체력이 떨어지면 발병하는 사람도 있다.

두 가지 이상 약제에 내성 가진
다제내성 결핵균과의 싸움

결핵균 중에도 두 가지 이상의 치료제에 내성을 가진 '다제 내성 결핵'이 의료 현장에서 심각한 문제로 부상했다. WHO에 따르면 2012년 전 세계에서 새로 45만 명의 다제내성 결핵 감염자가 발생했다. 1년 사이에 갑절로 증가한 셈이다. 이 추세대로라면 2015년에는 200만 명이 넘는 환자가 나오리라고 WHO는 예상했다. 현재 결핵 치료제 중에 가장 중요한 이소니아지드(Laniazid)와 리팜피신(rifampicin)이라는 두 가지 약에 동시에 내성을 획득한 결핵이 증가하고 있다.

다제내성 결핵이 증가하는 이유는 약물 복용이 불규칙해지거나 임의로 복용을 중단하기 때문이다. 치료로 결핵이 나은 듯 보여도 약 2~5퍼센트의 환자가 재발하는 경향을 보인다.

다제내성 결핵환자에게서 감염되어 발병한 사람은 처음에는 약물 내성균과 싸워야 한다. 이 두 종류의 약품이 듣지 않을 때 사용하는 여섯 종류의 약품 중 이미 세 종류에 '초다제내성 결핵균'이 출현했다.

현재 결핵약은 약 열 종류가 있는데, 어느 정도 병소(병적 변화를 일으키는 자리)가 형성되면 각각의 약물에 내성이 있는 균이 조금씩 포함되어 있다. 약을 한 종류만 복용하면 얼마 후에 내성균이 증가해 재발할 우려가 있어, 네 종류의 약을 조합해 복용하도록 처방한다. 복수의 약물을 조합한 처방전에 따라 조제한 약을 반년 정도 꾸준히 복용하지 않으면 재발할 수 있다.

결핵이 증가하는 한 요인으로 에이즈 감염자 문제를 꼽을 수 있다. WHO에 따르면 세계 결핵 사망자 네 명 중 한 명은 에이즈 합병증으로 결핵을 앓고 있다. HIV 양성인 사람은 음성인 사람과 비교해 결핵에 걸릴 확률이 세 배에서 다섯 배 정도 높다. WHO의 통계에 따르면 아프리카에서는 HIV 감염자의 약 절반이 결핵에 걸렸고, 1985년 이후 발병자 수가 2~3배 증가한 나라도 있다.

개발도상국 지역 빈민가에서는 결핵 보균자가 성인의 80퍼센트에 달하는 곳도 있어 에이즈와 결핵을 동시에 앓는 환자도 적지 않다. 특히 아프리카에서는 결핵환자의 46퍼센트는 에이즈에 걸려 있다. HIV가 사람의 면역세포에 붙어 결핵 면역에 필요한 T림프구를 파괴해 결핵에 걸리거나 재발할 확률이 높아지는 것이다.

일본의 역사마저 바꿔놓은 결핵

일본에서는 막부 지사들을 이야기할 때 결핵을 피해갈 수 없다. 수많은 젊은이가 뜻을 이루지 못하고 결핵으로 쓰러졌다. 역사의 뒷무대에서 열연을 펼친 지사들은 비위생적인 환경과 열악한 영양 상태에서 생활했다.

막부 타도의 원동력이 되었던 조슈번(長州藩, 오늘날의 야마구치현)의 다카스기 신사쿠(高杉晉作)는 제2차 조슈 정벌 때 이미 결핵에 걸려 있었다. 메이지 유신을 보지 못하고 스물일곱의 젊은 나이에 결핵으로 세상을 떠났다.

같은 조슈번 출신으로 메이지유신을 이끈 세 명의 유신삼걸(維新の三傑) 중 한 사람인 기도 다카요시(木戸孝允＝가쓰라 고고로桂小五郎)도 마찬가지로 결핵을 앓았고, 유럽과 미국 12개국으로 파견한 이와쿠라 사절단(岩倉使節団)에 참가했는데 도중에 병세가 악화해 스위스에서 요양했다. 다만 그의 사인을 두고는 여러 설이 있다.

막부를 지지했던 무사 조직인 신센구미 소속 오키타 소지(沖田総司)도 20대 중반의 젊은 나이에 결핵으로 세상을 떠났다. 소설과 영화에서는 비운의 천재 검사로 묘사되는데, 주로 기침을 하며 피를 토하는 장면을 비극적으로 묘사했다.

메이지 초기에 일본이 대국에 도전한 청일전쟁과 러일전쟁 전후 처리를 맡았던 무쓰 무네미쓰(陸奥宗光)*와 고무라 주타로(小村壽太郎)** 두 명의 외무대신도 마찬가지로 결핵을 앓다가 사망했다.

교토의 명문 도시샤대학교를 세운 니지마 조(新島襄, 1843~1890년)도 결핵으로 세상을 떠났다.

---

* 메이지 시대에 이토 히로부미 등과 함께 내각의 중추로서 활동. 조선 침략과 불평등 조약의 개정에 앞장선 인물―옮긴이
** 일본 제국주의의 대륙 팽창정책을 추진한 인물로, 1910년 한일병합 조약에 주도적 역할을 함―옮긴이

결핵 요양시설 배경 소설
새너토리움 문학의 인기

마른하늘에 날벼락처럼 건강한 사람을 덮쳐 생활과 생명까지 앗아가고 사회적 편견으로 고립되는 부조리한 감염병은 페스트, 매독, 스페인 독감 등의 유행이 만들어낸 부작용으로 문학 분야에서 다양한 걸작을 낳는 모태가 되었다.

그중에서도 결핵만큼 문학사에 많은 영향을 미친 병도 없다. 젊은이의 결핵은 동정을 샀고, '결핵 문학'이라 불리는 다양한 장르를 파생시켰다. 당시 결핵에는 특별한 약이 없었다. '맑은 공기, 안정, 영양'이라는 치료법밖에 없었던 시절에 결핵환자는 조용한 시골에 가서 요양하며 몸을 추스르는 게 일반적이었다.

결핵 전문 요양시설인 새너토리움(Sanatorium)이 일본 각지의 고원 등에 건설되었다. 이를 무대로 한 소설도 인기를 끌어 아예 '새너토리움 문학'이라는 용어가 생겨났다. 독일 작가인 토마스 만의 『마의 산』도 제1차 세계대전이 일어나기 전 스위스 알프스 산속에 있는 요양소가 무대다.

결핵은 감염병으로 기피 대상이 되었으나 환자가 야위고 창백해지며 신열에 들떠 촉촉해진 눈동자에 발그스름해진 볼 등으로 낭만적인 병이라는 이미지도 따라붙었다. 결핵의 이런 낭만적인 분위기는 도쿠토미 로카(德冨蘆花)의 소설 『불여귀(不如帰)』의 영향이 크다. 결핵에 걸린 창백한 안색의 가냘픈 주인공이 비극적인 사랑을 하는 소설의 전형이 되었다. 나미코(浪子)는 폐결핵을 앓는 비운의 주인공으로 남편이자 해군인 다케오(武男)가 집을 떠난 사이 시어머니에게 소박을 당하고 쫓겨난다. 그후 남편을 그리워하며 비탄에 잠겨 숨을 거둔다는 비극적 줄거리다. 화가 다케히사 유메지(竹久夢二)가 즐겨 그리던 미녀는 나미코에서 영감을 받았다.

온 가족이 결핵에 희생된 브론테 가문과
결핵으로 사망한 유명인들

19세기 유럽에서는 근로자 사망 원인의 20~30퍼센트가 결핵이었다. 작가와 예술가처럼 창작 분야에 종사하는 사람들 중에도 이 병마를 비껴가지 못해 결핵에 무릎을 꿇은 사람이 많았다.

영국에서는 결핵을 몰고 오는 악귀가 이 집에 들러붙었다고밖에 할 수 없을 정도로 온 가족이 결핵에 희생된 브론테 가문이 잘 알려져 있다. 아들 하나에 딸 다섯인 딸 부잣집 식구들이 모조리 젊어서 결핵으로 저세상 사람이 되었다. 먼저 1825년에 큰딸 마리아(11세)와 둘째 딸 엘리자베스(10세)가 결핵으로 사망했다.

1948년에 외아들인 브란웰(31세)과 『폭풍의 언덕』으로 유명한 셋째 딸 에밀리(30세), 그 이듬해에 『아그네스 그레이』의 저자이자 다섯째 딸인 앤(29세), 그리고 1855년에 『제인 에어』를 쓴 넷째 딸 샬럿(38세)이 줄줄이 결핵으로 세상을 떠났다. 샬럿은 결핵이 아니라 '감기'나 '심한 입덧'이 사망 원인이라는 주장도 있다.

목사였던 아버지 패트릭이 가장 오래 살았는데 1861년에 여든네 살로 사망했다. 당시 한 집안이 결핵으로 풍비박산 나는 경우는 드물지 않았다. 결핵으로 쓰러진 주요 작가와 음악가는 다음과 같다.

영국에서는 스물다섯 살의 젊은 나이로 세상을 떠난 낭만주의 시인 존 키츠, 『채털리 부인의 사랑』으로 유명한 D. H. 로런스, 『1984』와 『동물농장』을 쓴 조지 오웰, 빅토리아 시대 미술 평론가인 존 러스킨, 『보물섬』과 『지킬 박사와 하이드 씨』의 작가 로버트 스티븐슨이 모두 결핵으로 사망했다.

미국에서는 『슬리피 할로의 전설』과 『랩 밴 윙클』 등의 작품을 남긴 낭만주의 작가 워싱턴 어빙, 『월든:숲속의 생활』의 작가이자 철학자인 헨리 데이비드 소로가 결핵으로 세상을 떠났다.

프랑스에서는 『고리오 영감』과 『인간 희극』(미완)을 쓴 오노레 드 발자크, 독일에서는 우리가 흔히 '합창'으로 알고 있는 베토벤의 교향곡 제9번 작사가로 알려진 시인 프리드리히 실러, 소설 『변신』의 작가 프란츠 카프카가 결핵으로 생을 마감했다.

러시아에서는 『갈매기』, 『벚꽃 동산』 등을 집필한 안톤 체호프, 희곡 『밑바닥』을 쓴 막심 고리키(독살설도 있다) 등이 알려져 있다.

화가로는 프랑스 혁명을 대표하는 〈민중을 이끄는 자유의 여신〉을 그린 외젠 들라크루아(Eugène Delacroix), 후기 인상주의 화가인 폴 고갱, 이탈리아의 아마데오 모딜리아니가 결핵으로 사망했다.

이탈리아 출신 음악가로는 고전 시대 작곡가이자 첼로 연주자인 루이지 보케리니(Luigi Rodolfo Boccherini), 악마가 나타나 연주를 도왔다며 관객들이 집단 히스테리를 일으켰던 전설의 바이올린 연주자이자 작곡가인 파가니니가 결핵에 걸렸다.

또 폴란드가 낳은 위대한 작곡가이자 '피아노의 시인'이라는 별명으로 알려진 프레데리크 쇼팽도 결핵을 앓았다. 쇼팽의 사인은 신경섬유종증이었다는 설도 있다.

러시아 작곡가로 〈봄의 제전〉, 〈불새〉 등의 강력한 작품으로 신고전주의를 부흥시킨 이고르 스트라빈스키도 결핵에 걸렸다.

독일 국민 가극과 낭만파의 창시자인 카를 마리아 폰 베버는 런던에서 폐결핵으로 사망했다. 〈켄터키 옛집〉, 〈스와니강〉 등 각국 언어로 번안되어 전 세계인의 사랑을 받는 미국 민요의 아버지 스티븐 포스터는 알코올 중독과 결핵으로 뉴욕에서 쓸쓸히 병사했다.

결핵은 오페라 등의 공연 예술에도 등장했다. 주세페 베르디의 오페라 〈라 트라비아타〉(원작은 뒤마의 소설 『춘희』)는 19세기 중반 파리가 무대다. 주인공인 고급 접대부 비올레타 발레리가 순수하고 열정적인 청년 알프레도 제르몽과 사랑에 빠지는 이야기다. 알프레도의 아버지가 둘의 사이를 갈라놓아 알프레도는 잠시 비올레타의 곁을 떠나는데 다시 돌아왔을 때 사랑하는 연인은 결핵으로 숨을 거둔다.

자코모 푸치니가 작곡한 〈라 보엠〉(원작은 앙리 뮈르제의 소설 『보헤미안의 생활 정경』)은 지방에서 올라와 재봉사로 일하는 가난한 미미와 사랑에 빠진 시인 로돌포의 이야기다. 마지막 장면은 결핵에 걸린 미미가 로돌포와 지인들이 지켜보는 가운데 눈을 감는 것으로 묘사되었다.

이 두 오페라는 상연 횟수가 많아 대중적 인지도가 높다.

19세기 중반 파리에는 가난한 사람들이 차고 넘쳤다. 당시 기록에 따르면 파리에서만 10만 명이 넘는 걸인이 있었다. 시민 6~7명에 한 사람이 빈곤층이라는 계산이 나온다. 마침 프랑스가 산업혁명기를 맞아 지방에서 파리로 상경한 사람이 많았는데, 일자리를 찾지 못해 오페라의 주인공처럼 여성은 먹고살기 위해 성매매나 삯바느질을 하는 재봉사로 일하는 수밖에 달리 방법이 없었다.

Infectious Diseases

미래 감염병의
예상 격전 지역은?

**수많은 감염병의 고향 중국과 아프리카,
공중위생 문제 심각**

앞으로 인류와 감염병의 예상 격전지로 떠오르는 곳은 가까운 이웃 나라 중국과 인류 발상지이자 수많은 감염병의 고향인 아프리카다. 두 지역 모두 공중위생 측면에서 심각한 문제를 안고 있다.

특히 중국은 지금까지 몇 번이나 전 세계를 공포와 혼란의 소용돌이 속으로 끌어들인 팬데믹의 진원지 역할을 했다. 과거 세 차례 발생한 페스트의 세계적 유행도, 잊을 만하면 반복되는 신종 인플루엔자도 그리고 코로나바이러스의 하나인 사스도 최근 눈부시게 발전한 유전자 분석을 통해 중국이 진원지인 것으로 추정하고 있다.

13억 4,000만 명이 넘는 인구가 경제력 향상과 더불어 국내외로 활발하게 이동하게 되었다. 춘절(음력 설) 전후로 약 3억 명 이상이 중국 국내를 여행하고, 연간 1억 명 이상이 해외 나들이를 한다. 최근 12년 동안 10배로 늘어난 대이동이 중국 국내외로 감염을 확대하는 원동력이 되고 있다.

중국 내 방역 체제의 발전 속도는 더디다. WHO와 유니세프의 공동 조사에 따르면 상수도를 이용할 수 없는 인구는 3억 명, 하수도를 이용할 수 없는 인구는 7억 5,000만 명으로 집계되었다.

만성적 대기 오염과 수질 오염으로 호흡기가 손상되어 병원체가 체내에 침입하기 쉬워지고 물을 매개로 한 감염 위험성도 높다.

중국의 대기 오염은 이웃 나라에도 영향을 주고 있다. 오이타 현립 간호대학교의 이치노세 다카미치(市瀨孝道) 교수는 편서풍을 타고 중국 대륙에서 들어오는 황사와 오염된 공기가 500가지 종류 이상의 미생물과 금속성 미세 물질을 가져온다고 경고하고 있다.

바다 건너 사례를 보면 대기를 타고 들어오는 물질과 감염병의 상관관계를 짐작할 수 있다. 카리브해 국가들에서는 초봄에 대서양을 넘어 사하라 사막에서 불어오는 모래 먼지에 곰팡이의 일종인 아스페르길루스(Aspergillus)가 섞여 있어 천식 환자가 증가하는 추세라는 보고가 있다.

잇달아 터지는 중국의 식품 스캔들

중국에서는 고농도 잔류농약, 항생제 등의 금지 약물 첨가, 세균 오염, 가짜 식품 등 섬뜩한 사건이 수없이 발생하고 있다.

2003년에는 각국에서 사용이 금지된 DDT가 중국산 차(茶)와 절임 식품에서 검출되었고, 2004년에는 안후이성에서 제조한 가짜 분유를 먹은 유아들이 사망하는 사건이 발생했다. 2004년에는 허베이성 등지의 미용실과 이발소에서 수거한 사람의 머리카락으로 아미노산을 추출해 만든 '인모 간장'이 일본을 비롯한 해외로 수출되었다는 엽기적인 사건이 보도되었다.

2007년에는 안전성 문제로 전 세계에서 중국산 식품 리콜 사태가 벌어졌다. 유해 물질이 첨가된 반려동물 식품, 치약, 도료에 납이 포함된 장난감 등이 대대적으로 보도되었다. 일본에서는 중국산 냉동 만두를 먹은 열 명이 중독 증상을 호소하는 사건이 발생했다. 베이징시 노점에서 만두 재료에 다진 고기와 함께 종이 상자를 섞어넣어 양을 불린 '가짜 만두' 소동이 언론을 떠들썩하게 했다.

2010년에는 하수도 오수를 정제해 만든 폐유 수준의 저질 기름을 식용유로 둔갑시켜 중국 전역의 식당에서 요리용으로 사용하다 발각되었다. 또 식육 처리장에서 폐기된 내장 등의 자투리 고기에 첨가물을 섞어 식육으로 석 달 동안 판매한 용의자 904명이 중국 당국에 적발되었다.

저질 고기 유통 사건이 터지기 직전에는 상하이시 황푸강에서 약 1만 마리의 돼지 사체가 떠다녔다. 신문 보도에 따르면 병으로 폐사한 돼지를 위법하게 전매하는 업자가 한꺼번에 적발되어 갈 곳이 없어진 돼지 사체를 강에 불법 투기해 생긴 소동으로 밝혀졌다.

2013년에는 유명 햄버거 체인에서 장기간 병으로 폐사한 닭을 식자재로 사용하다 발각되었다. 또 미국에서는 중국에서 수입한 반려동물 식품을 먹은 개와 고양이 약 600마리가 폐사하는 사건이 벌어졌다.

2014년에는 상하이의 식품 가공회사가 품질 보증기간이 지난 오래된 닭고기를 대형 패스트푸드 체인에 출하한 사건이 지역 방송국 잠입 취재로 들통나며 중국 국가식품약품감독관리총국(CFDA)이 단속에 나섰다. 일부는 일본의 패스트푸드 체인으로도 출하되었다는 소식이 전해졌다.

아프리카 개발로 활개치는 감염병들

고대 로마의 역사가이자 박물학자인 대 플리니우스(Gaius Plinius Secundus Major)는 『박물지(Naturalis Historia)』라는 백과사전에서 "무언가 새로운 것은 언제나 아프리카에서 온다"고 적었다. 그의 말대로 이 책에 등장하는 감염병 중에서도 아프리카가 기원인 병이 가장 많다.

아프리카 대륙에서는 여전히 새로운 감염병이 활개치고 있다.

이집트 나일강 상류에 아스완 하이 댐이 완공된 지 6년이 지난 1977년에도 아스완 지방에서 약 1만 8,000명이 발열, 두통, 구토 등의 증상을 호소해 약 600명이 사망했다. 원인은 리프트밸리열 (Rift Valley fever)이었다. 모기가 매개체인 바이러스 질환으로 예전부터 가축에게 치명적이어서 축산 농가에 두려움의 대상이었다.

유행은 수단 북부 가축에게서 시작되어 동아프리카 일대로 퍼져나갔다. 특히 댐으로 막힌 나세르호와 호수 주변에서는 약 80만 헥타르의 범람원과 관개수로에서 모기가 번식해 사람 사이의 감염이 확대되었다. 2000년에는 아라비아반도의 사우디아라비아와 예멘에서 기습적으로 발생했다.

2006~2007년에 동아프리카에서는 기록적인 폭우가 쏟아졌고, 리프트밸리열이 케냐·소말리아·탄자니아 3개국에서 창궐했다. 사망자는 이 세 나라에서만 323명에 달했고, 치사율은 20~40퍼센트로 높은 질병이었다. 또 서아프리카의 세네갈과 모리타니에서도 양국 국경을 흐르는 세네갈강에 두 개의 댐을 건설하자마자 기다렸다는 듯이 주민 사이에 리프트밸리열이 퍼지기 시작했다.

열대 지방에서 댐과 관개시설처럼 흐르지 않고 고여 있는 수역이 생기면 갖가지 감염병을 옮기는 모기에게 번식 장소를 제공하는 셈이다. 잠시 소강상태에 접어들어 잠잠하던 말라리아도 1970~1980년대에 걸쳐 개발 열풍을 타고 다시 세계 각지에서 기지개를 켜고 깨어나 활개치기 시작했다.

리프트밸리열 이외에도 수면병(sleeping sickness), 방광주혈흡충증·회선사상충증(Onchocerciasis)·샤가스병(Chagas' disease) 등 수인성 감염병이 아프리카 각지에서 발생하고 있다. 가나의 댐 건설로 생긴 볼타호, 수단의 게지라 관개수로 계획(Gezira Scheme), 서아프리카 각지의 논 보급 계획 등으로 많은 주민이 감염병의 희생양이 되고 있다. 이들 질병은 '개발원병(developogenic disease, 개발에 의한 자연·사회 환경의 변화 및 인간 행동의 변화 등에 의해 새롭게 유행이 일어나는 질병)'으로 부르게 되었다.

열대림에 숨어 있던 바이러스가 실험동물 수입으로 본색을 드러내다

1969년 서아프리카 나이지리아의 라사라는 마을에 있는 미국계 기독교 선교단체 진료소에서 간호사 세 명이 원인 불명의 출혈성 열병에 걸려 두 사람이 사망했다. 증상은 심각했다. "뼈 이외의 모든 곳을 바이러스가 먹어치웠다"는 의료진의 평이 나올 정도로 상태가 심각했다.

이 병에 걸리면 병균이 내장을 침식해 고통으로 신음하다 죽어갔다. '라사열(Lassa fever)' 최초의 기록이다. 추후 역학조사로 1940년대에 유행이 한 차례 휩쓸고 지나갔다는 사실이 밝혀졌다.

감염자 중 한 사람인 미국인 간호사가 귀국 후에 발병했는데, 검사 도중에 코네티컷, 펜실베이니아주에서 2차 감염이 발생해 한 명이 사망했다. 운 나쁘게 연구 중이던 예일대학교 바이러스

학 교수까지 발병해 생사를 오갈 정도로 병세가 위중해지며 《뉴욕타임스》가 "연구를 중단시킬 정도로 위험한 신종 바이러스"라고 보도했다.

그 후로도 라이베리아·시에라리온·기니 등 서아프리카 각국에서 유행이 반복되었다. WHO에 따르면 연간 평균 10만~30만 명이 감염돼 5,000명 안팎이 사망하고 있다. 이 바이러스의 자연 숙주는 들쥐의 일종인 다유방쥐(Mastomys natalensis)임이 추가 조사로 밝혀졌다.

1987년에는 서아프리카의 시에라리온에 업무차 출장을 갔다 귀국한 일본인 측량 기술자가 라사열 항체에 양성 반응을 보이는 사건이 있었다.

1976년에는 서아프리카 3개국의 삼림지대에서 에볼라 출혈열 유행이 시작되었고, 2014년에는 폭발적으로 확대되었다(①장 참조).

20세기에 들어서 의학 연구와 백신 제조에 사용되는 영장류 수요가 늘어나며 원숭이 수입이 급증했다. 원숭이에게서 사람으로 바이러스 감염이 새로운 문제로 떠올랐다. 영장류는 유전적으로 사람에게 가까워 영장류 고유의 바이러스가 사람에게로 이동하기 쉽다.

1950년대 이후 유럽과 미국의 백신 개발 열풍으로 실험용 원숭이가 대량으로 필요해지자 콩고·우간다·탄자니아 등 빅토리아 호수 주변에서 대량의 원숭이를 포획해 수출했다. 국제적 비판을 받아 잠시 주춤하는 듯 보였으나 영장류 보호단체 고발에 따르면 미국은 연간 약 2만 마리의 원숭이를 아직도 수입하고 있다.

원숭이 사냥에 나섰던 현지인과 중개업자는 거액의 현금 수입을 챙겼다. 그런데 원숭이 사냥에 가담한 사람들 사이에 살이 빠지고 바짝 마르면서 체력이 떨어져 쇠약해지거나 내장에 출혈을 일으켜 사망하는 괴질이 속출했다. 모두 원숭이에게서 옮겨온 무언가에 감염된 듯 보였다. 실험용 영장류가 미국과 유럽에 새로운 바이러스를 들여오는 주요 경로로 자리매김했다.

이 문제는 미국 뉴멕시코주 홀로만(Holloman) 공군 기지에서 1958년부터 1960년에 걸쳐 폐렴이 빈발하며 널리 알려지게 되었다. 이 기지에서는 유인 우주 비행 실험에 투입하기 위해 침팬지를 사육했다. 영장류 중 최초로 우주 비행에 성공한 침팬지인 '햄(Ham)'도 이 기지에서 훈련받았다.

폐렴 환자에 대한 역학조사가 이루어졌다. 침팬지와 직접 접촉한 두 명 중 한 명이 발병했고, 침팬지에게서 감염된 무언가가 폐렴의 원인으로 추정되었다. 서아프리카 카메룬에서 잡힌 야생 침팬지가 감염의 주범으로 지목되었다.

마르부르크열 발병 계기로 수입 영장류 검역소 설립

1967년 8월, 옛 서독의 대학도시 마르부르크 시내에 있던 백신 제조회사에서 일하는 세 명의 직원이 근육통과 고열 증상을 호소하며 대학병원에 입원했다. 증상은 심각했다. 온몸에서 피를 쏟아내며 의사들이 손 쓸 틈도 없이 사망했다. 날이 갈수록 환자가 늘어났다. 최초 발병자의 가족, 병원 담당의, 간호사들이 괴질로 쓰러졌고 환자는 삽시간에 23명으로 늘어났다.

같은 시기 프랑크푸르드 국립파울에리히연구소에서 근무하던 직원 여섯 명이 발병했다. 이와 별개로 옛 유고슬라비아 도시 베오그라드(현재는 세르비아)에서 석 달째 유행이 이어져 31명이 발병해 7명이 사망하는 사태가 벌어졌다. 이 소식이 전 세계로 타전되며 언론은 괴질에 관한 이야기로 보도 경쟁을 벌였다. 이 바이러스는 기존에 알려진 어느 바이러스와도 달라 '마르부르크열'이라는 이름이 붙여졌다. 후속 연구로 에볼라 출혈열과 유사한 바이러스로 밝혀졌다.

발병자는 아프리카 우간다에서 수입된 실험용 사바나원숭이와 접촉했다는 공통점이 있었다. 원숭이는 우간다에서 베오그라드로 운송되었고, 거기서 두 곳의 백신 제조 시설로 보내졌다. 연구자들은 미지의 바이러스를 필사적으로 추적했지만, 사바나원숭이를 감염시킨 자연 숙주는 발견하지 못했다. 최근에는 이집트 과일박쥐(Rousettus aegyptiacus)를 감염원으로 지목하는 발표가 있었다.

이후로도 콩고·앙골라·케냐·남아공 등지에서 산발적으로 발생했다. 마르부르크열의 사망률은 24~88퍼센트로 편차가 크다. 1998~2000년에는 콩고 폐광에서 금을 찾던 사람들 사이에 집단 발병이 일어나 154명이 감염되어 128명이 사망했다. 2004~2005년에 앙골라에서 399명이 발병해 335명이 사망했다. 2012년에는 우간다에서 네 명이 마르부르크열로 사망했다. 사망률은 최대 88퍼센트에 달했다.

이 사건은 세계적으로 충격을 주어 일본에서도 수입한 영장류를 검사하는 '영장류 의학연구센터'가 설립되었다.

야생동물의 천연두 원숭이두창,
숙주는 프레리도그

미국과 프랑스 공동 연구팀은 카메룬에서 19종 788마리의 영장류 혈액을 채취 분석해 바이러스를 분리했다. 이들 영장류는 식육용으로 도살되거나 반려동물로 길러지는 종류였다. 이중 16종의 원숭이 약 20퍼센트 개체가 각각 종 고유의 SIV(원숭이 에이즈 바이러스)에 감염되어 있었다. 신종 SIV도 4종이나 발견되었다. 이 바이러스들은 사람에게 위험할 수 있는 '에이즈 예비군' 자격을 충분히 갖추고 있다고 연구팀이 발표했다.

원숭이두창(Monkeypox)은 야생동물이 걸리는 천연두로 사람에게 감염되면 중증 환자의 증상이 천연두와 구별할 수 없을 정도로 흡사하다. 원숭이두창 인체 감염은 1970년에 콩고(당시 자이르)에서 최초로 보고되었다.

원숭이두창은 이후 중앙·서아프리카 열대우림 지대에서 산발적으로 유행하고 있다. 1996~1997년에는 콩고에서 대유행해 511명의 감염자가 발생했다. 숙주는 야생 설치류로 영장류와 사람에게 모두 감염된다. 사람의 치사율은 10퍼센트 정도다.

아프리카 이외 지역에서는 사람이 원숭이두창에 감염되었다고 보고된 사례는 없다. 다만 2003년에 미국에 깜짝 출현해 위스콘신주 등에서 총 81명의 감염자가 발생했다. 19명이 입원했고 사망자는 다행히 나오지 않았다.[*]

감염원은 아프리카에서 반려동물로 수입한 설치류인 아프리카 도깨비쥐(Giant pouched rat)로 밝혀졌다. 텍사스주의 반려동물 전문점에서 도매로 사들였는데 그곳에서 함께 분양하던 북미산 다람쥐의 일종인 프레리도그(Prairie dog)에게 감염되었고, 이 프레리도그를 분양받은 사람들이 발병했다.

지구 온난화와 환경 파괴가
감염병 유행을 부추긴다

신종 감염병(Emerging infectious disease, EID)으로 일컬어지는 새로운 감염병이 줄줄이 출현하고 있다. 마르부르크열 '리프트밸리

---

[*] 2022년 5월 이후 스페인, 영국, 이탈리아 등 유럽을 중심으로 발생하기 시작하여 미국 등 풍토병이 아닌 국가에서도 이례적으로 발생하고 있다. 이에 따라 국내 유입 가능성도 점차 증가하여 우리나라는 2022년 6월 8일 원숭이두창을 2급감염병으로 지정하고 감시를 강화하고 있다. 2022년 7월 8일 현재 전 세계 원숭이두창 확진자가 7,000명을 넘자 WHO가 7월 중순 원숭이두창 '국제적 공중보건 비상사태(PHEIC)' 선포를 검토하는 긴급회의를 재소집하기로 했다. — 옮긴이

열·라사열·에볼라 출혈열·웨스트나일열·HIV/에이즈, 중증급
성호흡기증후군(SARS)······. 신종 감염병은 1950년대 말부터 지
금까지 약 40종이 알려져 있다.

이들 바이러스는 돼지, 소 등의 가축과 쥐, 박쥐, 들새 등의 야
생동물이 보유한 바이러스에서 비롯된 경우가 많은데, 자연 숙
주가 밝혀지지 않은 경우도 적지 않다.

바이러스가 몇 차례 변이를 반복하는 동안 숙주에게서 떨어져
나와 다른 종으로 옮겨가 정착에 성공하는 사례가 나타났다.

사스의 원인으로 지목된 코로나바이러스가 인간에게 심각한
질병을 일으킨다는 인식은 없었다. 그런데 이 코로나바이러스가
동물에게서 인간으로 옮겨온 순간 숨겨진 공격성을 드러내고 날
뛰기 시작한다.

물론 환경 변화가 감염병 유행을 부추기는 측면도 있다. 2012년
에 유럽 30개국의 전문가를 대상으로 미국 학술지인《환경보건전
망(Environmental Health Perspectives)》이 '농지 확대, 삼림 벌채 등의
환경 파괴와 지구 온난화가 감염병 발생과 확대에 영향을 미친
다고 생각하는가?'라는 설문조사를 실시했다. 각계 전문가들 절
반 이상이 '그렇다'라고 대답했다.

바이러스를 옮기는 모기 등의 곤충이 지구 온난화로 서식지가
확대되는 경향을 보인다고 많은 연구자가 보고하고 있다.

질병이 없는 세계는 어느 시대에나 우리 인류의 꿈이었다. 세
계 각국에 역병 퇴치를 기원하는 사찰과 성당, 교회 등이 있는 건
조상들의 소망이었기 때문이다. 그 꿈이 지금이라도 이루어질

듯한 기대를 몇 번이나 했지만, 아차 하는 사이에 미생물들의 역습이 시작되곤 했다. 무좀, 충치, 다래끼, 여드름 등 만성 감염병으로 고민하는 사람이 많다.

우리 선조들은 끊임없이 인류를 덮치는 굶주림과 자연재해, 감염병에서 운 좋게 살아남아 자손을 남기는 데 성공했다. 그런데 이 행운이 앞으로도 계속되어 무사히 자손을 남길 수 있다는 보장은 없다. 공룡을 멸종시킨 거대 운석 충돌, 기후를 하루아침에 뒤바꿔놓아 인류를 멸망 직전까지 몰아갔던 7만 4,000년 전의 인도네시아 토바(Toba) 화산의 초거대 분화와 같은 재앙이 언제 일어날지 알 수 없다.

감염병의 세계적 유행은 훨씬 생생한 현실로 다가온다. 모든 재해 중에서 감염병이 가장 많은 인류를 학살한 주범이다. 어떠한 대책도 효과가 없는 강력한 균과 바이러스가 언제 출몰해도 이상하지 않다. 아니나 다를까, 2004년 서아프리카에서 에볼라 출혈열이 창궐하기 시작해 세계 각지로 들불처럼 번져나갔다. 지금도 에볼라 출혈열에는 특효약이 없다. 감염자를 격리하거나 감염자로부터 도망치는 방법 외에는 대책이 없다.

영화와 드라마에서는 역병이 돌아 패닉에 빠진 모습을 그리는 게 판에 박힌 설정 공식으로 자리 잡았다. 영화 〈안드로메다 스트레인〉(1971년 개봉작)은 고전 명작이다. 인공위성이 작은 마을에 추락해 우주에서 들어온 수수께끼의 병원체에 마을 사람들이 차례로 희생된다. 또 〈아웃브레이크〉(1995년 개봉작)는 아프리카에서 미국으로 수출된 영장류에서 나온 위험한 바이러스가 유행한다는 설정의 액션 스릴러 영화다. 영화에서 바이러스 학자가 "대자연의 어머니는 미치광이 연쇄 살인마"라고 절규하는 장면은 묘한 설득력이 있다.

2013년에 개봉한 브래드 피트 주연의 〈월드워Z〉는 '역병을 소재로 한 재난' 영화로, 세계적으로 흥행에 성공했다. 인간을 미쳐 날뛰게 만드는 미지의 바이러스가 세계 각지에서 대유행하며 좀비로 변한 감염자가 무서운 속도로 퍼져나간다.

최대 5,000만 명의 목숨을 앗아간 '스페인 독감' 당시에는 〈월드워Z〉 수준의 공포가 세계를 뒤덮었다. SF의 세계에서 볼 수 있던 공포가 에이즈의 유행으로 우리가 사는 현실 세계로 들어왔다. 몇백만 명의 사람들이 사랑하는 사람을 감염병으로 떠나보내야 했다.

새로운 숙주로 갈아탈 기회를 노리는 숨은 병원체들

자연계에는 아직 무수한 병원체가 숨어 있고, 새로운 숙주를 찾아 시행착오를 거듭하고 있다. 수소폭탄 실험이 '고질라'를 낳았듯 약물 남용이 괴물 같은 병원체를 만들어내는 날이 언젠가 올 수도 있다.

UN의 미래 인구 예측(2013년)에 따르면 세계 인구는 2050년에 96억 명을 돌파한다. 20세기 초에 세계 도시 거주자는 인구의 15퍼센트에 지나지 않았는데, 2008년 전후로는 도시 인구가 농촌 인구를 웃돌았다. UN은 2030년에 도시 인구는 50억 명을 넘어서고, 전체 인구의 70퍼센트가 넘을 것으로 국제연합이 추정한다. 2010~2025년 사이에 인구 100만 명의 도시는 전 세계 324곳에서 524곳으로, 1,000만 명 이상의 거대 도시는 19곳에서 27곳으로 급증할 예정이다.

이 도시 인구 증가는 대부분 개발도상국 지역인 사하라 이남 아프리카, 남아시아, 서아시아 등의 도시 빈민가에서 발생하고 있다. 도시 인구에서 차지하는 빈민층 인구의 비율은 2005년 시점에서 아프리카는 70퍼센트 이상, 남아시아에서는 60퍼센트 가까이 가파르게 치솟았다. 아프리카에서는 2015년, 서아시아에서는 2026년에 빈민가 인구가 갑절로 증가하게 된다. 도시 빈민가는 미생물 배양 접시나 다름없다.

인간이 세력권을 확장함에 따라 삼림과 저지대 습지가 파괴되고 야생동물 서식지가 좁아졌다. 이에 바이러스는 새로운 숙주를 찾아 야생동물에서 사람에게로 기생 장소를 갈아타고 있다. 박쥐가 원인이 되었던 서아프리카의 에볼라 출혈열과 인도네시아 보르네오섬의 니파바이러스 감염 폭발이 좋은 예다.

인구 증가로 식육 생산량도 증가하고 있다. 유엔식량농업기구(FAO)의 예측에 따르면 세계 식육 소비량은 2010년부터 2050년 사이에 1.7배 증가한다. 늘어나는 가축은 감염병 확대와 새로운 질병의 발생으로 이어지고 있다.

앞으로 세계 인구 증가와 고령화를 감안하면 감염병은 점점 더 큰 위협이 될 전망이다. 20세기 초반 감염병의 집단 발생은

학교와 군대가 그 온상이었는데, 21세기 후반은 고령자 시설이 그 자리를 대신할 예정이다.

UN의 예측에 따르면 2050년에 세계 65세 이상 인구는 현재의 8퍼센트에서 18퍼센트로 증가한다. 주요국 추정치를 살펴보면 일본 38.8퍼센트(2010년은 22.7퍼센트), 중국 25.6퍼센트(8.2퍼센트), 미국 21.2퍼센트(13.1퍼센트), 인도 13.5퍼센트(4.9퍼센트) 등이다. 일본은 지금도 고령화 국가이고 2050년 기준으로도 고령화 최상위를 차지하는 고령화 국가라는 사실에 변함이 없다.*

UN 자료에 따르면 일본의 평균수명은 2050년에 여성 91세(현재 86세), 남성 84세(80세)다. 노동 인구(15~64세) 한 명이 1.3명의 65세 이상을 부양해야 한다. 즉 돌봐야 하는 쪽의 부담이 점점 늘어나 어깨가 무거워지고 있다.

여러 국제기구의 예측으로는 세계적인 고령화로 '비위생적인 환경에 살 수밖에 없고', '의료 혜택을 받지 못하며', '충분한 영양을 섭취하지 못하고', '제대로 된 돌봄도 받지 못하는' 등 가난한 고령자가 늘어나고 있다. 고령자는 외출이 힘들어 사회적으로 고립되기 쉽고 다른 사람과 접촉해 면역을 얻을 기회도 줄어든다. 자연스럽게 감염병에 취약해지고 발병하면 응급실에서 바로 중환자실로 옮겨야 할 정도로 병세가 빠르게 심각해질 수 있다.

사람과 크기를 비교하면 바이러스는 10억 분의 1, 세균은 100만

---

* 한국은 2010년 11.0퍼센트에서 2050년 38.2퍼센트로 증가할 전망이다. ─옮긴이

분의 1 정도다. 사람의 유전자가 3만 몇천 개나 있는 데 비해 바이러스는 많아야 300개, 세균은 1,000~7,500개 수준이다.

지상에서 가장 진화한 인간과 가장 원시적인 미생물이 종의 생존을 걸고 사투를 벌이고 있다. 때로 엄청난 수의 희생자가 나오고 대가를 치르며 사람 쪽에서 면역력을 획득하거나 거액의 연구비를 들여 개발한 신약으로 대항한다. 그러면 미생물은 인간의 노력을 비웃듯 너무나 쉽고 빠르게 치고 나가는 상황이 반복된다. 미생물과의 싸움은 아직 앞이 보이지 않는다. '붉은 여왕'과의 술래잡기가 앞으로도 계속될 전망이다.

호시탐탐 인류를 위협하는 신종 감염병, 질병 없는 세계는 불가능한가

국가 건강검진 대상이니 지정 병원에 가서 검사를 받으라는 서류가 우송되었다. 검진을 받기 전에 이런저런 질문에 답을 적어나갔다. 작성하는 사람을 열받게 하려고 만들었나 싶을 정도로 꼬치꼬치 캐묻는 질문이 많았다. 짜증을 억누르고 서류의 빈칸을 하나하나 채워 제출했더니 간호사가 "과거 병력을 빠짐없이 기록하셔야죠"라고 지적했다.

어쩔 수 없이 투덜거리며 하나하나 적어나갔다.

"말라리아 4번, 콜레라, 뎅기열, 아메바성 이질, 리슈만편모충증, 중증열성혈소판감소증후군 각 1번, 원인 불명의 고열과 설사 여러 번……."

이렇게 적어서 제출했더니 "바쁜데 장난하지 말라"며 구박을 받았다.

장난이 아니라 아프리카, 아마존, 보르네오섬 등지에서 오래

일하다 얻은 병들이다. 나름대로 조심한다고 했는데도 온갖 열대성 풍토병으로 호된 신고식을 치렀다. 정글에 친 텐트에서 고열로 반쯤 의식을 잃고 앓아누운 적도 있고, 화장실에 틀어박혀 하룻밤 내내 속을 비운 일은 생각만 해도 삭신이 쑤신다. 그래도 용케 살아남았다며 가슴을 쓸어내렸다.

이 책 원고를 다 쓰고나서 한숨 돌리고 있자니 서아프리카에서 에볼라 출혈열이 창궐한다는 뉴스가 날아들었다. 충격으로 놀란 가슴을 달래고 있자니 이번에는 도쿄 도심 한복판에서 뎅기열이 발생했다. 허둥지둥 에볼라 출혈열과 뎅기열 이야기를 추가하기로 했다. 에볼라 출혈열 유행 지역으로 조사를 나갔을 때 길거리에서 파는 원숭이 훈제를 먹은 적도 있던 나는 에볼라 출혈열 소식에 가슴이 철렁했다. 뎅기열에 걸려 온몸의 관절이 비명을 지르는 듯한 통증에 시달렸던 악몽이 되살아났다.

인간이 아무리 의학과 공중위생의 발달을 자랑해도 여전히 강력한 바이러스가 숨어서 우리를 기다리고 있다. 게다가 이 두 바이러스는 과거에 유행하는 동안 유전자를 요리조리 변이시켰다. 사람과 병원체의 싸움은 미래에도 영원히 이어질 전망이어서 앞으로도 제2, 제3의 에볼라 출혈열이 감염병의 무대에 등장하기 위해 무대 뒤에서 조용히 자기 차례를 기다리고 있을지도 모른다. 이 책을 읽었다면 그 이유를 쉽게 짐작할 수 있으리라 믿는다.

과거 반세기 동안 환경문제에 매진했던 나는 최근에는 환경사에 관심이 생겨, 지금까지 '문명', '삼림', '명작', '아프리카',

'자연재해', '화산 분화', '철조망' 등을 환경사의 입장에서 다룬 책을 썼다. 예전부터 염두에 두었던 질병의 환경사에 도전하고 싶은 마음에 이 책을 쓰게 되었다.

처음에는 병원체에게 복수하는 기분이었는데, 이 책을 마치고 난 지금은 그들도 우리 인간과 마찬가지로 환경 변화에 적응하며 함께 진화한 전우라는 생각이 든다.

인류가 질병의 유행을 초래할 수도 있는 환경을 만들었기에 앞으로는 점점 더 질병의 유행이 확대되고 심각해지리라 예상된다. 일본을 비롯한 세계 각국이 역사적으로 유례없는 인구 집중화와 고령화의 길을 내달리고 있기 때문이다. 인구 밀집과 고령화는 감염병 유행의 온상이다.

앞으로 감염병이 유행하며 '2차 재해'가 탄생할 조짐이 보인다. 1995년 고베 일대에서 일어난 한신·아와지 대지진에서도 '지진 재해 관련 사망자'가 고령자에 집중되는 현상을 보였다. 특히 폐렴 사망자가 두드러졌다. 피난소의 환경과 과밀이 주요 원인이다.

전 지구적 앞날에 대한 불안이 커지고 있다. 말기적 증상이라는 저출산과 고령화뿐 아니라 가까운 미래에 우리를 덮칠지도 모를 초거대 지진, 엎친 데 덮친 격으로 언제 일어나도 이상하지 않은 기상 이변, 거기에 감염병의 대유행까지. 최근의 감염병 유행은 미래를 덮칠 재앙 목록에 넣어둘 필요가 있다.

이 책은 요센샤(洋泉社) 인터넷 매거진인 《역사 REAL WEB》에 2013~2014년 동안 연재한 기본 뼈대를 바탕으로 전면적으로 수

정을 거쳐 만들었다. 의학과 유전자 이야기를 이해하기 쉽게 설명하느라 나름대로 애를 먹었는데 오해를 불러일으키는 내용이 있었다면 독자 여러분께 사과 드린다.

이시 히로유키

⦂⦂⦂ 참고 문헌

part 1
에볼라 출혈열과 뎅기열, 갑작스런 유행의 충격

Andrew Spielman, *Mosquito: A Natural History of Our Most Persistent and Deadly Foe*, The University of Chicago Press, 2001(앤드루 스필먼, 『인류 최대의 적 모기』, 이동규 옮김, 해바라기, 2002)

William T. Close, *Ebola: A Documentary Novel of Its First Explosion in Zaire by a Doctor who was There*, Ballantine Books, 1995(윌리엄 클로즈, 『에볼라 상, 하』, 신현철 옮김, 경향신문사출판제작국, 1995)

NHK「エボラ感染爆発」取材班,『ウイルス感染爆発(바이러스 감염 폭발)』, 日本放送出版協会, 1997

畑中正一,『殺人ウイルスの謎に迫る!(살인 바이러스의 수수께끼를 파헤친다!)』, SBクリエイティブ, 2008

渡邊靖彦,『感染症 日本上陸 新型インフルエンザだけじゃない! 今、感染症のグローバル化が始まった(감염병 일본 상륙 - 신종 인플루엔자만이 아니다! 지금 감염병의 세계화가 시작되고 있다)』, CCCメディアハウス, 2010

Lisa Seachrist Chiu, *When a Gene Makes You Smell Like a Fish: And Other Amazing Tales about the Genes in Your Body*, Oxford University Press, 2005

Richard Preston, *The Hot Zone*, CorgiBooks, 2014(리처드 프레스턴, 『핫존:에볼라바이러스 전쟁의 시작』, 김하락 옮김, 청어람미디어, 2015)

part 2
20만 년 지구 환경사와 감염병의 끈질긴 도전

石弘之, 『地球環境「危機」報告(지구 환경 '위기' 보고)』, 有斐閣, 2008

井ノ上逸朗, 『病気はどこで生まれるのか ~進化医学でさぐる病気のしくみ(병은 어디에서 오는가~ 진화의학으로 파헤치는 질병의 원리)』, 技術評論社, 2012

井村裕夫, 『人はなぜ病気になるのか―進化医学の視点(사람은 왜 병에 걸리는가 – 진화의학의 관점)』, 岩波書店, 2000

栃内新, 『進化から見た病気―「ダーウィン医学」のすすめ(진화로 본 병-'다윈 의학' 권장)』, 講談社, 2009

橋本雅一, 『세계사 속의 말라리아(世界史の中のマラリア)』, 藤原書店, 1991

長谷川眞理子, 『ヒトはなぜ病気になるのか(사람은 왜 병에 걸리는가)』, ウェッジ, 2007

Frank Ryan, *Virus X: Understanding the Real Threat of New Pandemic Plagues: Understanding the Real Threat of the New Pandemic Plagues*, Harpercollins, 1996

宮田隆, 『分子からみた生物進化 DNAが明かす生物の歴史(분자로 본 생물 진화 – DNA가 밝힌 생물의 역사)』, 講談社, 2014

Mary Dobson, *Disease: The Extraordinary Stories Behind History's Deadliest Killers*, Metro Books, 2013

吉川昌之介, 『細菌の逆襲―ヒトと細菌の生存競争(세균의 역습 – 사람과 세균의 생존 경쟁)』, 中央公論社, 1995

루이스 캐롤, 『거울 나라의 앨리스(Through the Looking-Glass)』

The Malaria Capers: Tales of Parasites and People, Robert S. Desowitz, W W Norton & Co Inc, 1991

Willy Hansen·Jean Freney, *Des bactéries et des hommes*, Privat, 2002

Clive Ponting, *A Green History of the World: The Environment and the Collapse of Great Civilizations*, Penguin, 1991

酒井シヅ, 『病が語る日本史(질병으로 이야기하는 일본사)』, 講談社, 2008

Spencer Wells, *The Journey of Man: A Genetic Odyssey*, Penguin, 2002(스펜서 웰스, 『최초의 남자-인류 최초의 남성 '아담'을 찾아 떠나는 유전자 오디세이』, 황수연 옮김, 사이언스북스, 2007)

Tom Quinn, *Flu: A Social History of Influenza*, New Holland Publishers Uk Ltd, 2008

Barbara Natterson-Horowitz·Kathryn Bowers, *Zoobiquity*, Penguin, 2013(바버라 내터슨-호러위츠·캐스린 바워스, 『의사와 수의사가 만나다-인간과 동물의 건강, 그 놀라운 연관성』, 이순영 옮김, 모멘토, 2017)

山内一也, 『キラーウイルス感染症―逆襲する病原体とどう共存するか(킬러 바이러스 감염병-

역습하는 병원체와 어떻게 공존할까)』, 双葉社, 2001

山内一也,『ウイルスと地球生命(바이러스와 지구 생명)』, 岩波書店, 2012

山内一也,『バイルスと人間(바이러스와 인간)』, 岩波書店, 2005

山本太郎,『感染症と文明――共生への道』, 岩波書店, 2011(야마모토 타로,『사피엔스와
　　바이러스의 공생-코로나 시대에 새로 쓰는 감염병의 역사』, 한승동 옮김,
　　메디치미디어, 2020)

Laurie Garrett, *The Coming Plague: Newly Emerging Diseases in a World Out of
　　Balance*, Penguin, 1995

Alice Roberts, *The Incredible Human Journey*, Bloomsbury Publishing PLC,
　　2010(앨리스 로버트,『인류의 위대한 여행』, 진주현 옮김, 책과함께, 2011)

石弘之,『インディオ居留地―地球破壊で追われる先住民(인디오 거류지-지구 파괴로
　　쫓겨나는 선주민)』, 朝日新聞, 1994

印東道子,『人類大移動 アフリカからイースター島へ(인류 대이동-아프리카에서 이스터
　　섬으로)』, 朝日新聞出版, 2012

Shelton H. Davis, *Victims of the miracle:development and the Indians of Brazil*,
　　Cambridge University Press, 1977

立川昭二,『病気の社会史―文明に探る病因(질병의 사회사-문명으로 파헤치는 질병의
　　원인)』, 岩波書店, 2007

浜田篤郎,『旅と病の三千年史―旅行医学から見た世界地図(여행과 질병의 3,000년사-여행
　　의학으로 보는 세계 지도)』, 文藝春秋, 2002

Robert S. Desowitz, *Who Gave Pinta to the Santa Maria?:Torrid Diseases in a
　　Temperate World*, WW Norton & Co, 2007

part 3

인류와 공존해온 바이러스와 세균

青木皐,『人体常在菌のはなし―美人は菌でつくられる(인체 상재균 이야기-미인은 균으로
　　만들어진다)』, 集英社, 2004

浅香正博,『胃の病気とピロリ菌―胃がんを防ぐために(위 질환과 헬리코박터 파일로리균-
　　위암을 예방하기 위해)』, 中央公論新社, 2010

伊藤慎芳,『ピロリ菌―日本人6千万人の体に棲む胃癌の元凶(헬리코박터 파일로리균-일본인
　　6,000만 명의 몸에 둥지를 튼 위암의 원흉)』, 祥伝社, 2006

NHK取材班,『NHKスペシャル 病の起源(NHK 스페셜 병의 기원)』, 宝島社, 2009

『人類のやっかいな相棒「ピロリ菌」Newton 2012年5月号(인류의 성가신 단짝 '헬리코박터

파일로리균' Newton 2102년 5월호)』, 뉴턴·프레스, 2012

『ピロリ菌感染の分子疫学 Gastro-Health Now 2012;19(헬리코박터 파일로리균의 분자 역학 Gastro-Health Now 2011년 19호)』

石弘之,『ねこが人を元気にする科学的な根拠(고양이가 사람을 건강하게 하는 과학적 근거-닛케이 비즈니스 2011년 4월 16일)』, 日経ビジネス 2011, 4/16

江口保暢,『動物と人間の歴史(동물과 인간의 역사)』, 築地書館, 2003

Sam Stall, 100 Cats Who Changed Civilization: History's Most Influential Felines, Quirk Books, 2007(샘 스톨,『역사상 가장 영향력 있는 고양이 100』 공민희 옮김, 보누스, 2010)

鈴村和成,『村上春樹とネコの話(무라카미 하루키와 고양이 이야기)』, 彩流社, 2004

須藤伝悦,『モーツァルトが求め続けた「脳内物質」(모차르트가 찾아 헤맨 '뇌 내 물질')』, 講談社, 2008

『ネコの病を探究 National Geographic 2013년 1월호(고양이의 병을 탐구), National Geographic, 2013/1

小田瑞恵,『子宮頸がん(자궁경부암)』, 主婦の友社, 2014

高橋真理子,『最新 子宮頸がん予防 ワクチンと検診の正しい受け方(최신 자궁경부암 예방 백신과 검진 바르게 받는 법)』, 朝日新聞出版, 2011

日本婦人科腫瘍学会,『子宮体がん治療ガイドライン 2013年版(자궁체암 치료 가이드라인 2013년판)』, 金原出版, 2013

畑中正一,『殺人ウイルスの謎に迫る!』, SBクリエイティブ, 2008(하타나카 마사카즈, 『살인바이러스의 비밀』,김정환 옮김, 꾸벅, 2009)

小田瑞恵·斎藤元章,『子宮がん(자궁암)』, 主婦の友社, 2018

浅野喜造,『水痘·帯状疱疹のすべて(수두·대상포진의 모든 것)』, メジカルビュー社, 2012

狩野葉子,『多様化するヘルペス感染症(다양화하는 헤르페스 감염병)』, 全日本病院出版会, 2011

川島眞,『皮膚に聴く からだとこころ(피부에 듣다 몸의 마음)』, PHP研究所, 2013

『ヘルペスウイルス感染と疲労 ウイルス 第55巻 第1号(헤르페스 감염과 피로 바이러스 제55권 제1호)』, 2005

新村真人·山西弘一,『ヘルペスウイルス感染症(헤르페스 감염병)』, 臨床医薬研究協会, 1998

田中正利,『性感染症STD(성 감염병 STD)』, 南山堂; 改訂2版, 2008

Alfred W. Crosby, America's Forgotten Pandemic: The Influenza of 1918, Cambridge University Press, 1989(앨프리드 W. 크로스비,『인류 최대의 재앙, 1918년 인플루엔자』, 김서형 옮김, 서해문집, 2010)

石弘之,『名作の中の地球環境史』, 岩波書店, 2011(이시 히로유키,『세계문학 속 지구환경 이야기 1, 2』, 안은별 옮김, 사이언스북스, 2013)

NHK「最強ウイルス」プロジェクト,『NHKスペシャル 最強ウイルス 新型インフルエンザの恐怖(NHK 스페셜 최강 바이러스 신종 인플루엔자의 공포)』, NHK出版, 2008

河岡義裕,『インフルエンザ危機(인플루엔자 위기)』, 集英社, 2005

John M. Barry, *The Great Influenza: The Story of the Deadliest Pandemic in History*, Penguin Books, 2005(존 M. 배리,『그레이트 인플루엔자-인류 역사상 가장 치명적이었던 감염병 이야기』, 이한음 옮김, 해리북스, 2021

外岡立人,『豚インフルエンザの真実―人間とパンデミックの果てなき戦い(돼지 인플루엔자의 진실 - 인간과 팬데믹의 끝없는 싸움)』, 幻冬舍, 2009

内務省衛生局,『流行性感冒「スペイン風邪」大流行の記録(유행성 감염병 '스페인 독감' 대유행의 기록)』, 平凡社, 2008

速水融,『日本を襲ったスペイン・インフルエンザ―人類とウイルスの第一次世界戦争(일본을 덮친 스페인 독감-인류와 인플루엔자의 제1차 세계대전)』, 藤原書店, 2006

速水融·立川昭二·田代眞人·岡田晴恵,『強毒性新型インフルエンザの脅威(강독성 신종 인플루엔자의 위협), 藤原書店, 2009

Pete Davies, *Devil's Flu: The World's Deadliest Influenza Epidemic and the Scientific Hunt for the Virus That Caused It*, Henry Holt & Co, 1999

Michael B.A. Oldstone, *Viruses, Plagues, and History*, Oxford University Press, 1998

山本太郎,『新型インフルエンザ―世界がふるえる日(신종 인플루엔자-세계가 떠는 날)』, 岩波書店, 2006

Arvind Singhal·Everett M. Rogers, *Combating AIDS: Communication Strategies in Action*, Thousand Oaks, 2003

田辺功·内村直之·石弘之,『エイズはどうなる!―予防·治療は間に合うか(에이즈는 어떻게 될까! - 예방·치료는 적기에 이루어질 수 있을까?)』, 朝日新聞社, 1987

Jacques Pepin, *The Origins of AIDS*, Cambridge University Press, 2011

Susan Sontag, *Illness as Metaphor and AIDS and its Metaphors*, Farrar Straus And Giroux, 1989(수전 손택,『은유로서의 질병』, 이재원 옮김, 이후, 2002)

土居洋文,『なぜチンパンジーはエイズにならないか(왜 침팬지는 에이즈가 발병하지 않을까?)』, 岩波書店, 1993

Jaap Goudsmit, *Viral Sex: The Nature of AIDS*, Oxford University Press, 1998

Randy Shilts, *And the Band Played On: Politics, People, and the AIDS Epidemic*, 20th-Anniversary, St. Martin's Griffin, 2007

Lisa Yount, *Luc Montagnier:Identifying the AIDS Virus*, Chelsea House Publications, 2011

part 4
일본 열도를 휩쓴 악명 높은 감염병의 실체를 밝히다

岩田健太郎, 『麻疹が流行する国で新型インフルエンザは防げるのか(홍역이 유행하는
　나라에서 신종 인플루엔자를 예방할 수 있을까?)』, 亜紀書房, 2009
酒井シヅ, 『病が語る日本史(질병으로 이야기하는 일본사)』, 講談社, 2008
篠田達明, 『徳川将軍家十五代のカルテ(도쿠가와 쇼군 가문 15대의 의료기록)』, 新潮社,
　2005
篠田達明, 『病気が変えた日本の歴史(질병이 바꾼 일본의 역사)』, 日本放送出版協会, 2004
鈴木則子, 『江戸の流行り病―麻疹騒動はなぜ起こったのか(에도의 돌림병-홍역 소동은 왜
　벌어졌나?)』, 吉川弘文館, 2012
Wayne Biddle, *A Field Guide to Germs*, Anchor, 2002
加藤茂孝, 『人類と感染症の歴史(인류와 감염병의 역사)』, 丸善出版, 2013
戸部良也, 『遥かなる甲子園―聴こえぬ球音に賭けた16人(머나먼 고시엔-들리지 않는
　구음에 승부를 걸었던 16인)』, 双葉社, 1987
中島陽一郎, 『病気日本史(질병 일본사)』, 雄山閣, 2018
益田昭吾, 『病原体はどう生きているか(병원체는 어떻게 살고 있을까)』, 筑摩書房, 1996
浅野史郎, 『運命を生きる―闘病が開けた人生の扉(운명을 살다-난치병이 열어 준 인생의
　문)』, 岩波書店, 2012
上平憲, 『成人T細胞白血病(ATL)の深まる理解と新たなる謎(성인 T세포 백혈병(ATL) 심층
　이해와 새로운 수수께끼)』, シスメックス, 2013
日沼頼夫, 『新ウイルス物語―日本人の起源を探る(신바이러스 이야기-일본인의 기원을
　찾다)』, 中央公論社, 1986
山本直樹, 『ヒトレトロウイルス研究の最前線(사람 레트로바이러스 연구의 최전선)』, シュプ
　リンガー・フェアラーク東京, 2002
渡邉俊樹・山口一成・上平憲, 『HTLV-1(ヒトT細胞白血病ウイルスI型)と疾患(HTLV-1(사람T
　세포 백혈병 바이러스I형)과 질환)』, 文光堂, 2007
籠山京, 『女工と結核(여공과 결핵)』, 光生館, 1970
杉田博宣, 『결핵 – 되살아나는 공포의 감염병(結核―よみがえる恐怖の感染症)』, 新星出版
　社, 2000
高橋宏, 『疾病から文明論へ(질병에서 문명론으로)』, 九州大学出版会, 1997
Friedrich Engels, *The Condition of the Working Class in England*, Penguin, 1987
福田眞人, 『結核の文化史―近代日本における病のイメージ(결핵과 문화사-근대 일본의
　질병 이미지)』, 名古屋大学出版会, 1995
飯島渉, 『感染症の中国史-公衆衛生と東アジア(감염병의 중국사-공중위생과 동아시아)』,

中央公論新社, 2009

Edward Regis·Ed Regis, *Virus Ground Zero*, Pocket Books, 1996

Joseph B. McCormick, Level 4: Virus Hunters of the CDC, Barnes and Noble Books, 1999

中島捷久·澤井仁, 『動物ウイルスが人間を襲う!(동물 바이러스가 인간을 덮친다!)』, PHP研究所, 2006

Laurie Garrett, *The Coming Plague: Newly Emerging Diseases in a World Out of Balance*, Penguin, 1995

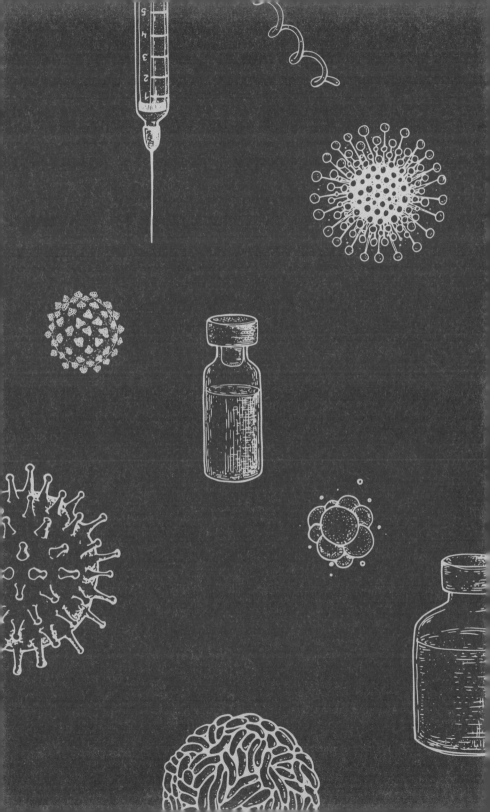

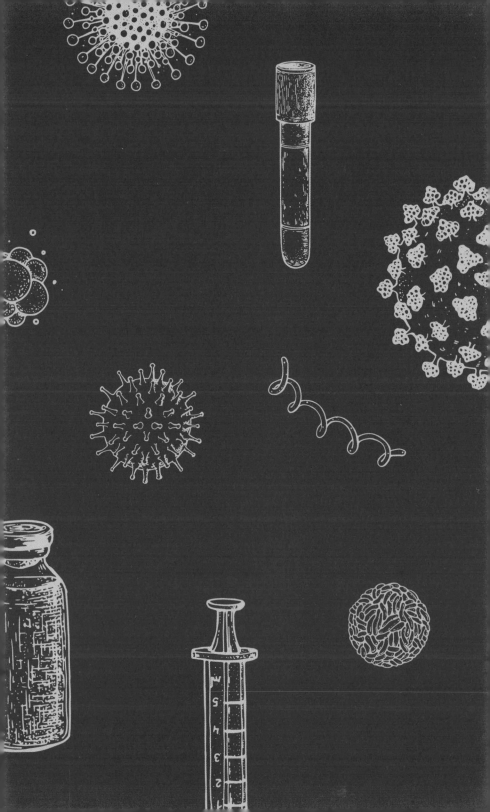